clave

Robert Iger es presidente y CEO de Walt Disney Company. Con anterioridad, fue consejero delegado a partir de octubre de 2005 y director de operaciones de 2000 a 2005. Iger comenzó su carrera en ABC en 1974 y, como presidente del grupo, supervisó la red de cadenas de televisión, de televisión por cable y de emisoras de radio, y guio la fusión de Capital Cities/ABC y Walt Disney Company. Iger se incorporó oficialmente al equipo directivo de Disney en 1996 como presidente de ABC, propiedad de Disney y, en 1999, recibió la responsabilidad adicional de dirigir Walt Disney International. Ya en este cargo, Iger expandió la presencia de Disney fuera de Estados Unidos y estableció el plan para el actual crecimiento internacional de la empresa.

ROBERT IGER

Lecciones de liderazgo creativo

Mi gran aventura al frente de la empresa
que ha convertido la magia en realidad

Traducción de
Jordi Ainaud y Belén Urrutia

DEBOLS!LLO

Papel certificado por el Forest Stewardship Council®

Título original: *The Ride of a Lifetime*

Septiembre de 2025

© 2019, Robert Iger
© 2020, 2025, Penguin Random House Grupo Editorial, S. A. U.
Travessera de Gràcia, 47-49. 08021 Barcelona
© 2020, Jordi Ainaud i Escudero y Belén Urrutia Domínguez, por la traducción
Diseño de la cubierta: adaptación del diseño original de Marianne Issa
El Khoury/TW/Penguin Random House Grupo Editorial

Printed in Spain – Impreso en España

ISBN: 978-84-663-6868-1
Depósito legal: B-10.002-2025

Compuesto en M. I. Maquetación, S. L.
Impreso en Black Print CPI Ibérica
Sant Andreu de la Barca (Barcelona)

P 3 6 8 6 8 1

Para Willow: esta aventura no habría sido posible sin ti.

Kate, Amanda, Max y Will:
gracias por vuestro amor y comprensión
y por todas las alegrías que me habéis dado.

A los miles de miembros del elenco de Disney y empleados
pasados y presentes: siento por vosotros un orgullo
y un agradecimiento infinitos.

Índice

PRIMERA PARTE
Aprendizaje

SEGUNDA PARTE
Liderazgo

Prólogo

En junio de 2016 viajé por cuadragésima vez a China en dieciocho años, la undécima en los últimos seis meses. Fui a supervisar los preparativos finales previos a la inauguración de Shanghai Disneyland. Por aquel entonces, llevaba once años como CEO de la Walt Disney Company y tenía previsto que la inauguración del parque de Shangai fuera lo último que hiciese antes de jubilarme. Habían sido unos años muy emocionantes y la creación de Shanghai Disneyland era el mayor éxito de mi carrera. Parecía el momento perfecto para dar un paso al lado, pero en la vida no todo sale como uno espera. Pasan cosas imprevisibles. El hecho de que continúe dirigiendo la empresa mientras escribo estas líneas lo demuestra, al igual que, de forma mucho más trascendental, los acontecimientos de aquella semana en Shangai.

Íbamos a inaugurar el parque el jueves 16 de junio. El lunes anterior estaba previsto que llegara el primer contingente de vips: miembros del consejo de administración y altos ejecutivos de Disney con sus familias, socios creativos, inversores y analistas de Wall Street. Ya se había desplegado una enorme cobertura mediática internacional y aún quedaban medios por llegar. Yo llevaba en Shangai dos semanas y rezumaba adrenalina. Desde mi primer viaje a China en 1998 en busca de un emplazamiento para el parque, había sido la única persona involucrada en el proyecto desde el primer día y ardía en deseos de enseñárselo al mundo.

En los sesenta y un años transcurridos desde que Walt Disney construyera Disneyland en Anaheim (California), habíamos abierto parques en Orlando, París, Tokio y Hong Kong. Disney World, en Orlando, sigue siendo el más grande, pero el parque de Shangai era otra cosa. Se trataba de una de las mayores inversiones en la historia de la empresa. Los números no le hacen justicia, pero aquí van algunos que dan cierta idea de sus dimensiones. La construcción de Shanghai Disneyland costó alrededor de 6.000 millones de dólares. Ocupa 390 hectáreas, casi once veces la superficie de Disneyland. En las distintas fases de su construcción, llegaron a vivir en el recinto hasta catorce mil trabajadores. Hicimos castings en seis ciudades de China para encontrar al millar de cantantes, bailarines y actores de nuestros escenarios y espectáculos callejeros. Durante los dieciocho años que tardamos en completar el parque, me reuní con tres presidentes de China, cinco alcaldes de Shangai y no recuerdo cuántos secretarios del Partido Comunista (uno de los cuales fue detenido, acusado de corrupción y desterrado al norte de China cuando estábamos en plenas negociaciones, lo que retrasó el proyecto casi dos años).

Mantuvimos interminables conversaciones sobre transacciones de tierras, el reparto de la sociedad y sus beneficios, así como de las responsabilidades de gestión, y tuvimos en consideración temas tan importantes como la seguridad y la comodidad de los empleados chinos y tan intrascendentes como si podríamos cortar una cinta el día de la inauguración. La creación del parque fue un curso práctico de geopolítica y un ejercicio constante de malabarismo entre las posibilidades de la globalización y los peligros del imperialismo cultural. El inmenso desafío —como repetía a nuestro equipo tan a menudo que se convirtió en un mantra para todos los implicados en el proyecto— era crear una experiencia que fuera «auténticamente Disney e inconfundiblemente china».

El domingo 12 de junio por la tarde, mi equipo de Shangai y yo nos enteramos de que se había producido una matanza en la discoteca Pulse de Orlando, a unos veinte kilómetros de Disney World. Tenemos más de setenta mil empleados en Orlando y esperamos con horror la confirmación de la presencia de algunos de ellos en la discoteca aquella noche. Nuestro jefe de seguridad, Ron Iden, estaba con nosotros en Shangai y comenzó a llamar de inmediato a sus contactos de seguridad en Estados Unidos. La diferencia horaria con respecto a Orlando era de unas doce horas y nos habíamos enterado de la noticia cuando allí faltaba poco para que amaneciera. Ron me dijo que tendría más información cuando me levantara por la mañana.

El primer acto que tenía programado para el día siguiente era una presentación a los inversores durante el desayuno. Luego tuve que grabar una larga entrevista con Robin Roberts para el programa *Good Morning America*, durante la cual recorrimos el parque y montamos en algunas atracciones con ella y su equipo. Después, me reuní con representantes chinos para hablar del protocolo de las ceremonias inaugurales, cené con miembros de nuestro consejo de administración y altos ejecutivos y, finalmente, asistí a un ensayo del concierto de apertura que yo estaba organizando. Ron me fue pasando actualizaciones periódicas a lo largo del día.

Sabíamos que había más de cincuenta víctimas mortales y casi la misma cifra de heridos, y que el asesino era un hombre llamado Omar Mateen. El equipo de seguridad de Ron introdujo el nombre de Mateen en nuestra base de datos y descubrió que había visitado el Magic Kingdom un par de meses antes de la matanza y de nuevo el fin de semana anterior. Teníamos unas imágenes suyas captadas por las cámaras de seguridad en su última visita, en las que pasaba por delante de una entrada del parque cercana a la House of Blues, en Downtown Disney.

Lo que supimos después me impactó como pocas cosas a lo largo de mi carrera. No se haría público hasta casi dos años más tarde, durante el juicio a la esposa de Mateen, acusada de ser cómplice de los asesinatos (acusación de la que sería absuelta), pero los investigadores federales informaron a Ron de que creían que Disney World había sido el objetivo principal de Mateen. Encontraron su móvil en el escenario del crimen y determinaron que esa misma noche había estado conectado a una de nuestras antenas de telefonía móvil. Estudiaron las grabaciones de nuestras cámaras de seguridad y de nuevo lo vieron deambular de un lado a otro frente a la entrada de la House of Blues, donde esa noche había un concierto de heavy metal, con las consiguientes medidas de seguridad extra —cinco policías armados—, y unos minutos después de haber estado estudiando el terreno, se veía a Mateen volviendo al coche.

Las cámaras de seguridad detectaron que Mateen llevaba dos armas —un rifle semiautomático y una pistola semiautomática— ocultas en el interior de un cochecito de niño, junto con una manta de bebé que aún estaba sin desenvolver. Los investigadores sospechaban que Mateen planeaba tapar las armas con la manta y llevarlas hasta la entrada en el cochecito antes de sacarlas.

Nuestro jefe de parques y complejos turísticos, Bob Chapek, también estaba en Shangai, y él y yo nos mantuvimos en contacto durante todo el día mientras Ron nos iba pasando más información. Estábamos aún con el corazón en un puño esperando saber si alguno de los nuestros había estado en la discoteca, cuando además surgió el problema de que pudiera filtrarse la noticia de que habíamos sido un blanco potencial del ataque. Sería una noticia bomba que causaría un profundo impacto emocional en la comunidad. El vínculo que se forma en momentos de alta tensión como este, cuando se comparte información que no se puede comentar con nadie más, es de lo más potente. En todas y cada una de las emergencias a las que me he enfrentado como CEO, he agradecido la competencia, el aplomo y la humanidad del equipo que me rodeaba. La primera medida de Bob fue enviar al jefe de Walt Disney World, George Kalogridis, de vuelta a Orlando desde Shangai, para brindar a los empleados locales el máximo apoyo ejecutivo.

Los datos del móvil de Mateen indicaban que, tras volver al coche, buscó en internet una lista de discotecas de Orlando. Se dirigió a la primera de la lista, pero estaban haciendo obras delante, y el tráfico estaba cortado. La segunda de la lista fue Pulse, donde acabó cometiendo la matanza. A medida que nos llegaban detalles de la investigación, sentía consternación y dolor por las víctimas del tiroteo y, al mismo tiempo, un alivio espantoso por habernos «salvado por los pelos» gracias a que las medidas de seguridad que habíamos dispuesto aquella noche le habían hecho desistir de su objetivo.

Suelen preguntarme qué aspecto del trabajo es el que más a menudo me impide conciliar el sueño. Con toda franqueza, el trabajo no me angustia demasiado. No sé si es una peculiaridad de la química de mi cerebro, un mecanismo de defensa que desarrollé como reacción a cierto caos familiar de mi juventud o el resultado de años de disciplina —supongo que un poco de todo—, pero no acostumbro a preocuparme en exceso cuando las cosas van mal. Y veo en las malas noticias problemas que hay que abordar y resolver, cosas que están bajo mi control y no que me controlan a mí. Pero también me doy perfecta cuenta de la fuerza simbólica de Disney como objetivo de un ataque y lo único que me preocupa de verdad es saber que, por muy alerta que estemos, no podemos estar preparados para todo.

Cuando ocurre lo inesperado, se activa una especie de proceso de criba instintivo, en función de tu «escala de amenazas» particular. A veces pasan cosas del tipo «deja todo lo que estés haciendo», mientras que en otras ocasiones te dices a ti mismo: «Esto es grave, tengo que prestarle atención. Pero también debo dejarlo ahora a un lado para centrarme en otras cosas y retomarlo luego». A veces, aunque seas tú quien esté «al mando», has de saber cuándo no tienes nada que aportar y, por lo tanto, es mejor que meter baza: confías en que tu gente haga su trabajo y dedicas tus energías a algo más apremiante.

Eso era lo que me decía yo en Shangai, a medio mundo de distancia de Orlando. Era el proyecto más trascendental en que la compañía se había embarcado desde que Disney World abriera sus puertas en 1971. Nunca habíamos invertido tanto en algo con un potencial tan grande —para bien o para mal— en nuestros casi cien años de historia. No tuve más remedio que compartimentar mis prioridades, concentrarme en los detalles de última hora de las ceremonias inaugurales y confiar en mi equipo de Orlando y en los protocolos que habíamos activado.

Tenemos un sistema que localiza a nuestros empleados cada vez que ocurre un desastre. Si se produce un accidente de avión o se desata un huracán o un incendio forestal, recibo un informe sobre quién ha desaparecido, quién ha tenido que evacuar su casa, quién ha perdido a un amigo, un pariente o un animal de compañía y quién ha sufrido daños en su propiedad. Tenemos más de doscientos mil empleados en todo el mundo, así que si ocurre alguna catástrofe, las probabilidades de que haya afectado a alguno de nuestros trabajadores no son nada remotas. Tras los atentados terroristas de 2015 en París, me enteré en cuestión de horas de que habían asesinado a los comerciales de una agencia de publicidad con la que trabajamos. Después de la matanza de Las Vegas del otoño de 2017, recibí inmediatamente informes de que más de sesenta de nuestros empleados habían asistido al concierto al aire libre que se celebró aquella noche. Cincuenta de ellos tenían a algún conocido que había resultado herido o muerto. Tres figuraban entre los heridos. Y uno, un empleado de Disneyland, entre los muertos.

El martes por la mañana en Shangai ya nos habíamos enterado de que habían asesinado a dos de nuestros empleados a tiempo parcial en la matanza de la discoteca, mientras que varios empleados más eran amigos o parientes de otras víctimas. Nuestros especialistas en traumas y duelos se pusieron manos a la obra, contactaron con los afectados y organizaron servicios de atención psicológica.

Mi agenda para los días previos a la inauguración del parque estaba programada al minuto: hacer de guía de los recorridos por el parque, conceder entrevistas y asistir a los ensayos para dar los últimos toques a las actuaciones de la ceremonia inaugural; actuar como anfitrión en comidas, cenas y reuniones con accionistas, comerciales y miembros de nuestro consejo de administración; reunirme con dignatarios chinos para presentarles los debidos respetos; dedicar un ala del Hospital Infantil de Shangai; ensayar un breve discurso —una parte del cual, en mandarín— que debía pronunciar durante la ceremonia inaugural. Incluso estaban previstas pausas para que pudiera maquillarme, cambiarme de ropa o tomar un bocado. El miércoles por la mañana, me tocaba guiar a un grupo de unos cien invitados vips, entre los que figuraban Jerry Bruckheimer y George Lucas. Algunos de mis subordinados directos nos acompañaban con sus familias. Mi esposa, Willow, y nuestros hijos también estaban allí. Todos llevaban auriculares y yo hablaba por un micrófono mientras los guiaba por el parque.

Recuerdo exactamente dónde estábamos —entre Adventure Island y Pirate Cove— cuando Bob Chapek se me acercó y me llevó a un lado. Supuse que tenía más noticias de la investigación de la matanza y me incliné hacia delante para que me informara en privado de cualquier novedad. «Se ha producido un ataque de cocodrilos en Orlando —susurró Bob—. Un caimán ha atacado a un chico. A un niño pequeño.»

Estábamos rodeados de gente, y disimulé el creciente sentimiento de horror que me invadía mientras Bob me contaba todo lo que sabía de momento. El ataque había ocurrido en nuestro complejo hotelero Grand Floridian hacia las ocho y media. Eran más o menos las diez y media de la mañana en Shangai, o sea que había sucedido hacía dos horas. «No sabemos cómo se encuentra la víctima», dijo Bob.

Instintivamente empecé a rezar para que el niño no hubiera muerto. Y luego empecé a repasar mentalmente el historial del lugar. ¿Había ocurrido algo así antes? En los cuarenta y cinco años que el parque llevaba en funcionamiento, al menos que yo supiera, los cocodrilos jamás habían atacado a ningún visitante. Empecé a visualizar el sitio. Bob me dijo que había ocurrido en la playa del complejo hotelero. Me he alojado en el Grand Floridian muchas veces y conozco bien esa playa. Hay una laguna, pero nunca he visto a nadie que nadara en ella. Un momento; eso no era cierto. Me vino a la mente la imagen de un hombre que se echó al agua para recuperar el globo que había perdido su hijo, hacía cosa de cinco años. Recuerdo que le saqué una foto mientras el hombre volvía nadando a la orilla, con el globo en la mano, y que me reí para mis adentros mientras pensaba en las cosas que llegan a hacer los padres por sus hijos.

Terminé el recorrido y esperé más noticias. Existe un protocolo que regula qué información me llega a mí y cuál pasa a terceros y, antes de comunicármela, mi equipo suele esperar a tener la absoluta certeza de que es correcta. (Con gran frustración por su parte, a veces les reprocho que no me informen de las malas noticias con la suficiente rapidez.) Esta vez la noticia me había llegado de inmediato, pero ardía en deseos de saber más.

George Kalogridis, a quien habíamos enviado de vuelta a Orlando después de la matanza en la discoteca, aterrizó casi en el mismo momento del ataque y comenzó a lidiar con el asunto al instante, además de ir transmitiéndonos toda la información disponible. Me enteré al cabo de poco de que el niño había desaparecido. Los equipos de rescate no habían encontrado el cuerpo. Se llamaba Lane Graves y tenía dos años. La familia Graves se alojaba en el Grand Floridian y había ido a la playa, porque estaba previsto que se proyectara una película. La proyección se canceló por culpa de un rayo, pero los Graves y otras familias decidieron quedarse y dejar que sus hijos jugaran por allí. Lane cogió un cubo y fue hasta el agua a llenarlo. Estaba anocheciendo y un caimán que había subido a comer a la superficie estaba justo ahí en aguas poco profundas. Agarró al niño y lo arrastró bajo el agua. La familia Graves había ido a Disney World desde Nebraska, según me contó George. En esos momentos los acompañaba un equipo de crisis. Yo conocía a dos de sus componentes, unas personas excepcionales en su trabajo, por lo que me alegré de que estuvieran allí, aunque aquello fuera a ponerlos a prueba en grado máximo.

Esa noche iba a celebrarse el concierto inaugural en Shangai, interpretado por una orquesta de quinientos instrumentistas acompañados por el pianista de fama mundial Lang Lang, junto con una larga lista de los compositores, cantantes y músicos más venerados de China. Antes del concierto, iba a presidir una cena para un grupo de altos cargos chinos y dignatarios extranjeros. Hice todo lo que pude por concentrarme en mis responsabilidades, pero la mente se me iba todo el rato hacia la familia Graves en Orlando. La idea de que hubiera sido precisamente en Disney World donde hubieran sufrido una pérdida tan terrible lo eclipsaba todo.

La mañana del jueves 16 de junio iba a inaugurarse el parque. Me desperté a las cuatro de la madrugada e hice algo de ejercicio para despejar la mente. Luego me dirigí a un salón de nuestra planta, donde me reuní con Zenia Mucha, nuestra directora de comunicación. Zenia y yo llevamos trabajando juntos doce años. Ha estado conmigo a las duras y a las maduras. Es contundente: cuando cree que cometo un error, me lo dice directamente a la cara, y siempre vela por el interés de la empresa.

A esas alturas, la noticia ya se había difundido en los medios y yo quería transmitir la respuesta de la empresa. He visto a otras empresas enfrentarse a una crisis dejando que un «portavoz de la empresa» actuara como vocero oficial, y siempre me ha parecido una estrategia fría y un poco cobarde. Los entornos empresariales suelen aislar y proteger a los CEO, a veces en exceso, y yo estaba decidido a no cometer ese error. Le dije a Zenia que iba a emitir un comunicado y coincidió de inmediato en que eso era lo correcto.

Es poco lo que puede decirse en un caso así, pero nos sentamos en el salón y le expresé a Zenia mis sentimientos con la máxima sinceridad. Hablé del hecho de ser padre y abuelo, y de cómo eso me daba una mínima perspectiva para intentar entender el dolor inimaginable de los padres. Quince minutos después de nuestra conversación, hicimos público el comunicado. Volví a mi habitación para empezar a prepararme para el acto inaugural. Willow ya se había levantado y se fue al cabo de un rato, mientras mis hijos continuaban durmiendo. Sin embargo, me resultaba imposible hacer lo que tenía programado a continuación y, al cabo de varios minutos, volví a llamar a Zenia. Cuando contestó, le dije:

—Tengo que hablar con la familia.

Esta vez supuse que Zenia y el jefe de nuestro departamento de asesoría jurídica, Alan Braverman, intentarían disuadirme. La situación podía complicarse desde el punto de vista legal y los abogados procuran reducir las posibilidades de que se diga algo que pueda agravar las responsabilidades propias. En este caso, sin embargo, ambos se dieron cuenta de que era algo que yo tenía que hacer, y ninguno de ellos se resistió a la idea.

—Te conseguiré un número —me dijo Zenia.

Al cabo de pocos minutos ya tenía el teléfono de Jay Ferguson, un amigo de Matt y Melissa Graves, los padres del niño, que había volado inmediatamente a Orlando para estar junto a ellos.

Me senté en el borde de la cama y lo llamé. No sabía muy bien lo que iba a decir, pero cuando Jay contestó, le expliqué quién era y que estaba en Shangai.

—No sé si querrán hablar conmigo —dije—, pero si así fuera, me gustaría transmitirles mi más sentido pésame. De lo contrario, se lo expreso a usted y le ruego que se lo transmita.

—Un momento, por favor —respondió Jay.

Oí de fondo el sonido de una conversación y, de repente, Matt estaba al aparato. Volví a empezar y le reiteré lo que había expuesto en el comunicado: que yo era padre y abuelo, pero que no alcanzaba a imaginar ni por asomo lo que debían de estar pasando. Le dije que quería que supiera directamente por mí, que era el máximo responsable de la empresa, que haríamos todo lo posible por ayudarlos a superar aquello. Le di mi número de teléfono directo y le rogué que me llamara si necesitaba cualquier cosa, y luego le pregunté si había algo que pudiera hacer en ese momento.

—Prométame que la pérdida de la vida de mi hijo no habrá sido en vano —me dijo entre violentos sollozos y oí que Melissa también lloraba al fondo—. Prométame que hará todo lo que pueda para evitar que esto le pase a otro niño.

Le di mi palabra de honor. Sabía que, desde el punto de vista jurídico, tendría que andarme con mucho cuidado con lo que decía, que tenía que haber sopesado si de mis palabras podía deducirse en cierto modo un reconocimiento de negligencia. Cuando trabajas en una estructura empresarial durante tanto tiempo, te enseñan a responder en la jerga jurídico-empresarial, pero en esos momentos todo aquello no me importaba en nada. Le reiteré a Jay que me llamara si necesitaban algo y luego colgamos y me quedé sentado y temblando en el borde de la cama. Había llorado tanto que se me habían salido las lentes de contacto y las estaba buscando a tientas cuando Willow entró en la habitación.

—Acabo de hablar con los padres —dije. No sabía cómo explicar lo que sentía.

Willow se me acercó y me abrazó. Me preguntó si podía hacer algo.

—Tengo que seguir adelante, nada más —respondí. Pero me sentía vacío: la adrenalina que me había impulsado durante las dos últimas semanas, todo lo que este proyecto significaba para mí y la emoción que había sentido al compartirlo, se había agotado.

Al cabo de treinta minutos estaba previsto un encuentro con el viceprimer ministro de China, el embajador estadounidense en este país, el embajador chino en Estados Unidos, el secretario del Partido Comunista en Shangai y el alcalde de la ciudad para llevarlos de visita por el parque. Sin embargo, me sentía incapaz de moverme.

Al final, llamé a mi equipo y les dije que se reunieran conmigo en el vestíbulo del hotel. Sabía que, si les describía la conversación, volverían a saltárseme las lágrimas, así que fui al grano y le conté a Bob Chapek lo que le había prometido a Matt Graves. «Ahora nos ponemos a ello», dijo Bob, y envió un mensaje a su equipo en Orlando de inmediato. (El trabajo que hicieron fue impresionante. Hay cientos de lagunas y canales en los terrenos del parque, y miles de cocodrilos. En menos de veinticuatro horas, habían puesto cuerdas, vallas y carteles por todo el parque, que ocupa el doble de superficie que Manhattan.)

Salí para encontrarme con los dignatarios. Montamos en las atracciones y posamos para las fotos. Me esforcé por sonreír y seguir con el espectáculo. Fue una clara demostración de que es cierto que la fachada que ve la gente muy a menudo no se corresponde con lo que sucede de puertas adentro. Al concluir la visita, tenía previsto pronunciar un discurso ante los miles de personas reunidas en el parque y los millones que lo verían por televisión en China, para luego cortar la cinta y declarar oficialmente inaugurado Shanghai Disneyland a ojos del mundo. La llegada de Disney a la República Popular China era un acontecimiento importante. Había representantes de la prensa de todo el planeta. Los presidentes Xi y Obama habían escrito cartas que teníamos previsto leer en la inauguración. Era consciente de la trascendencia de todo eso, pero no podía dejar de pensar en la angustia de la voz de Matt Graves por teléfono.

Cuando me alejé del viceprimer ministro, el presidente del Grupo Shendi de Shangai, la empresa china con la que nos habíamos asociado, me alcanzó y me tomó del brazo. «No irás a hablar de lo de Orlando, ¿verdad? —me dijo—. Hoy es un día feliz. Un día feliz.» Le aseguré que no diría nada que fuera a enfriar los ánimos.

Al cabo de menos de media hora, estaba sentado a solas en una banqueta en el castillo de Disney, a la espera de que el director de escena me diera la entrada para pronunciar mi discurso. Me había aprendido de memoria las palabras que debía pronunciar en mandarín y ahora me estaba costando recordarlas. Era cierto, era un día feliz, y necesitaba concentrarme en ese hecho y reconocer lo que significaba para toda la gente que había trabajado con tanto afán, durante tanto tiempo, para que esta jornada fuera posible; y para el pueblo chino, que podría soñar con este lugar de la misma manera en que yo y tantos niños estadounidenses soñábamos con ir a Disneyland. Fue un día feliz. Y también el más triste de mi carrera.

He trabajado para la misma empresa durante cuarenta y cinco años: veintidós en ABC y veintitrés en Disney, después de que Disney adquiriera ABC en 1995. Durante los últimos catorce años, he tenido la envidiable tarea de ser el sexto CEO en dirigir la empresa desde que Walt la fundara en 1923.

Ha habido días difíciles, incluso trágicos. Pero para mí también ha sido, si se me permite tomar prestada la expresión, el trabajo más feliz del mundo. Hacemos películas, programas de televisión y musicales de Broadway, juegos, disfraces, juguetes y libros. Construimos parques temáticos y atracciones, hoteles y barcos de cruceros. Todos los días organizamos desfiles, espectáculos callejeros y conciertos en nuestros catorce parques de todo el mundo. Fabricamos diversión. Todavía hoy, después de tantos años, a veces me encuentro pensando: «¿Cómo ha podido ocurrir todo esto? ¿Cómo he tenido tanta suerte?». Antes, en los parques temáticos Disney, a las entradas que daban acceso a las atracciones principales y más emocionantes las llamábamos «E-Tickets». Y eso es lo que me viene a la mente cuando pienso en mi trabajo: que ha sido como montar durante catorce años en una atracción gigante de las de E-Ticket llamada Walt Disney Company.

Pero Disney también forma parte del mundo de los informes trimestrales de resultados, las expectativas de los accionistas y el sinfín de obligaciones adicionales que supone dirigir una empresa que opera en casi todos los países del mundo. En los días menos accidentados es un trabajo que exige adaptarse y readaptarse constantemente. Se pasa de trazar una estrategia de crecimiento con los inversores a estudiar el diseño de una nueva atracción gigante de un parque con los «imagenieros» (los diseñadores creativos), enviar comentarios sobre el primer montaje de una película, hablar sobre las medidas de seguridad, el gobierno corporativo, el precio de las entradas y la escala salarial. Cada día es un desafío trepidante, pero también un ejercicio interminable de segmentación; abordas un tema: ¿cuáles son las cualidades de las princesas Disney en el mundo actual y cómo deberían plasmarse en nuestros productos?, y luego lo aparcas para concentrarte en el siguiente: ¿cuál será el orden de producción de las películas de Marvel durante los próximos ocho años? Y eso sucede los raros días en que las cosas se desarrollan tal como estaba previsto. Como deja muy claro la semana que acabo de describir, siempre surgen crisis y fallos para los que nunca se puede estar totalmente preparado. Pocos serán tan trágicos como los acontecimientos de esa semana, pero siempre pasa algo.

Esto no solo es aplicable a la Walt Disney Company, sino a cualquier empresa o institución. Siempre acaba pasando algo. A un nivel elemental, este libro trata de cómo guiarse por una serie de principios que ayudan a fomentar lo bueno y a gestionar lo malo. Me resistí a escribirlo durante mucho tiempo. Hasta hace poco, incluso evitaba hablar públicamente de mis «reglas para el liderazgo» o cualquier idea por el estilo porque creía que aún no lo había hecho todo en esta vida; sin embargo, después de cuarenta y cinco años —y sobre todo, tras los catorce últimos—, he acabado por creer que tengo ideas que podrían ser útiles más allá de mi propia experiencia.

Si diriges una empresa o un equipo, o colaboras con otras personas en la búsqueda de un objetivo común, este libro puede serte útil. Todas mis experiencias desde el primer día han sido en el mundo de los medios de comunicación y el espectáculo, pero me parecen ideas universales: sobre el modo de incentivar la asunción de riesgos y la creatividad; sobre la construcción de una cultura de confianza; sobre el modo de alimentar una curiosidad profunda y permanente en uno mismo e inspirarla en la gente que nos rodea; sobre cómo abrazar el cambio en lugar de vivir como si no existiera; y sobre cómo actuar siempre con integridad y honradez en el mundo, aun cuando eso suponga tener que enfrentarse a cosas difíciles. Todo esto son abstracciones, pero confío en que las historias y los ejemplos que considero significativos cuando repaso mi dilatada carrera os aporten mayor concreción y proximidad, no solo a los aspirantes a CEO del mundo, sino para todas aquellas personas que quieran sentirse menos temerosas, con más confianza en sí mismas, en su trayectoria profesional e incluso personal.

En su mayor parte, el libro sigue un orden cronológico. Desde mi primer día en ABC, he tenido veinte empleos y catorce jefes. He sido el último mono en una telenovela y he dirigido una cadena que produjo algunos de los programas de televisión más innovadores (y uno de los fracasos más rotundos) de todos los tiempos. He estado dos veces del lado de la empresa adquirida, y he adquirido e integrado varias, entre ellas Pixar, Marvel, Lucasfilm y, más recientemente, 21st Century Fox. He proyectado el futuro de la industria del ocio y el espectáculo con Steve Jobs y me he convertido en el guardián de la mitología de «Star Wars» de George Lucas. He pensado todo los días en la manera en que la tecnología redefine la forma en que creamos, entregamos y experimentamos los medios de comunicación, y lo que significa ser, al mismo tiempo, relevante para un público moderno y fiel a una marca de casi cien años de antigüedad. Y he trabajado con el máximo afán y cuidado para establecer una conexión entre esa marca y miles de millones de personas de todo el mundo.

Al acercarme al final de mi camino y pensar en lo que he aprendido, estos son los diez principios que me parecen necesarios para ser un auténtico líder. Espero que te resulten tan útiles como a mí.

Optimismo. Una de las cualidades más importantes de un buen líder es el optimismo, un entusiasmo pragmático por lo que se puede lograr. Aunque se enfrente a decisiones difíciles y a resultados en absoluto ideales, el líder optimista no cede ante el pesimismo. En pocas palabras, los pesimistas no motivan ni transmiten energía a la gente.

Valentía. Para asumir riesgos es fundamental la valentía y, en las empresas en un estado de cambio y disrupción constantes, la asunción de riesgos es indispensable, la innovación es vital y esta solo se produce de verdad cuando las personas son valientes. Esto vale para las adquisiciones, las inversiones y la asignación de recursos y, muy en particular, para las decisiones creativas. El miedo al fracaso destruye la creatividad.

Concentración. Asignar tiempo, energía y recursos a las estrategias, los problemas y proyectos que son de mayor importancia y valor es extremadamente importante, y es indispensable saber comunicar las prioridades con claridad y frecuencia.

Decisión. Todas las decisiones, por difíciles que sean, pueden y deben tomarse del modo más oportuno posible. Los líderes deben fomentar la diversidad de opiniones pero equilibrándola con la necesidad de tomar y aplicar decisiones. La indecisión crónica no solo es ineficaz y contraproducente, sino que además socava los cimientos de la moral.

Curiosidad. La curiosidad profunda y constante permite descubrir a personas, lugares e ideas nuevos, al igual que el conocimiento y comprensión del mercado y sus dinámicas cambiantes. El camino de la innovación empieza por la curiosidad.

Equidad. Un liderazgo fuerte implica tratar a las personas de forma justa y decente. La empatía es esencial, al igual que la proximidad. Las personas que cometen errores sinceros merecen una segunda oportunidad y juzgar a la gente con demasiada dureza genera miedo y ansiedad, lo que desincentiva la comunicación y la innovación. No hay nada peor para una organización que una cultura del miedo.

Reflexión. La reflexión es uno de los elementos más subestimados del buen liderazgo. Es el proceso de adquirir conocimientos de modo que las opiniones que se emitan o las decisiones que se tomen resulten más creíbles y con mayores probabilidades de acierto. Se trata simplemente de tomarse el tiempo necesario para desarrollar opiniones bien fundamentadas.

Sinceridad. Sé franco. Sé sincero. No finjas nunca. La franqueza y la sinceridad generan respeto y confianza.

El constante afán de perfección. No es lo mismo que ser perfeccionista a toda costa, pero sí negarse a aceptar la mediocridad o a justificar algo diciendo que «así ya está bien». Si crees que una cosa puede mejorarse, haz un esfuerzo para conseguirlo. Si te dedicas a hacer algo, que sea genial.

Integridad. No hay nada más importante que la calidad y la integridad de las personas y los productos de una organización. El éxito de la empresa depende de la aplicación de unos criterios éticos exigentes en todo, desde lo más importante hasta lo más trivial. En otras palabras: la forma en que haces algo es la misma en que lo haces todo.

PRIMERA PARTE

Aprendizaje

1

Empezar desde abajo

Este libro no son unas memorias, pero es imposible hablar de las cualidades que me han sido útiles a lo largo de mi vida profesional sin recordar mi infancia. Siempre he sido de un cierto modo, siempre he hecho un determinado tipo de cosas, que son el resultado de una mezcla indistinguible de naturaleza y crianza. (Que yo recuerde, siempre me he levantado temprano, por ejemplo, y siento un especial aprecio por esas horas que tengo para mí mismo antes de que el resto del mundo despierte.) Existen otras cualidades y hábitos que son el resultado de decisiones intencionadas que he tomado a lo largo del camino. Como suele sucedernos a la mayoría de nosotros, esas decisiones las tomé en parte en respuesta a mis progenitores, sobre todo a mi padre, un hombre genial y complicado que ha influido en mí más que ninguna otra persona.

Desde luego, él hizo que sintiera curiosidad por el mundo. Teníamos un estudio lleno de estantes atestados de libros y mi padre se los había leído todos. No me aficioné en serio a la lectura hasta la secundaria, pero cuando finalmente me enamoré de los libros, fue gracias a él. Tenía colecciones completas que había comprado al Book of the Month Club con las obras de todos los colosos de la literatura estadounidense: Fitzgerald, Hemingway, Faulkner, Steinbeck y compañía. Yo sacaba de la estantería sus ejemplares de *Suave es la noche* o *Por quién doblan las campanas* o docenas de otros y los devoraba, y mi padre me incitaba a leer aún más. Luego nos pasábamos las cenas hablando de la actualidad internacional y, a los diez años, yo recogía el *New York Times* que dejaban en el jardín delantero de la casa y lo leía en la mesa de la cocina antes de que los demás se despertaran.

Vivíamos en una casa de dos plantas en un pequeño pueblo de clase mayoritariamente obrera de Long Island llamado Oceanside. Yo era el mayor de dos hijos; le llevo tres años a mi hermana. Mi madre era cálida y afectuosa, un ama de casa dedicada a sus labores hasta que empecé a ir al instituto, momento en el que ella entró a trabajar en la biblioteca del instituto del pueblo. Mi padre era un veterano de la Armada que había luchado en la guerra y tocaba la trompeta con algunas big bands de segunda fila, pero pensó que nunca conseguiría ganarse la vida como músico, así que no intentó dedicarse a ello a tiempo completo. Se licenció en Marketing en la Wharton School de la Universidad de Pennsylvania. Su primer empleo fue en el departamento de marketing de una empresa alimentaria y de ahí pasó a la publicidad. Era ejecutivo de cuentas de una agencia de publicidad en Madison Avenue —llevaba las cuentas de la cervecera Old Milwaukee y la cadena de boleras Brunswick—, pero acabó perdiendo este trabajo. Estuvo en varias agencias, casi siempre en empleos de la misma categoría. Cuando yo tenía diez u once años, había cambiado de empleo tantas veces que empecé a plantearme el porqué.

Siempre estuvo muy metido en política, con una fuerte componente progresista. Una vez perdió el trabajo porque estaba decidido a asistir a la Marcha sobre Washington organizada por Martin Luther King para verlo hablar. Su jefe no le dio el día libre, pero él fue de todos modos. No sé si dimitió y luego fue a oír el discurso o si lo despidieron por haberse empeñado en ir después de que le hubieran dicho que no podía, pero esa fue solo una de las muchas veces que perdió su empleo.

Me sentía orgulloso de su firmeza de carácter y de sus ideas políticas. Tenía un sentido muy acusado de lo que era correcto y justo, y siempre estaba del lado de los desvalidos. Pero también le resultaba difícil contenerse y a menudo decía cosas que lo metían en líos. Más tarde me enteré de que le habían diagnosticado psicosis maníaco-depresiva y que había probado varias terapias, incluidos los electrochoques, para tratar su enfermedad. Al ser yo el primogénito, descargaba sobre mí su imprevisibilidad emocional. Nunca me sentí amenazado por sus cambios de humor, pero me daba perfecta cuenta de su lado oscuro y eso me entristecía. No sabíamos nunca qué papá llegaría a casa por la noche: conservo el recuerdo de estar sentado en mi cuarto del piso de arriba de la casa y deducir, por el sonido que hacía al abrir y cerrar la puerta y subir los escalones, si era un papá feliz o un papá triste.

A veces, de camino a su habitación, él entraba en mi cuarto para asegurarse de que estuviera «haciendo algo de provecho», como él decía, o sea, leyendo, o haciendo los deberes o algo que me resultara «beneficioso» en algún sentido. Quería que mi hermana y yo nos divirtiéramos, pero también era muy importante para él que empleáramos el tiempo adecuadamente y trabajáramos centrándonos en unos objetivos. Estoy seguro de que mi atención (que algunos podrían tachar de obsesiva) al manejo del tiempo viene de él.

Tuve la impresión desde el principio de que mi papel era proporcionar un centro estable a la familia, lo que incluía algunas cuestiones prácticas relacionadas con la casa. Si algo se estropeaba, mi madre me pedía a mí que lo arreglara, y aprendí de pequeño a reparar cualquier cosa. Creo que de ahí viene también mi curiosidad por la tecnología. Me gustaba usar herramientas, desmontar cosas y entender cómo funcionaban.

Mis padres se preocupaban por todo. Ambos tenían la sensación de que algo malo estaba siempre al caer. No sé hasta qué punto se debe a la genética o a una reacción provocada por su ansiedad, pero yo siempre he sido todo lo contrario a ellos. Con pocas excepciones en mi vida, jamás me he preocupado en exceso por el futuro, y nunca he tenido demasiado miedo a intentar algo y fracasar.

A medida que me hacía mayor, cada vez era más consciente del desengaño que mi padre arrastraba consigo mismo. Llevaba una vida que no le satisfacía y se consideraba un fracasado. En parte por eso nos animaba a trabajar duro y a ser productivos: para que pudiéramos alcanzar el éxito que él no había tenido. Sus problemas laborales implicaban que, si yo quería tener dinero para gastos, había de encontrar mi propio trabajo. Empecé a trabajar a los catorce años, quitando nieve, haciendo de canguro y de mozo de almacén de una ferretería. A los quince conseguí un empleo como conserje de verano de la escuela. Mi trabajo consistía en limpiar los calefactores de todas y cada una de las aulas y luego repasar la parte inferior de todos los pupitres para comprobar que no tuvieran chicles pegados cuando comenzara el curso. Limpiar chicles de la parte de abajo de mil pupitres es algo que te imprime carácter o, al menos, te permite sobrellevar la monotonía o algo así...

Asistí al Ithaca College y pasé casi todas las noches de los fines de semana de mi primer y segundo años haciendo pizzas en el Pizza Hut del pueblo. En el instituto sacaba sobre todo notables y algunos sobresalientes, pero el mundo académico no me entusiasmaba. Aunque algo hizo clic en mi interior cuando empecé la universidad. Estaba decidido a esforzarme por aprender todo lo que pudiera, y creo que eso también se lo debía a mi padre: era una determinación derivada del deseo de no experimentar la misma sensación de fracaso que él. No tenía una idea clara de lo que significaba el «éxito», ni una imagen concreta de lo que era ser rico o poderoso, pero estaba decidido a no llevar una vida de decepciones. Me dije que, fuera como fuese mi vida, no cabía ni la más remota posibilidad de que acabara fracasando y no consiguiera realizarme.

No tengo un recuerdo doloroso de mis primeros años, aparte de la pena que sentía por que mi padre no tuviera una vida más feliz y por que mi madre también sufriera en consecuencia. Ojalá se hubiera sentido más orgulloso de sí mismo. A mi hermana y a mí no nos faltó nunca el amor durante la niñez. Siempre tuvimos un techo sobre la cabeza y comida en la mesa, pero poco o nada de dinero para más. Por lo general, pasábamos las vacaciones yendo en coche a sitios aburridos o a la playa que teníamos a pocos minutos de casa. Teníamos suficiente ropa para estar presentables, pero nada más, y cuando se me hacía un roto en unos pantalones en otoño, solían decirme que los llevara remendados hasta que tuviéramos dinero para unos nuevos, y para eso se podía tardar meses. Nunca me sentí pobre y nadie me veía como tal. Pero íbamos mucho más apurados de lo que parecía, y al hacerme mayor me di cuenta.

Años más tarde, después de convertirme en CEO de Disney, invité a mi padre a comer en Nueva York. Hablamos de su salud mental y de la opinión que tenía de su propia vida. Le dije lo mucho que apreciaba todo lo que él y mamá habían hecho por nosotros, los principios que nos habían inculcado y el amor que nos habían dado. Le dije que aquello era suficiente, más que suficiente, y que ojalá mi gratitud aliviara, por poco que fuera, su desengaño. Sé que muchas de las cualidades que me han sido de utilidad en mi carrera se las debo a él. Espero que también él lo entendiera.

Comencé mi carrera en ABC el 1 de julio de 1974 como supervisor de estudio para ABC Television. Antes de eso, había trabajado un año como hombre del tiempo y reportero de informativos en una pequeña emisora de televisión por cable de Ithaca (Nueva York). Ese año de trabajar de machaca (y con un desempeño mediocre) me convenció de que abandonara el sueño que tenía desde que cumplí quince años: ser presentador de telediario. Solo bromeo a medias cuando digo que la experiencia de presentar a los lugareños de Ithaca el parte meteorológico diario me enseñó una habilidad indispensable: la de dar malas noticias. Durante aproximadamente seis meses de aquel año, el largo y lúgubre período que va de octubre a abril, no fui precisamente el tipo más popular de Ithaca.

Llegué a la cadena ABC gracias a la mala vista de mi tío Bob. El hermano de mi madre, a quien yo adoraba, estuvo ingresado unos días en un hospital de Manhattan después de que lo operasen de los ojos, y su compañero de cuarto era un ejecutivo de segunda fila de ABC, que, no sé muy bien por qué, pretendía que mi tío lo tomara por un capitoste de la cadena. Fingía que lo telefoneaban al hospital, como si en ABC hubiera decisiones importantes que solo él podía tomar, y mi tío se lo creyó. Antes de que le dieran el alta, mi tío le comentó a su compañero de cuarto que su sobrino andaba buscando trabajo como productor de televisión en Nueva York. El tipo le dio su número y le dijo: «Dile a tu sobrino que me llame».

Cuando seguí su consejo, el ejecutivo se mostró sorprendido y algo desconcertado al ver quién era yo. A juzgar por lo que había dicho mi tío, yo esperaba encontrarme con un poderoso ejecutivo de la cadena cuya influencia llegaba al más alto nivel de la empresa.

No era así ni por asomo, pero es justo reconocer que me consiguió una entrevista de trabajo en el pequeño departamento que dirigía en la cadena, Servicios de Producción, y, no mucho después, me contrataron como supervisor de estudio.

El sueldo ascendía a 150 dólares a la semana y suponía el peldaño más bajo del escalafón de ABC. Éramos media docena de personas que hacíamos toda clase de trabajillos en concursos, telenovelas, programas de entrevistas, informativos y programas especiales televisivos; en definitiva, cualquier cosa que produjeran en los inmensos estudios de Manhattan de la cadena ABC. Yo me ocupaba de un amplio abanico de programas: culebrones como *All My Children*, *One Life to Live* y *Ryan's Hope*; concursos como *The $10,000 Pyramid*, *The Money Maze* y *Showdown*; *The Dick Cavett Show*, *Good Night America* con Geraldo Rivera y *The ABC Evening News* con Harry Reasoner.

La descripción del puesto era bastante simple: presentarme cuando me necesitaran para lo que fuera. A menudo eso significaba estar en un estudio a las cuatro y media de la madrugada para «pruebas de iluminación». Los decorados de las telenovelas se montaban la noche anterior al rodaje, y mi trabajo consistía en abrir la puerta al director de iluminación y a los tramoyistas mucho antes de que saliera el sol para que las luces estuvieran en su sitio cuando llegaran el director y los actores para las primeras tomas. Coordinaba a todos los carpinteros, atrecistas, electricistas, maquilladores, encargados de vestuario y peluquería, comprobando que estuvieran todos y que les hubieran dado el plan de trabajo del día. Hacía el seguimiento de las horas trabajadas, de sus quejas y de cualquier infracción del convenio. Me aseguraba de que el servicio de catering estuviera en su lugar y de que el aire acondicionado hubiera enfriado los estudios lo suficiente como para empezar a rodar bajo el calor de los focos. Era todo lo contrario del glamour, pero aprendí todos los pormenores del funcionamiento de estos programas. Su idioma. Conocí a toda la gente que hacía posible un programa de televisión. Y tal vez lo más importante: aprendí a soportar las largas jornadas y la carga de trabajo extrema de la producción televisiva y, desde entonces, llevo grabada esa ética del trabajo.

Todavía hoy, me levanto casi todas las mañanas a las cuatro y cuarto, aunque ahora sea por razones egoístas: para tener tiempo para pensar, leer y hacer ejercicio antes de ceder el paso a las exigencias del día. No a todo el mundo le va levantarse a esas horas, pero sea en el momento que sea de la jornada, tienes que encontrar un rato cada día para dejar que tus pensamientos vayan más allá de tus responsabilidades laborales inmediatas, para reflexionar sobre las cosas con menos presiones y más creatividad de lo que te permiten las prioridades del día a día. Ese tiempo que tengo para mí solo cada mañana es un tesoro, y estoy seguro de que sería menos productivo y menos creativo en mi trabajo si no pasara también esas primeras horas lejos de los correos electrónicos, mensajes de texto y llamadas telefónicas que precisan tanta atención a lo largo del día.

En aquella época, el sector era muy diferente. En algunos aspectos era mejor. La competencia era más sencilla, pues era un mundo menos atomizado. Desde luego, existía un relato estadounidense compartido por la mayoría que se organizaba en torno a unas creencias básicas de la sociedad en su conjunto. En muchos otros aspectos, sin embargo, era peor. Por un lado, existía una tolerancia displicente por la falta de respeto que hoy en día sería inadmisible. Sin duda, para las mujeres y los miembros de grupos infrarrepresentados era mucho más difícil en el día a día que para mí. Pero, incluso en mi caso, el hecho de ser el último mono significaba estar expuesto a los abusos esporádicos de gente a la que hoy despedirían por ellos.

Por citar un botón de muestra que es un reflejo de la época: las noticias vespertinas se emitían a las seis de la tarde, hora del Este. Cuando acabábamos, el presentador Harry Reasoner y el regidor, un tipo llamado Whitey, salían del plató y se instalaban en el bar del Hotel des Artistes de la calle Sesenta y dos Oeste. (Las noticias vespertinas se emitían desde un salón de baile reformado del antiguo hotel.) Cada noche, Harry se tomaba un martini doble extraseco de Beefeater con hielo y piel de limón.

Una de mis responsabilidades era esperar a que el productor

repasara el programa y luego avisar a Harry y al equipo del estudio si había que actualizar o arreglar algo antes de que se emitiera en el resto de los husos horarios. Una noche Harry estaba a punto de pasar al martini número dos y me pidió que volviera al estudio a preguntarle al productor cómo iba todo. Me aventuré a entrar en la sala de control y dije:

—Vengo de parte de Harry a averiguar cómo pinta la cosa.

El productor me miró con un desprecio absoluto. A continuación, se bajó la cremallera de los pantalones, se sacó el pene y contestó:

—No sé. ¿Tú cómo la ves?

Han pasado cuarenta y cinco años, y todavía me indigno cuando recuerdo esa escena. Nos hemos vuelto mucho más conscientes de la necesidad de tratar a la gente de forma justa, equitativa y respetuosa en el lugar de trabajo, pero hemos tardado demasiado en hacerlo.

En el otoño de 1974, me pusieron a trabajar en *The Main Event*, un concierto de Frank Sinatra en el Madison Square Garden que ABC iba a transmitir en vivo, en directo y en horario de máxima audiencia. Yo era el supervisor de estudio sobre el terreno, lo que significaba que tenía que estar disponible para hacer todo lo que me pidiera el enorme equipo técnico del Madison Square Garden. Era una perita en dulce y, para mí, fue muy importante en el plano personal. Mi padre ponía sin parar los discos de Sinatra en el tocadiscos de casa. Aún hoy, recuerdo a la perfección la imagen de mi padre de pie en la sala de estar, tocando la trompeta como acompañamiento a la voz de Frank.

Estar en el mismo edificio que Sinatra, asistir a los ensayos y aportar mi granito de arena para asegurar que la producción se desarrollara sin problemas: era una suerte tan grande que no me lo creía. El momento culminante llegó unas horas antes de empezar del concierto, cuando un productor asociado me dijo que fuera enseguida a buscar una botella de enjuague bucal y la entregara cuanto antes en el camerino del señor Sinatra. Salí corriendo hasta una farmacia situada a unas cuantas manzanas de distancia, en la parte alta de la ciudad, y compré la botella más grande de Listerine que pude encontrar, pensando todo el tiempo que Frank tenía problemas de garganta ¡y que el peso de la transmisión descansaba sobre mis hombros!

Nervioso y sin aliento, llamé a la puerta del camerino, con el enjuague bucal en la mano. La puerta se abrió de golpe y me recibió un imponente guardaespaldas, que me preguntó qué demonios hacía allí.

—Le traigo el Listerine al señor Sinatra —le respondí.

Antes de que el guardaespaldas pudiera decirme nada, oí que desde el fondo de la habitación me llegaba esa voz que me resultaba tan familiar:

—Que pase.

Al cabo de un momento me encontraba frente a la Voz.

—¿Cómo te llamas, chico?

—Bob.

—¿De dónde eres?

No sé por qué, le contesté que de Brooklyn, aunque de hecho nací y viví allí hasta que mi familia se mudó a Long Island cuando yo apenas tenía cinco años; supongo que en cierta forma quería parecerle más auténtico, y Oceanside no era un sitio tan evocador.

—¡De Brooklyn! —repitió Frank, como si fuera lo mejor del mundo después de su Hoboken natal, y luego me dio un crujiente billete de cien dólares. Cuando el concierto terminó, obsequió a todos y cada uno de los miembros del equipo con un elegante encendedor de oro con la inscripción: CON CARIÑO. SINATRA. Me gasté los cien dólares casi de inmediato, pero he guardado el encendedor en un cajón de mi escritorio hasta el día de hoy.

Los productores de *The Main Event* eran Jerry Weintraub y Roone Arledge, el impetuoso director de ABC Sports, que en aquel entonces tenía cuarenta y tres años. En 1974, Roone ya era un ejecutivo de televisión legendario. Había formado un equipo con varios productores que trabajaban para él en ABC Sports. La noche antes del concierto, ensayaron todo el espectáculo. Empezó Howard Cosell, que presentó a Frank como si fuera un boxeador sobre el escenario (de hecho, este parecía un ring de boxeo situado en el centro del recinto), y luego apareció Frank y actuó durante casi dos horas.

Fue la primera vez que vi a Roone en acción. Tomaba nota de todo y, cuando terminó el ensayo, decidió que había que deshacerlo casi todo y volver a empezar. Había que rediseñar el decorado, rehacer la presentación de Howard y cambiar radicalmente la iluminación. Para Roone, había que replantear por completo el modo en que Sinatra interactuaba con el público.

Yo me dediqué a hacer mis cosillas y observé como lo desmontaban y lo volvían a montar todo, entre las quejas e imprecaciones del equipo. No se puede negar que el espectáculo que se emitió cuando aún no habían transcurrido veinticuatro horas era de una calidad muy superior a la del ensayo. No entendí cómo lo había logrado, pero más tarde comprobé que aquello era típico de Roone, quien nunca estaba dispuesto a conformarse con un «así ya está bien» y se sentía a sus anchas presionando a la gente con una fecha inamovible (y, de paso, llevándolos al agotamiento) para conseguir un resultado genial.

La emoción de trabajar en *The Main Event* se desvaneció en cuanto regresé a mi prosaico mundo de culebrones y concursos. Sin embargo, al cabo de poco tuve que lidiar con mi propio drama. El jefe del pequeño departamento en el que trabajaba era un matón corrupto que pagaba a vendedores y proveedores con el presupuesto de nuestro departamento («empleados públicos», los llamaba) para que hicieran trabajos para él y otros ejecutivos de ABC, y luego además se llenaba los bolsillos con los posteriores sobornos. También compraba muebles que, según él, iban destinados a decorados de telenovelas, aunque luego hacía que los tramoyistas se los llevaran a un piso del centro de Manhattan que le había puesto a una amante. Me habían pedido que le siguiera la corriente, colaborando con él o haciendo la vista gorda, y aquello me irritaba en extremo. Comencé a preguntar a algunas personas del departamento si había algo que pudiera hacerse al respecto y se corrió la voz hasta llegar al jefe.

Un día me llamó a su despacho. Cuando entré, inmediatamente me acusó de quebrantar las normas de la empresa.

—¿Qué pretendes? —me preguntó—. Me han dicho que usaste nuestro camión para mudarte a tu nuevo piso.

De hecho, había podido utilizar durante un breve espacio de tiempo una camioneta de la empresa y les había dicho en broma a unos colegas que quizá debería usar el camión para mudarme a un piso que acababa de alquilar. Al final no lo hice, y así se lo dije, pero en aquel instante me di cuenta de que alguien debía de haberle contado que yo era un agitador.

—Andas esparciendo rumores sobre mí —dijo.

No negué que hubiera estado hablando de él y entonces me miró a los ojos un buen rato antes de decirme:

—¿Sabes, Iger? Ya no vas a ascender.

Me dio dos semanas para encontrar un puesto en otro departamento o marcharme de la empresa. Tenía veintitrés años y estaba seguro de que mi carrera en la televisión se había terminado. Pero fui a la bolsa de trabajo de ABC —que en aquellos tiempos era un taco de papeles colgado de la pared— y allí, junto a veinticinco puestos para los cuales no estaba cualificado, se hallaba un papel con la descripción de una vacante en ABC Sports. Llamé enseguida a uno de los tipos que había conocido en el concierto de Sinatra y le expliqué que estaba en un aprieto. Me dijo que bajara al 1330 (la sede corporativa de ABC, en el número 1330 de la avenida de las Américas) y, al cabo de un mes, me contrataron como supervisor de operaciones de estudio de ABC Sports. Si lo pensabas fríamente, el nuevo puesto solo era un poquito mejor que el que acababa de perder. Pero aquella fue mi gran oportunidad, y me gusta pensar que se la debo en parte a Frank Sinatra y en parte a un tipo que más tarde fue despedido de la empresa por malversación de fondos.

Durante su edad de oro, los setenta y principios de los ochenta, ABC Sports fue una de las divisiones más rentables de la cadena, en gran medida porque *Monday Night Football* y *Wide World of Sports* eran muy populares. También tenía unas grandes retransmisiones deportivas: partidos de fútbol americano de la liga universitaria y de béisbol de las Grandes Ligas y muchos de los principales torneos de golf y campeonatos de boxeo, así como programas como *The American Sportsman* y *The Superstars*. Además, cada cuatro años, ABC era la «cadena de los Juegos Olímpicos» porque había emitido la mayoría de los Juegos Olímpicos desde 1964 hasta 1988.

Los empleados de Sports eran los «niños bonitos» de la empresa, un estatus que se reflejaba en casi todo: en su forma de vestir (trajes a medida y mocasines Gucci sin calcetines), en lo que comían y bebían (vino y whisky caros, a menudo durante la comida) y en las estrellas de Hollywood y en los deportistas y políticos famosos con los que confraternizaban. Se iban cada dos por tres de viaje a lugares exóticos, volaban a menudo en Concorde a París, donde estaba nuestra delegación en Europa, y desde allí, se desplazaban para cubrir acontecimientos en lugares como Montecarlo y Saint Moritz.

Yo también acabé ascendiendo lo suficiente para tener un asiento en el Concorde. Los viajes que hice, especialmente para *ABC's Wide World of Sports*, me cambiaron la vida. No había salido nunca de Estados Unidos y, de pronto, estaba recorriendo el mundo en avión. (Como entonaba la voz en off de Jim McKay una semana tras otra en la apertura del programa, andábamos «recorriendo el mundo para ofrecerles el deporte en toda su diversidad».) Un fin de semana cualquiera, podía encontrarme en un campeonato de surf en Hawái o en un torneo de patinaje artístico en Praga, en una competición de halterofilia en Budapest o en el rodeo de los Frontier Days de Cheyenne. Teníamos a los clavadistas de Acapulco, los descensos de esquí alpino de Kitzbuhel, gimnasia en China, Rumanía o la URSS…

ABC Sports me enseñó el mundo y me hizo más refinado. Me encontré con cosas que ni siquiera me había planteado nunca. Recuerdo exactamente dónde y cuándo paladeé por primera vez la comida francesa en París, la primera ocasión en que pronuncié la palabra «Montrachet» y mi primera experiencia conduciendo por Mónaco en un coche deportivo de lujo. Para un muchacho que había crecido en una casa de dos plantas de Oceanside (Nueva York), todo aquello daba un poco de vértigo. Pero era mucho más que la buena vida. Viajaba a menudo a países del Tercer Mundo y organizaba la cobertura de los acontecimientos deportivos en el bloque comunista, lo que me llevó a negociar con organismos gubernamentales intransigentes y a moverme por sistemas que solían ser corruptos y laberínticos. Fui testigo de primera mano de cómo vivía la gente detrás del Telón de Acero y pude hacerme una idea de los retos a los que se enfrentaban en la vida diaria. (Todavía recuerdo la imagen de Bucarest a oscuras durante los apagones nocturnos, cuando el gobierno desconectaba la red eléctrica en pleno invierno.) También vi que sus sueños no eran tan diferentes de los del estadounidense medio. Mientras que los políticos tenían la necesidad de dividir el mundo o de generar una mentalidad de «nosotros o ellos», de «buenos y malos», la realidad que me encontré era mucho más matizada.

En cuanto al glamour, puede argumentarse de forma convincente (como acabó siendo el caso) que vivir tan a cuerpo de rey era irresponsable. Sin embargo, en ese momento ABC Sports era un mundo aparte, a menudo inmune a las leyes que regían en el resto de ABC. Roone Arledge estaba en el centro de ese mundo. Lo habían contratado para dirigir ABC Sports a principios de los años sesenta y, cuando yo llegué a la cadena, Roone ya formaba parte de la aristocracia televisiva. Él más que nadie en la historia de la televisión cambió la forma en que experimentamos el deporte en la pequeña pantalla.

Sabía, en primer lugar, que se trataba de contar historias y no solo de transmitir acontecimientos, y que para contar grandes historias hace falta un gran talento. Era la persona más competitiva para la que he trabajado y un innovador incansable, pero él también sabía que solo era tan bueno como la gente con la que se rodeaba. Jim McKay, Howard Cosell, Keith Jackson. Frank Gifford, Don Meredith, Chris Schenkel, Bob Beattie en esquí, Jackie Stewart en carreras de coches. Todos ellos eran presentadores con un fuerte magnetismo personal y Roone los convirtió en nombres archiconocidos.

«El drama humano de la competición deportiva», por citar otra frase de la apertura de *Wide World of Sports*: así veía Roone los eventos que cubríamos. Los deportistas eran personajes de un relato. ¿De dónde venían? ¿Qué habían tenido que superar para llegar hasta ahí? ¿Qué paralelismos existían entre la competición y los dramas geopolíticos? ¿Qué nos permitía vislumbrar, a modo de ventana sobre otras culturas? Le entusiasmaba la idea de que no solo llevábamos los deportes, sino el mundo entero, al salón de millones de estadounidenses.

También fue la primera persona para la que trabajé que adoptó los avances tecnológicos para revolucionar qué y cómo lo hacíamos. Cámaras de ángulo inverso, repeticiones en cámara lenta, transmisión de acontecimientos en vivo vía satélite: todo eso se debe a Roone. Quería probar todos los nuevos aparatos y romper con todos los formatos anticuados. Siempre buscaba nuevas formas de conectar con los espectadores y captar su atención. Roone me enseñó la consigna que me ha guiado en todos los trabajos que he tenido desde entonces: innovar o morir, y no puede haber innovación si te dejas llevar por el miedo a lo nuevo o a lo que no se ha probado.

También era un perfeccionista infatigable. En mis primeros años en los deportes, me pasé la mayor parte de los fines de semana en una sala de control situada en el sótano de la calle Sesenta y seis. Mi trabajo consistía en recibir las grabaciones de todo el mundo y entregarlas a los productores y editores, que las montarían y les pondrían voz en off antes de emitirlas. Roone solía aparecer por la sala de control o, si no se presentaba en persona, llamaba desde dondequiera que estuviera. (Había un «teléfono rojo de Roone» en cada una de nuestras salas de control, así como en las unidades móviles de todos los acontecimientos que cubríamos.) Si estaba en casa viendo un programa —siempre estaba mirando desde algún lugar— y veía algo que no le gustaba, nos llamaba y nos lo decía: «Ese ángulo de cámara está mal. Hay que insistir más en esa historia. ¡No anticipemos a la gente lo que va a pasar después!».

Ningún detalle era demasiado nimio para Roone. La perfección era el resultado de hacer bien todas las pequeñas cosas. En innumerables ocasiones, tal y como presencié en el concierto de Sinatra, se cargaba un programa entero antes de que se emitiera y exigía que el equipo se lo replanteara todo, aunque eso significara trabajar hasta el amanecer en una sala de montaje. No era gritón, pero sí duro y exigente, y transmitía de forma muy clara lo que estaba mal y esperaba que se arreglara, y no le importaban demasiado los sacrificios que hubiera que hacer para arreglarlo. Lo importante era el programa. Para él lo era todo. El programa era más importante para Roone que para la gente que lo hacía, y tenías que asumir esto cuando trabajabas para él. Su empeño en hacerlo todo genial era electrizante. Pero a menudo resultaba agotador, incluso frustrante (en gran parte porque esperaba hasta que el proceso de producción estuviera muy adelantado para hacer sus comentarios o exigir cambios), pero también era inspirador, y el estímulo superaba con creces la frustración. Sabías lo mucho que le importaba que las cosas salieran geniales, y querías estar a la altura de sus expectativas, y punto.

Su mantra era simple: «Haz lo que sea necesario para mejorarlo». De todas las cosas que aprendí de Roone, esta es la que más me marcó. Cuando hablo de esta cualidad particular de liderazgo, me refiero a ella como «el constante afán de perfección». En la práctica eso implica muchas cosas, y es difícil de definir. En realidad es más una forma de pensar que un conjunto específico de reglas. No se trata —por lo menos tal como yo lo entiendo— de un perfeccionismo a toda costa (algo que a Roone no le preocupaba especialmente), sino de crear un ambiente en el que te niegas a aceptar la mediocridad. Instintivamente te resistes al impulso de decir: «No hay tiempo», «No tengo fuerzas», «Esto exige que tengamos una conversación difícil y no me apetece» o cualquiera de las muchas otras maneras en las que podemos convencernos de que nos vale con un «así ya está bien».

Décadas después de dejar de trabajar para Roone, vi un documental, *Jiro Dreams of Sushi*, sobre un chef maestro del sushi de Tokio llamado Jiro Ono, cuyo restaurante tiene tres estrellas Michelin y sus mesas se encuentran entre las más solicitadas del mundo. En la película sale con más de ochenta años y sigue tratando de perfeccionar su arte. Algunos lo describen como la encarnación de la palabra japonesa *shokunin*, que significa «el constante afán de perfección para alcanzar un bien mayor». Me quedé prendado de Jiro cuando lo vi y me fascinó el concepto de *shokunin*. En 2013, viajé a Tokio por trabajo y fui al restaurante con algunos colegas. Conocimos a Jiro, que nos preparó la cena, y contemplé con asombro cómo preparaba hábilmente diecinueve magníficas piezas de sushi, una tras otra, en el transcurso de treinta y cinco minutos. (La velocidad de la comida se debió a su empeño en servir el sushi sobre arroz que estuviera a la misma temperatura que el cuerpo. Si la comida se prolongaba en exceso, la temperatura del arroz quedaría un par de grados por debajo de 36,5 °C, algo que para Jiro resultaba inaceptable.)

Me entusiasmó tanto el documental que les mostré fragmentos del mismo a doscientos cincuenta ejecutivos en un retiro de Disney. Quería que entendieran mejor, mediante el ejemplo de Jiro, a qué me refería con el «constante afán de perfección». Esa es la imagen de lo que significa sentir un inmenso orgullo personal por el trabajo que creas y poseer tanto el instinto necesario para alcanzar la perfección como la ética de trabajo imprescindible para seguir dicho instinto.

Una de mis conversaciones favoritas con Roone tuvo lugar al principio de mi estancia en ABC Sports. Aunque trabajábamos en la misma planta y Sports era una división relativamente pequeña, en aquella época no creía que pudiera llegar a tratar con Roone. Aparte de los saludos de cortesía, no parecía darse cuenta de mi existencia. Un día me encontré junto a él en un urinario. Para mi sorpresa, Roone empezó a hablar conmigo:

—¿Cómo va todo?

Después de un instante de silencio desconcertado, respondí:

—Hombre, hay días en que noto que el agua me llega al cuello.

Roone miró hacia delante y replicó, sin perder comba:

—Pues búsquese un tubo de buceo más largo.

Y, después de lavarse las manos, se fue.

No le gustaba que le fueran con excusas. Solo más tarde, cuando trabajé más estrechamente con él, descubrí lo que quería decir la gente cuando comentaba que Roone no aceptaba un «no» por respuesta. Si te pedía que hicieras algo, esperaba de ti que agotaras todos los métodos posibles para lograrlo. Si volvías y le decías que lo habías intentado pero que no había podido hacerse, él te respondía: «Busca otro modo».

En 1979, el Mundial de Ping-Pong se celebraba en Pyongyang, la capital de Corea del Norte. Roone me llamó un día a su despacho y me dijo: «Esto será interesante. Vamos a cubrirlo en *Wide World of Sports*». Creí que bromeaba. Sin duda sabía que sería imposible hacerse con los derechos de antena de una competición que se celebraba en Corea del Norte.

Pero no bromeaba.

Así pues, empecé a dar la vuelta al mundo para hacerme con esos derechos. La primera parada fue en Cardiff (Gales), donde me reuní con el presidente de la Federación Mundial de Ping-Pong, y desde allí, como no se me permitía viajar a Corea del Norte, fui a Pekín para reunirme con los representantes norcoreanos. Después de unos meses de intensas negociaciones, estábamos a punto de cerrar el acuerdo cuando recibí una llamada de alguien de la oficina para Asia del Departamento de Estado de Estados Unidos. «Todo lo que está haciendo con ellos es ilegal —me dijo—. Está violando las estrictas sanciones de Estados Unidos contra la realización de cualquier clase de negocios con Corea del Norte.»

Desde luego, la situación parecía haber llegado a un callejón sin salida, pero pensé en Roone y su advertencia de que «buscara otro modo». Resultó que el Departamento de Estado no se oponía a que fuéramos a Corea del Norte; de hecho, les gustaba la idea de que entráramos con cámaras para captar todas las imágenes que pudiéramos. Sencillamente, no nos permitían pagar a los norcoreanos por los derechos de antena ni firmar ningún contrato con ellos. Cuando se lo expliqué a la delegación norcoreana, montaron en cólera y pareció que todo se vendría abajo. Al final encontré una solución que implicaba hacernos con los derechos no a través del país anfitrión, sino de la Federación Mundial de Ping-Pong. El gobierno norcoreano, aunque ya no le pagáramos, aceptó dejarnos entrar y nos convertimos en el primer equipo de medios de comunicación estadounidense que entraba en Corea del Norte en décadas, un momento histórico en el mundo de las transmisiones deportivas. Roone nunca supo hasta dónde había llegado para lograrlo, pero sé que no lo habría conseguido si no me hubieran animado en parte sus expectativas y en parte mi deseo de complacerlo.

Es una cuestión delicada encontrar el equilibrio entre exigir a tu gente que rinda al máximo y no inculcarles el miedo al fracaso. La mayoría de los que trabajábamos para Roone queríamos estar a la altura de sus exigencias, pero también sabíamos que no soportaba las excusas y que era fácil que se volviese en contra de cualquiera, con su estilo característicamente cortante y algo cruel, si creía que no estábamos rindiendo según su nivel de satisfacción.

Todos los lunes por la mañana, los altos ejecutivos de Sports se reunían en torno a una mesa de conferencias para revisar la cobertura del fin de semana pasado y planificar lo siguiente. Los demás nos sentábamos formando un círculo de sillas alrededor de la pared de la sala, como si fuésemos diputados del montón, a la espera de las críticas del trabajo que acabábamos de terminar y de los encargos para la semana que empezaba.

Una mañana —durante mis inicios en *Wide World of Sports*, justo cuando se produjo el diálogo del tubo de buceo— Roone entró y comenzó a poner verde a todo el equipo por habernos perdido el récord mundial de la milla que había establecido el gran mediofondista británico Sebastian Coe en un encuentro de atletismo en Oslo (Noruega). Normalmente estábamos al tanto de estas cosas, pero en este caso surgieron complicaciones inesperadas y yo no había podido conseguir los derechos de antena de la carrera a tiempo para emitirla. Sospechaba que eso iba a ser un problema cuando llegara el lunes, pero me aferraba a la remota esperanza de que se pasara por alto.

No tuve suerte. Roone miró hacia los integrantes de su equipo de confianza, que estaban sentados alrededor de la mesa, pues quería averiguar de quién era la culpa. Desde la pared del fondo de la habitación, levanté la mano y dije que había sido un fallo mío. Se hizo el silencio en la sala y veinticuatro cabezas se volvieron hacia mí. Nadie dijo nada y pasamos a otro tema, pero, después de la reunión, varias personas se me acercaron y murmuraron:

—Es increíble que lo hayas hecho.

—¿Que haya hecho el qué?

—Reconocer que ha sido culpa tuya.

—¿Qué quieres decir?

—Nadie lo reconoce. Nunca.

Roone no me dijo nada al respecto, pero a partir de entonces me trató de otra forma, más respetuosa. Al principio, creí que la única lección que demostraba este episodio era la más evidente: la importancia de asumir la responsabilidad cuando se comete un error. Eso es cierto, y resulta significativo. En el trabajo, en la vida, te ganarás el respeto y la confianza de las personas que te rodean si reconoces sinceramente tus errores. Es imposible no cometerlos, pero es posible reconocerlos, aprender de ellos y dar ejemplo de que a veces está bien hacer las cosas mal. Lo que no está bien es perjudicar a los demás mintiendo sobre algo o cubriéndote las espaldas.

Sin embargo, existe otra enseñanza relacionada con el episodio, que solo alcancé a valorar como es debido al cabo de los años, cuando me encontraba en un puesto de verdadero liderazgo. Es tan sencilla que tal vez parezca que no vale la pena mencionarla, pero es algo sorprendentemente raro: sé educado con la gente. Trata a todo el mundo con equidad y comprensión. Esto no significa que rebajes tu nivel de exigencia o transmitas el mensaje de que los errores no importan. Significa que creas un clima en el que los demás saben que los escucharás, que eres una persona coherente y justa y que tendrán una segunda oportunidad si han cometido un fallo inocente. (Si no confiesan sus errores, culpan a los demás o el fallo es el resultado de un comportamiento poco ético, eso ya es otra historia, algo que no debe consentirse.)

Había gente en ABC Sports que vivía atenazada por el miedo a que Roone la tomara con ellos y, en consecuencia, evitaban correr riesgos o jugarse el tipo. Nunca me sentí así, pero lo veía en los demás y entendía el porqué. Roone era un jefe caprichoso y, con el tiempo, los caprichos acaban minando por completo la moral de los empleados. Un día te hacía sentir como si fueras la persona más importante de la división; al siguiente te criticaba o te apuñalaba por la espalda por motivos que nunca estaban del todo claros. Jugaba a enfrentar a la gente, y yo no sabría decir si era una estrategia intencionada o formaba parte de su carácter. A pesar de su inmenso talento y éxito, en el fondo Roone se sentía inseguro y su forma de defenderse de la inseguridad era provocarla en la gente que lo rodeaba. A menudo esto funcionaba en cierto modo y te hacía esforzarte mucho más para complacerlo, pero había momentos en que me enfurecía tanto que estaba seguro de que iba a mandarlo todo al garete. Y yo no era el único que pensaba así.

Pero no me fui. Conseguí aceptar la forma en que Roone ejercía su autoridad, motivarme con lo bueno y no tomarme demasiado a pecho lo malo. Creo que por entonces ya tenía una capacidad innata de aguante y trabajar para Roone me la reforzó. Y me sentía orgulloso de trabajar duro, sobre todo en un lugar donde muchas de las personas que me rodeaban tenían más estudios y procedían de un entorno más refinado. Para mí era importante saber que, a la hora de trabajar, podía superar a cualquiera, así que me concentraba mucho más en eso que en los cambios de humor de Roone.

Solo después, al volver la vista atrás, me di cuenta de que mucho de lo que logramos no tendría que haberlo sido a tan alto precio. El afán de perfección de Roone me motivaba, y es algo que desde aquella época me ha marcado para siempre. Pero también aprendí algo más: la excelencia y la equidad no tienen por qué excluirse mutuamente. Por aquel entonces, no lo habría dicho así. La mayoría de las veces estaba demasiado atento a hacer bien mi trabajo y, desde luego, no pensaba en lo que cambiaría si estuviera en el lugar de Roone. Pero años después, cuando me dieron la oportunidad de ser un líder, me di cuenta instintivamente tanto de la necesidad de esforzarse para lograr la perfección como de lo equivocado que resulta preocuparse solo por el producto y nunca por las personas.

2

Apostar por el talento

En marzo de 1985, yo tenía treinta y cuatro años y acababan de nombrarme vicepresidente de ABC Sports cuando Leonard Goldenson, fundador, presidente y CEO de ABC, pactó la venta de la empresa a otra de unas dimensiones mucho menores, Capital Cities Communications. Cap Cities, como la llamaban, era cuatro veces más pequeña que ABC, y nos compraron por 3.500 millones de dólares. Todo el mundo en ABC se sorprendió por el anuncio. ¿Cómo había podido una empresa como Cap Cities adquirir de pronto una gran cadena de televisión? ¿Quiénes eran aquellos tipos? ¿Cómo había ocurrido?

Aquellos tipos eran Tom Murphy y Dan Burke. Tras empezar con una pequeña emisora de televisión de Albany (Nueva York) habían ido levantando Cap Cities a lo largo de los años de adquisición en adquisición. Con la ayuda de un amigo íntimo de Tom, Warren Buffett, que respaldó la operación de 3.500 millones de dólares, consiguieron tragarse nuestra empresa, que era mucho más grande. (Como dijo Tom Murphy, eran «el pececillo que se comió a la ballena».)

Tom y Dan no eran de nuestro mundo. A nuestros ojos, eran gente de poca monta. Eran los propietarios de emisoras de radio y televisión locales, y un negocio editorial en expansión, del que formaban parte algunos periódicos de tirada media. Eran católicos practicantes (sus oficinas centrales estaban en un edificio de Madison Avenue propiedad de la archidiócesis de Nueva York) sin ninguna experiencia en cadenas televisivas, sin contactos en Hollywood y con fama de tacaños. No teníamos ni idea de lo que iba a pasar cuando asumieran el mando, pero sabíamos que nada a lo que estábamos acostumbrados seguiría igual.

La compraventa se cerró en enero de 1986. Poco después, Tom y Dan organizaron un retiro de empresa en Phoenix. Mi cargo no era lo bastante alto para que me invitaran a participar, pero después de su celebración oí muchas quejas y burlas de otros ejecutivos de ABC acerca de la cursilería de los ejercicios de formación de equipos y la ramplonería de los valores de Tom y Dan. Con el tiempo, me daría cuenta de que todos éramos una pandilla de cínicos y esnobs. Durante los siguientes años, esas tradiciones cursis ayudaron a crear una auténtica sensación de camaradería dentro de la empresa. Y la alergia de Tom y Dan a Hollywood no significaba que fueran poco refinados, como dieron por sentado desde el principio muchos de los ejecutivos de ABC. Ellos eran lo que eran: hombres de negocios que se centraban en el trabajo, no se andaban con tonterías y no tenía ningún interés por la farándula.

Sin embargo, era cierto que dirigir una empresa enorme del mundo del ocio y espectáculo no tenía nada que ver con lo que habían hecho antes. En primer lugar, nunca habían gestionado una plantilla con ejecutivos de categoría internacional. Y donde más se puso de manifiesto esto fue en su relación con Roone. Cuando Cap Cities nos adquirió, Roone dirigía tanto Sports como ABC News, de la que se había hecho cargo en 1977, cuando su audiencia estaba bajo mínimos. Le había dado la vuelta al igual que a Sports, poniendo en un pedestal a sus presentadores más destacados —Peter Jennings, Barbara Walters, Ted Koppel y Diane Sawyer— y recurriendo a ellos para una gran variedad de programas. Roone creó *20/20* y *World News Tonight*, y luego *Nightline*, que surgió de la cobertura que hizo ABC de la crisis de los rehenes estadounidenses en Irán. Aportó el mismo espíritu competitivo infatigable y la misma sorprendente sensibilidad visual a la cobertura de noticias que a la televisión deportiva, y la división prosperó bajo su mando.

Tom y Dan respetaban a Roone, y conocían su talento y su reputación, pero también se sentían un poco intimidados por él. Hablaba un lenguaje y se movía en un mundo que no les era familiar, y Roone lo aprovechaba en su propio beneficio. Se mostraba distante y a veces abiertamente crítico con ellos. Llegaba tarde a las reuniones o a veces se limitaba a hacer caso omiso de alguna norma emitida por los «contables», como él los consideraba. Por entonces yo era uno de los últimos que quedaban de la vieja guardia de Sports y Roone solía desahogarse conmigo. Al final de cada jornada, me llamaba su secretaria para pedirme que fuera a News y, cuando llegaba, Roone sacaba una botella de un vino blanco italiano que le encantaba. Nos sentábamos en su despacho, rodeados de premios Emmy, mientras él se quejaba de cómo Tom y Dan estaban matando su estilo a pellizcos. «No lo entienden —decía—. No se consigue el éxito ahorrando.»

Roone creía que no se debía reparar en gastos para llegar a lo más alto y no quería que nadie le dijera que tenía que cambiar la forma en que hacía las cosas para alcanzar unos objetivos de presupuesto arbitrarios. No le interesaba la gestión empresarial, pero si se le presionaba, siempre podía presumir de los ingresos que habíamos obtenido a lo largo de los años y alegar que tal derroche nos había permitido no solo hacer una televisión increíble, sino también crear un aura de sofisticación y glamour de la que los anunciantes querían formar parte.

Pero Tom y Dan no trabajaban así. Entraron y nos quitaron de inmediato todos los privilegios a los que nos habíamos acostumbrado. No más colas de limusinas aparcadas frente a la sede de ABC esperando a los ejecutivos. No más viajes en el Concorde ni en primera clase. No más cuentas de gastos ilimitadas. Tom y Dan veían que nuestro negocio estaba cambiando de un modo que mucha gente de ABC no quería aceptar. Los márgenes eran cada vez más estrechos; la competencia, más dura. En nuestra propia empresa, ESPN había empezado a despuntar, lo que acabaría por incidir de lleno en ABC Sports.

Tom y Dan no eran unos simples paletos que no entendían «de qué iba» la cosa. Eran unos empresarios astutos que notaban hacia dónde soplaban los vientos. (También hay que reconocer que, cuando creían que era importante gastar dinero, lo hacían. Roone se benefició de ello más que nadie cuando le dieron luz verde para fichar a Diane Sawyer de CBS y a David Brinkley de NBC para completar el equipo de estrellas de ABC News.)

Una de las primeras cosas que hicieron después de asumir el cargo fue decirle a Roone que no querían que dirigiera simultáneamente las divisiones de deportes y noticias. Le dieron a elegir y Roone escogió ABC News, con la única salvedad de que sería el productor ejecutivo de la cobertura de los Juegos Olímpicos de Invierno de 1988 en Calgary. Supuse que el sustituto sería alguien de ABC Sports (pensé que incluso cabía la posibilidad de que fuera yo), pero en su lugar trajeron a Dennis Swanson, quien, antes de convertirse en el jefe de la prestigiosa división ABC Sports, había dirigido media docena de emisoras de televisión locales para ABC. (El gran motivo de orgullo, y muy legítimo, de Dennis es haber sido él quien hizo debutar a Oprah Winfrey en la tele en Chicago en 1983.)

De la noche a la mañana, pasé de trabajar para el ejecutivo de televisión deportiva de mayor éxito de todos los tiempos a hacerlo para alguien que nunca había dedicado un minuto a una cadena de deportes o incluso a una retransmisión deportiva. Mi antiguo jefe, Jim Spence, era otra de las personas a las que tampoco habían tenido en cuenta para sustituir a Roone. Cuando Tom y Dan anunciaron que iban a traer a Dennis, Jim dimitió y otros altos ejecutivos se fueron con él. Jim se marchó a la agencia de representación ICM para montar el departamento de deportes. Yo me quedé en ABC, con la esperanza de que surgiera alguna oportunidad para mí. Pero al cabo de poco tiempo de trabajar para Dennis, llamé a Jim para decirle que no parecía que allí tuviera mucho que hacer y que necesitaba salir. Jim me pidió que me fuera a trabajar con él a ICM y rápidamente llegamos a un acuerdo. Tenía un contrato en vigor con ABC, pero supuse que me dejarían marchar y al día siguiente fui al trabajo con la idea de notificarle a Dennis que me iba.

Antes de concertar una cita con él, hablé con Steve Solomon, jefe de recursos humanos de ABC, a quien Dennis había traído consigo para ayudarle a dirigir la división de deportes. Le dije a Steve que estaba pensando en irme.

—Habla con Dennis —me pidió—. Tiene otros planes para ti.

Cuando entré en el despacho de Dennis, este me dijo:

—Tengo noticias: voy a nombrarte vicepresidente sénior de programación. Quiero que planifiques toda la programación deportiva de ABC.

Me quedé de piedra.

—Estaba a punto de anunciarte que me iba —dije por fin.

—¿Que te ibas?

—Ya no creía que tuviera futuro en la empresa.

Le conté que Jim Spence estaba montando un departamento de deportes en ICM y que había decidido marcharme con él.

—Me parece un error —comentó Dennis. Para empezar, él no estaba muy seguro de que la empresa me dejara romper mi contrato, por ejemplo—. Esta es una gran oportunidad para ti, Bob. No creo que debas dejarla pasar.

Me concedió veinticuatro horas para que le diera una respuesta.

Esa noche volví a casa y tuve una larga conversación con la que entonces era mi esposa, Susan. Sopesamos, por un lado, mis dudas sobre el hecho de trabajar para Dennis y, por el otro, el potencial del nuevo empleo. Hablamos de nuestras dos hijas y de la seguridad de estar en un sitio que conocía bien, en vez de arriesgarnos en una nueva empresa. Finalmente decidí quedarme donde estaba porque ABC Sports había sido un buen lugar para mí a lo largo de los años y todavía no estaba dispuesto a renunciar a él.

Hay momentos en nuestras carreras, en nuestras vidas, que constituyen puntos de inflexión, pero a menudo no son del todo evidentes o espectaculares. No tenía claro si tomaba la decisión correcta. Por supuesto, lo más seguro era quedarme en el lugar que conocía. Pero tampoco quería irme de forma impulsiva porque hubiesen herido mi amor propio o porque quizá me sintiera superior a Dennis. Si al final me marchaba, tendría que ser porque la ocasión era demasiado buena para decir que no, lo que no era el caso del puesto de ICM.

Aceptar la oferta de Dennis resultó ser una de las mejores decisiones que he tomado en mi carrera. Pronto comprobé que me había equivocado por completo en mi valoración inicial. Era un tipo amable y divertido, con una energía y un optimismo contagiosos; y, sobre todo, sabía cuáles eran sus limitaciones. Este es un rasgo raro en un jefe. Es fácil suponer que otra persona en el lugar de Dennis habría compensado el hecho de no haber trabajado nunca en una gran cadena exudando una especie de falsa autoridad o conocimiento, pero Dennis no estaba hecho de esa pasta. Nos sentábamos en las reuniones y si surgía algo que se le escapaba, en lugar de poner cara de póquer decía que no lo sabía, y luego recurría a mí y a otras personas para que le echáramos una mano. Me pedía con frecuencia que tomara la iniciativa en las conversaciones con los superiores mientras él permanecía a la escucha y aprovechaba cualquier oportunidad que tuviera para elogiarme ante Tom y Dan. Cuando ya faltaba poco para los Juegos Olímpicos de Invierno, Dennis me pidió que presentara nuestros planes ante ellos y ante los ejecutivos de mayor rango de la empresa. Supuso una enorme oportunidad para mí y la demostración perfecta de que Dennis no se anteponía nunca a los demás.

Era quien era, un hombre de talante generoso, pero también el fruto de la cultura que habían creado Tom y Dan. Estos últimos eran dos de las personas más auténticas que he conocido nunca, fieles a sí mismos en todo momento. No se daban aires ni tenían grandes egos con los que hubiera que lidiar, ni falsa sinceridad. Se comportaban siempre con la misma naturalidad y franqueza, hablaran con quien hablasen. Eran unos empresarios astutos (Warren Buffett dijo de ellos que eran «con toda probabilidad el mejor dúo de gestores que el mundo haya visto o vaya a ver jamás»), pero también mucho más que eso. Aprendí de ellos que la honradez sincera y la competencia profesional no son mutuamente excluyentes. De hecho, la verdadera integridad —saber quién eres y guiarte por tu propio y claro sentido del bien y del mal— es como un arma secreta. Confiaban en sus propios instintos, trataban a la gente con respeto y, con el tiempo, la empresa llegó a representar los valores que les servían de guía. A muchos de nosotros nos pagaban menos que en la competencia. Sabíamos que les salíamos baratos. Pero nos quedábamos por el sentimiento de lealtad que nos unía a estos dos hombres.

Su estrategia de negocios era bastante sencilla. Eran hipervigilantes en cuanto al control de costos y creían en las estructuras organizativas descentralizadas. Dicho de otro modo: no creían que ellos dos o un grupo reducido de estrategas de la sede de la empresa tuvieran que tomar todas y cada una de las decisiones clave. Contrataban a personas listas, honradas y trabajadoras, las situaban en puestos de gran responsabilidad y les daban el apoyo y la autonomía necesarios para desarrollar su trabajo. También eran tremendamente generosos con su tiempo y siempre estaban disponibles. Gracias a esto, los ejecutivos que trabajaban para ellos siempre tenían muy claro cuáles eran sus prioridades y esto nos permitía aclararnos a todos los demás.

En febrero de 1988 viajamos a Calgary para cubrir los Juegos Olímpicos de Invierno. Tal como habíamos acordado, Roone iba a ser el productor ejecutivo y yo, ejecutivo sénior de programación. Eso significaba que durante el largo período previo a la competición yo estaba a cargo de la compleja tarea de encajar los horarios de todos los eventos televisados, contactar y negociar con el comité organizador de los Juegos y los distintos organismos de gobierno del deporte de todo el mundo, así como de ayudar a planificar con antelación nuestra cobertura de las competiciones. Un par de días antes de la inauguración, Roone se presentó en Calgary y me pidió que fuera a su suite. «Bueno —dijo—. ¿Qué estamos haciendo?»

Habían pasado dos años desde la última vez que habíamos trabajado juntos, pero fue como si nada hubiera cambiado, para bien y para mal. La noche anterior a la ceremonia inaugural teníamos previsto emitir un programa introductorio de tres horas de duración y me había pasado semanas intentando que Roone se centrara en él. Cuando por fin lo vio la noche anterior a la fecha prevista de emisión, después de su llegada a Calgary, exclamó: «¡Está todo mal! No tiene emoción. No tiene tensión». Un equipo trabajó toda la noche para introducir todos los cambios que Roone había propuesto antes de la hora de emisión. Por supuesto, tenía toda la razón. Su instinto de narrador era tan agudo como siempre. Pero fue una forma muy estresante de empezar las cosas, y un recordatorio de que la poca disposición de una persona a actuar en el momento adecuado puede dar pie a una tensión y una ineficiencia de lo más innecesarias.

Situamos el centro de operaciones en un inmenso almacén de las afueras de Calgary, en cuyo interior había varios remolques y construcciones más pequeñas que albergaban a varios equipos técnicos y de producción. También se encontraba allí nuestra sala de control, en la que Roone ocupaba el puesto de mando, mientras que yo me sentaba en la última fila, a cargo de la logística. Detrás de la sala de control había una cabina de observación cerrada de cristal para vips, por la que durante los Juegos fueron pasando Tom, Dan, diversos miembros del consejo de administración y varios invitados para vernos trabajar.

Los primeros días transcurrieron sin problemas y, luego, todo cambió de la noche a la mañana. Empezó a soplar un viento tórrido y la temperatura se disparó a más de veinte grados. Se derritió la nieve de las pistas de esquí alpino, así como el hielo de las pistas de bobsleigh. Las competiciones se iban cancelando una tras otra, e incluso las que se celebraban suponían un auténtico desafío porque nuestras cámaras no podían captar nada por culpa de la niebla.

Después de esto llegaba durante varios días a la sala de control por la mañana sin tener prácticamente ni idea de lo que íbamos a emitir por la noche. Es un ejemplo perfecto de lo necesario que es el optimismo. La situación era un desastre, sin duda, pero no podía verla como una catástrofe, sino como un rompecabezas que había que resolver, y debía transmitir a nuestro equipo que teníamos el talento y la agilidad adecuados para solucionar estos problemas y hacer algo maravilloso sobre la marcha.

El gran desafío era encontrar una programación que llenara nuestras horas de máxima audiencia, en las que ahora había unos agujeros enormes en lugar de las competiciones olímpicas más populares cuya emisión estaba prevista. Esto suponía tratar con un comité olímpico que hacía lo que podía para solucionar sus propias dificultades de programación. Antes aun de que se inaugurasen los Juegos, había tentado la suerte con ellos. El sorteo original del torneo de hockey sobre hielo había emparejado a Estados Unidos con dos de las selecciones más duras del mundo en los dos primeros partidos. Di por sentado que Estados Unidos perdería ambos encuentros y que, por culpa de la eliminación de la selección, las cifras de audiencia caerían en picado. Así pues, recorrí medio mundo para reunirme con representantes de las federaciones nacionales de hockey sobre hielo y de los comités olímpicos respectivos para convencerlos de que repitieran el sorteo. Y ahora estaba al aparato con el Comité Olímpico de Calgary varias veces al día para suplicarles que cambiaran el programa de competiciones y pruebas para que tuviéramos algo que poner en prime time.

Las reuniones con Roone antes de la emisión de cada noche eran casi cómicas. Se presentaba en la cabina todas las tardes diciendo: «¿Qué vamos a hacer esta noche?». Y yo le contestaba: «Hombre, tenemos un partido de hockey sobre hielo de Rumanía contra Suecia» o algo así, y luego repasaba con él las pruebas ya reprogramadas, de las que a menudo andábamos escasos. Y como no teníamos las competiciones que necesitábamos, enviábamos cada día a un equipo de productores a descubrir potentes historias de interés humano. Luego juntaban los reportajes y los emitíamos por la noche. El equipo de bobsleigh de Jamaica nos vino caído del cielo, al igual que Eddie el Águila Edwards, el quijotesco saltador de esquí británico que terminó en último lugar en los saltos de trampolín de 70 y 90 metros. Era de lo más arriesgado, pero también divertido. Y me resultaba satisfactorio enfrentarme al reto de cada día sabiendo que la única manera de salir adelante era manteniendo la concentración a tope y transmitiendo toda la calma posible a la gente que me rodeaba.

No sé muy bien cómo, pero la cosa funcionó. Las cifras de audiencia alcanzaron cotas históricas. Tom y Dan estaban contentos. El drama que supuso tener que improvisar tanto fue un final perfecto para el reinado de Roone sobre la televisión deportiva. También fue la última vez que ABC televisó los Juegos Olímpicos, después de hacerlo durante cuarenta y dos años. Después de Calgary, perdimos los derechos de antena. En la última noche de cobertura, tras el cierre de emisión, varios de nosotros nos quedamos en la sala de control bebiendo champán, brindando por nuestros esfuerzos y riéndonos de cómo nos habíamos salvado del desastre por los pelos. Los miembros del equipo fueron marchándose gradualmente de vuelta al hotel. Yo fui el último en abandonar la sala, y me quedé un rato disfrutando del silencio y la tranquilidad después de tanta acción. Luego apagué las luces y me dirigí a casa.

A las pocas semanas, me convocaron a una reunión con Tom y Dan.

—Queremos conocerte mejor —dijo Tom. Me comentó que me habían observado de cerca en Calgary y que les había impresionado mi comportamiento bajo presión.

—Puede que surja alguna oportunidad —añadió Dan, y querían que supiera que tenían la vista puesta en mí.

Lo primero en lo que pensé fue que tal vez fueran a darme el puesto de jefe de ESPN, pero poco después de la reunión se lo concedieron al entonces vicepresidente ejecutivo de ABC Television. Me sentía otra vez frustrado por haberme visto ninguneado, pero volvieron a convocarme para ofrecerme su cargo.

—Queremos que pases allí una temporadita —dijo Dan—. Pero tenemos otros planes más ambiciosos para ti.

No tenía ni idea de cuáles serían, pero el puesto que me acababan de dar, el de número dos en ABC TV, ya me parecía bastante ambicioso. Tenía treinta y siete años, había trabajado principalmente en deportes y ahora iba a dirigir la programación televisiva diurna, nocturna y de los sábados por la mañana, así como la gestión de toda la cadena. No sabía muy bien cómo se hacía nada de eso, pero Tom y Dan parecían seguros de que iba a ser capaz de aprender sobre la marcha.

A lo largo de mi carrera, mi instinto siempre me ha aconsejado decir sí a cada oportunidad. En parte se trata de ambición normal y corriente. Quería avanzar, aprender y hacer más, y no iba a renunciar a ninguna oportunidad, pero también quería demostrarme a mí mismo que era capaz de realizar tareas que hasta entonces me eran desconocidas.

En este aspecto, Tom y Dan eran los jefes perfectos. Decían que había que valorar más la capacidad que la experiencia, y eran partidarios de poner a las personas en roles que les exigieran más de lo que ellos mismos creían que podían afrontar. No era que la experiencia no fuera importante, pero, tal como decían ellos, había que «apostar por el cerebro» y confiaban en que las cosas saldrían bien si colocaban a gente talentosa en puestos en los que pudieran crecer, aunque tuvieran que adentrarse en territorio desconocido para ellos.

Tom y Dan me introdujeron en su círculo de confianza. Me dejaban participar en la toma de decisiones y me confiaban sus opiniones sobre terceros, como Brandon Stoddard, responsable de la programación en horario de máxima audiencia en su función de presidente de ABC Entertainment. Brandon era un ejecutivo dotado de un gran talento y un gusto exquisito en materia de televisión, pero, como muchas otras personas que habían hecho carrera en el mundo del ocio y el espectáculo, no tenía el temperamento adecuado para trabajar en una estructura de empresa. Brandon era un experto en Hollywood y, para él, Tom y Dan eran unos «catetos» que no tenían ni idea de su negocio. No podía ocultar su desprecio por ellos y no quería adaptarse a su forma de hacer las cosas, ni siquiera esforzarse por entender de dónde venían. Tom y Dan, a su vez, y como era de esperar, se sentían cada vez más molestos y, con el tiempo, arraigó en todos ellos una desconfianza mutua y cierta animosidad.

Un viernes a primera hora de la mañana, Dan se sentó frente a mí en la cafetería de la sede de ABC en la calle Sesenta y seis Oeste. La mayoría de los días, él y yo llegábamos a la oficina antes que nadie, y solíamos reunirnos en la cafetería para ponernos al día de la actualidad. Dejó su bandeja del desayuno y me dijo:

—Tom se va hoy a Los Ángeles. ¿Sabes por qué?

—No —contesté—. ¿Qué ocurre?

—Va a despedir a Brandon Stoddard.

No fue del todo una sorpresa, pero me extrañó que yo no hubiera oído nada sobre que fueran a sustituirlo. El despido del jefe de ABC Entertainment iba a ser una noticia bomba en Hollywood.

—¿Qué vais a hacer? —le pregunté.

—No lo sé —dijo Dan—. Algo se nos ocurrirá.

Tom despidió a Brandon ese mismo viernes. Dan voló para reunirse con él el fin de semana y el lunes por la noche recibí una llamada suya en casa:

—Bob, ¿haces algo?

—La cena para mis hijas —contesté.

—Queremos que cojas un avión y te vengas mañana por la mañana. ¿Puedes?

Le respondí que sí y entonces me dijo:

—Antes de que subas al avión, hay algo que debes saber. Queremos que dirijas ABC Entertainment.

—¿Cómo dices?

—Queremos que seas el presidente de ABC Entertainment. Ven y lo hablamos.

Cogí un avión a Los Ángeles a la mañana siguiente y fui directo a reunirme con ellos. Me contaron que los encontronazos con Brandon habían ido demasiado lejos. Habían pasado el fin de semana preguntando a varias personas quién debía reemplazarlo. Una posibilidad era dar el puesto a nuestro jefe de investigación, Alan Wurtzel, a quien apreciaban y respetaban. Se lo plantearon a Stu Bloomberg, que había sido el director de programas de humor y a quien acababan de nombrar responsable de los programas dramáticos de la cadena.

—No podéis hacer eso —señaló Stu—. Es un puesto creativo. ¡No podéis dárselo al jefe de investigación!

Entonces le habían preguntado a Stu:

—¿Qué opinas de Bob Iger?

Stu contestó que no me conocía bien, pero que todo el mundo estaba impresionado por cómo había manejado la cobertura de los Juegos Olímpicos y, por lo que él sabía, la gente me valoraba y me respetaba. También les dijo que estaría encantado de trabajar para mí y con eso les bastó.

—Queremos que aceptes —dijo Tom.

Me sentí halagado, pero también sabía que era un gran riesgo para ellos. Iba a ser la primera vez en la historia de la empresa que la persona que dirigiese ABC Entertainment no viniera del mundo del espectáculo. No estaba seguro de que alguien de fuera de Hollywood hubiera tenido un cargo parecido en ninguna otra cadena.

—Mirad, os agradezco vuestra confianza —les contesté—, pero no he leído un guion desde que fui a clases de escritura de guiones de televisión en la universidad. No conozco esta parte del negocio.

Tom y Dan respondieron con su tono paternal de costumbre:

—Bob, lo harás genial —dijo Tom.

—Queremos que sobrevivas, Bob —añadió Dan—. Esperamos que, cuando termines, vuelvas con tu escudo en la mano y no encima de él.

Aquella misma noche cené con Stu Bloomberg y Ted Harbert, los dos hombres que, junto con Brandon, eran responsables de la programación de ABC en horario de máxima audiencia. El plan era que yo dirigiría el departamento y Stu y Ted se repartirían el puesto de número dos. Ted se encargaría de la programación y los horarios de emisión; Stu se encargaría del desarrollo. Ambos eran veteranos del mundo del espectáculo y Stu, en particular, había sido responsable de muchos de los éxitos recientes de ABC, como *Aquellos maravillosos años* y *Roseanne*, entre otros. Habría sido perfectamente lógico que mostraran desdén hacia un tipo que no sabía nada del sector pero que estaba a punto de ser su jefe. En vez de eso, han sido dos de las personas que más me han apoyado en mi trabajo y ese respaldo se inició ya la primera noche. Durante la cena les dije que necesitaba su ayuda. Ellos conocían el negocio, y yo no, pero nuestros destinos ahora estaban entrelazados, y esperaba que estuvieran dispuestos a ser pacientes conmigo mientras aprendía sobre la marcha. «No te preocupes, Bob. Te enseñaremos —dijo Stu—. Será genial. Confía en nosotros.»

Regresé a Nueva York y me senté a hablar con mi esposa. Antes de que yo partiera, habíamos acordado que no tomaría ninguna decisión definitiva sin que lo comentáramos antes. El cargo implicaba vivir en Los Ángeles y nuestra vida en Nueva York nos encantaba. Acabábamos de remodelar el piso; nuestras hijas iban a una escuela fantástica; nuestros amigos más íntimos estaban en Nueva York. Susan era productora ejecutiva de informativos en WNBC y una de esas neoyorquinas que no querían vivir en ninguna otra parte del mundo. Sabía que eso le resultaría difícil y que en el fondo no desearía marcharse. Pero se mostró increíblemente comprensiva: «La vida es una aventura. Si no eliges el camino de la aventura, entonces es que no estás vivo».

Al día siguiente, jueves, Tom y Dan anunciaron que yo sería el nuevo director de ABC Entertainment. Tres días después volé a Los Ángeles y me puse a trabajar.

3

Sé consciente de lo que no sabes
(y confía en lo que haces)

No era como si hubiera saltado sin paracaídas, pero al principio me sentí como en caída libre. Me decía a mí mismo: «Tienes un trabajo: esperan que le des la vuelta a este negocio. Tu inexperiencia no puede servir de excusa para el fracaso».

¿Y qué haces en una situación así? La primera regla es no fingir. Tienes que ser humilde, y no puedes pretender ser quien no eres o saber lo que no sabes. Sin embargo, lo cierto es que ocupas un puesto de líder, así que no puedes dejar que la humildad te impida ejercer como tal. Es un equilibrio muy delicado y algo que sigo defendiendo hoy en día. Tienes que hacer las preguntas necesarias, reconocer lo que no entiendes, pero sin disculparte, y esforzarte por aprender lo que haga falta tan rápido como puedas. No hay nada que inspire menos confianza que una persona que finge tener unos conocimientos que no posee. Los verdaderos liderazgo y autoridad vienen de saber quién eres y de no pretender que eres otra cosa.

Por suerte, tenía a Stu y a Ted a mi lado. Dependía totalmente de ellos, sobre todo al principio. Para empezar, me programaron una serie de desayunos, comidas y cenas de trabajo que se me hizo interminable. En aquel entonces, el jefe de cualquiera de las tres cadenas (ABC, CBS y NBC) era una de las personas más poderosas de la televisión (algo que me parecía surrealista) pero, para todo aquel mundillo, yo era una incógnita. No tenía ni idea de cómo se hacían las cosas en Hollywood, ni tampoco experiencia a la hora de relacionarme con gente creativa o trabajar con sus representantes.

No hablaba su idioma. No entendía su cultura. Para ellos yo era un ejecutivo de Nueva York que de pronto —por motivos que debieron de parecerles desconcertantes— tenía una influencia inmensa en su vida de creadores. Así que todos los días me reunía con los representantes, agentes, guionistas, directores y estrellas de televisión que Stu y Ted habían puesto haciendo cola para que me viera con ellos. En la mayoría de esas reuniones, tenía la clara sensación de que me sondeaban y sonsacaban intentando averiguar quién era yo y qué diablos hacía allí.

Lo esencial era no dejarme llevar por el ego. En vez de intentar impresionar a mi interlocutor, con independencia de quién se tratara, tenía que resistir el impulso de fingir que sabía lo que estaba haciendo y lanzar muchas preguntas. Era evidente que yo era un gallo en un corral ajeno. No había llegado a donde estaba haciendo carrera en Hollywood. No tenía una personalidad fuerte ni arrogante. Apenas tenía contactos allí. Así pues, podía mostrarme inseguro o bien dejar que mi apariencia relativamente anodina —el hecho de no ser hollywoodiense en absoluto— resultara lo bastante enigmática como para favorecerme mientras me empapaba de todo lo que podía.

Llegué a Los Ángeles a falta de seis semanas para decidir la programación de la franja horaria de máxima audiencia para la temporada 1989-1990. En mi primer día en la oficina me entregaron una pila de cuarenta guiones para que los leyera. Cada noche me los llevaba a casa y los revisaba diligentemente de pe a pa, haciendo anotaciones en los márgenes mientras me devanaba los sesos intentando imaginar cómo iban a trasladar a la pequeña pantalla el guion que tenía delante y dudaba de mi criterio a la hora de decidir qué era bueno y qué no lo era. ¿Me estaría fijando en lo que debía? ¿Habría cosas que saltaban a la vista de los demás pero a mí se me escapaban por completo? La respuesta, al principio, fue que sí. Al día siguiente entraba y me reunía con Stu y más gente para repasar el montón. Stu era capaz de diseccionar un guion con una rapidez asombrosa —«Al principio del segundo acto, sus motivaciones no están claras...»— mientras yo volvía a pasar hacia atrás las páginas del que tenía en mi regazo, pensando: «Un momento, el segundo acto.... ¿Y dónde termina el primer acto?». (Stu se acabaría convirtiendo en uno de mis mejores amigos. A veces lo agotaba con mis preguntas y mi inexperiencia, pero él no se rindió y me enseñó lecciones vitales, no solo sobre cómo leer guiones, sino también sobre cómo tratar a creadores y creativos.)

Sin embargo, con el tiempo me di cuenta de que había interiorizado ya muchas cosas gracias a haber visto a Roone contar historias todos esos años. Los deportes no eran lo mismo que las series de televisión de máxima audiencia, pero yo había asimilado sin ser consciente de ello lecciones importantes sobre estructura, ritmo y claridad. En mi primera semana en Los Ángeles, comí con el productor y guionista Steven Bochco, que tras proporcionar dos grandes éxitos a NBC, *Canción triste de Hill Street* y *La ley de Los Ángeles*, acababa de firmar un lucrativo contrato para producir diez series con ABC. Le comenté a Steven que la lectura de guiones me ponía nervioso. Aunque ni siquiera conocía la jerga del oficio, me presionaban para que tomara decisiones inmediatas sobre un montón de programas. Hizo un gesto de desdén que me consoló al provenir de alguien como él. «No es nada del otro mundo, Bob —dijo—. Confía en ti mismo.»

En aquella época, en el horario de máxima audiencia de ABC había varias series de éxito: *¿Quién es el jefe?*, *Los problemas crecen*, *Roseanne*, *Aquellos maravillosos años* y *Treinta y tantos*. Pero éramos el número dos, a gran distancia de NBC, el coloso de la televisión. Mi objetivo era encontrar una manera de recortar distancias. En mi primera temporada estrenamos más de una docena de programas nuevos, entre ellos *Cosas de casa*, *A fuerza de cariño* (la primera serie de televisión en la que uno de los protagonistas tenía síndrome de Down) y *America's Funniest Home Videos*, que se convirtió en un éxito inmediato y gigantesco y que ahora está en su trigésimo primera temporada.

También estrenamos el primer gran éxito de Steven para la cadena, cuyo guion acababa de entregar cuando aterricé: *Un médico precoz*, acerca de un doctor de catorce años que hace malabarismos para conciliar su vida como médico y como adolescente. Steven me enseñó un vídeo del actor adolescente, Neil Patrick Harris, a quien quería para el papel principal. Le dije que no lo veía claro: no me parecía que Neil tuviera el empaque suficiente. Con gran educación y franqueza, Steven me propinó una bofetada al insinuar discretamente que no me enteraba de nada. Me informó de que las decisiones eran sobre todo cosa suya, no solo en cuanto a la elección del reparto, sino también sobre la conveniencia de seguir adelante con el proyecto o no. Según su contrato, si le decíamos que sí a un proyecto, nos comprometíamos automáticamente a comprarle trece episodios. Si lo rechazábamos, teníamos que pagarle una indemnización de un millón y medio de dólares. Dar el visto bueno a la serie fue una de mis primeras decisiones relativas a la programación y, por suerte, Steven acertó con Neil. *Un médico precoz* se emitió con gran éxito durante cuatro temporadas en ABC y marcó el comienzo de una larga colaboración y amistad con Steven.

En mi primera temporada corrimos otro riesgo mucho mayor. Tras redactar un contrato literalmente sobre una servilleta de papel en un restaurante de Hollywood, el director de ficción de ABC había dado luz verde a la realización de un episodio piloto para una serie de David Lynch, entonces famoso por sus películas de culto *Cabeza borradora* y *Terciopelo azul*, y del guionista y novelista Mark Frost. Era una serie surrealista y rocambolesca sobre el asesinato de una reina de la belleza adolescente, Laura Palmer, en la localidad ficticia de Twin Peaks, en la costa noroeste de Estados Unidos. David dirigió el episodio piloto de dos horas y yo recuerdo con toda claridad que, al verlo por primera vez, pensé: «Esto no se parece a nada de lo que he visto en mi vida. Tenemos que hacerlo».

Como todos los años, Tom, Dan y algunos ejecutivos más vinieron a Los Ángeles esa primavera para ver los episodios piloto de la temporada. Les ofrecimos un pase de *Twin Peaks* y, cuando se encendieron las luces, lo primero que hizo Dan fue darse la vuelta, mirarme y decirme: «No sé qué ha sido eso, pero me ha parecido muy bueno». Tom se mostró mucho menos entusiasmado que Dan, y los demás ejecutivos de Nueva York presentes en la sala estuvieron de acuerdo con él. Era demasiado raro y siniestro para una cadena generalista.

Yo respetaba muchísimo a Tom, pero también sabía que esta serie era tan importante que valía la pena luchar por ella. Teníamos que enfrentarnos a los cambios que se estaban produciendo. Ahora competíamos con la oferta de programación de la televisión por cable, más innovadora, y con la recién nacida Fox Network, por no hablar del auge de los videojuegos y la aparición del vídeo doméstico. Creía que la televisión generalista se había vuelto aburrida y adocenada, y con *Twin Peaks* teníamos la ocasión de emitir algo totalmente original. No podíamos volver las andadas, como si nada, mientras todo cambiaba a nuestro alrededor. Una vez más, se trataba de la lección de Roone: innovar o morir. Al final, los convencí de que me dejaran proyectar el piloto a un público más joven y diverso que un grupo de tipos maduros de la ABC neoyorquina. Las pruebas con público no respaldaron exactamente la emisión de la serie, sobre todo porque se trataba de algo muy distinto; pero fue eso precisamente —que era algo diferente— lo que nos motivó a darle luz verde y hacer siete episodios.

Decidí programar la serie a mitad de temporada, en la primavera de 1990, en lugar del otoño de 1989. Cada temporada nos reservamos algún programa o serie para que sustituya a mitad de la misma a los pocos programas que inevitablemente fracasan. La presión, en el caso de los programas o series de reemplazo, es menor que en las novedades de otoño, y aquella parecía la mejor estrategia para *Twin Peaks*. Así pues, la pusimos en producción para emitirla en primavera, y en los meses intermedios empezaron a llegarnos las versiones en bruto de los primeros episodios. Aunque me había dado el visto bueno meses antes, Tom vio un par de ellos y me escribió una carta en la que decía: «No puedes emitir esto. Si lo programamos, arruinará la reputación de nuestra empresa».

Llamé a Tom y le dije que teníamos que emitir *Twin Peaks*. A esas alturas, la realización de la serie era la comidilla dentro y fuera de los círculos de Hollywood. Incluso se publicó un artículo en portada de *The Wall Street Journal* sobre el estirado de ABC que había decidido correr un riesgo creativo enorme. Al cabo de poco, empezaron a llamarme Steven Spielberg y George Lucas. Fui a ver a Steven al plató de *Hook*, película que dirigía en ese momento, y a George al rancho Skywalker. Ambos querían hablar sobre una posible colaboración futura con ABC. La idea de que directores de ese calibre estuvieran interesados en hacer programas de televisión era algo inaudito hasta que empezamos con *Twin Peaks*. (Dos años después, en 1991, George hizo *Las aventuras del joven Indiana Jones*, que duró dos temporadas.)

Le dije a Tom: «La comunidad artística nos está cubriendo de elogios por asumir este riesgo. Tenemos que emitirlo». Hay que agradecerle a Tom que se dejara convencer por este argumento. Era mi jefe y podría haber dicho: «Lo siento, pero te voy a desautorizar». Pero Tom entendió el valor de ganarnos a los creadores de Hollywood y aceptó mi razonamiento de que era un riesgo que merecía la pena correr.

Promocionamos la serie durante la ceremonia de los Oscar a finales de marzo y emitimos el piloto de dos horas el domingo 8 de abril. Casi treinta y cinco millones de personas —alrededor de un tercio de la audiencia total de la época— lo vieron. Luego programamos la serie para los jueves a las nueve de la noche y, en pocas semanas, *Twin Peaks* se convirtió en nuestro programa de más éxito en esa franja horaria en los últimos cuatro años. Salió en la portada de *Time*. *Newsweek* lo describió como «distinto a todo lo que se haya visto en horario de máxima audiencia… o desde que el mundo es mundo». Fui a Nueva York ese mayo para los *up-fronts*, la gran cita primaveral en la que las cadenas presentan las próximas series a los anunciantes y la prensa, y tuve que subir al escenario para hablar de ABC. «De vez en cuando, algún ejecutivo de la cadena se arriesga mucho…», dije, y de inmediato la multitud se levantó para aplaudirme. No me había sentido tan exultante en toda mi carrera.

La burbuja de euforia pinchó casi de inmediato. En seis meses, *Twin Peaks* pasó de ser un fenómeno cultural a una decepción frustrante. Le habíamos dado libertad creativa a David pero, al acercarnos al final de la primera temporada, él y yo discutíamos constantemente sobre las expectativas del público. Toda la serie giraba en torno a la pregunta de quién mató a Laura Palmer y me parecía que David ya no lo tenía en cuenta, sino que se limitaba a soltar pistas sobre el tema de una manera que resultaba caprichosa e insatisfactoria.

David era y es un cineasta genial, pero no era un productor de televisión. Para encargarse de una serie, hacen falta disciplina y organización (entregar los guiones a tiempo, gestionar el equipo, asegurarse de que se cumple el calendario previsto), cosas de las que David sencillamente carecía. También es necesaria la disciplina a la hora de contar historias. En una película tienes que ganarte la atención de la gente durante dos horas y proporcionarles una buena experiencia con la esperanza de que, cuando salgan del cine, sientan que han conectado y que los has cautivado. Con una serie de televisión, tienes que conseguir que vuelvan, una semana tras otra y una temporada tras otra. Todavía hoy siento un gran aprecio y respeto por David, así como admiración por sus obras, pero el hecho de que le faltara la sensibilidad necesaria para ser un productor de televisión hizo que la narración tuviera un final demasiado abierto.

«Hay que resolver el misterio, o al menos dar a la gente cierta esperanza de que eso va a suceder —le dije—. ¡Está empezando a frustrar a la audiencia, incluso a mí!» David no creía que el misterio fuera el elemento más importante de la serie; en su versión ideal, no se descubría jamás quién era el asesino, sino que iba apareciendo la cara oculta del pueblo y sus personajes. Dimos vueltas y vueltas al asunto hasta que, por fin, accedió a revelar la identidad del asesino a mitad de la segunda temporada.

Después de eso, la narración se convirtió en un desastre. Una vez resuelto el misterio, la historia perdió el motor que la impulsaba. Para colmo de males, el proceso de producción no estaba sujeto a una disciplina lo bastante estricta, lo que provocaba confusión y retrasos. Fue quedándome muy claro que David, por genial que fuera, no debía conducir la serie, y me planteé despedirlo y traer a un grupo de productores con experiencia para que se hicieran cargo. Llegué a la conclusión de que no era posible una salida airosa y que nos pondrían verdes si despedíamos a David Lynch. En lugar de eso pasamos *Twin Peaks* al sábado por la noche, en parte para quitarle la presión de las cifras de audiencia; pero, cuando sus índices cayeron en picado, David me echó la culpa en público. Dijo que yo había condenado la serie a muerte, primero presionándolo para que se resolviera el misterio y luego programándola en un día y un horario en los que nadie iba a verla.

Mirándolo con la perspectiva de ahora, no estoy seguro de haber acertado. Mis ideas sobre narrativa televisiva eran más tradicionales y puede que David se adelantara a su tiempo. En el fondo, yo tenía la sensación de que David estaba causando frustración a la audiencia, pero es muy posible que mi exigencia de que se diera respuesta a la pregunta de quién había matado a Laura Palmer provocara una debacle narrativa en la serie. Quizá David estuviera en lo cierto.

Para gestionar procesos creativos, de entrada hay que entender que no se trata de una ciencia: todo es subjetivo; las cosas no suelen ser blancas o negras. La pasión que se necesita para crear algo es muy fuerte, y la mayoría de los creadores se muestran comprensiblemente susceptibles cuando se ponen en tela de juicio sus ideas o la ejecución de las mismas. Trato de tener esto en cuenta cada vez que me relaciono con alguien que forma parte de la vertiente creativa de nuestro sector. Cuando me piden que aporte ideas y presente críticas, soy muy consciente de lo mucho que los creadores se han entregado al proyecto y han puesto en juego.

Nunca empiezo en tono negativo y, a menos que estemos en las últimas etapas de una producción, tampoco por nimiedades. He descubierto que la gente suele centrarse en los pequeños detalles para disimular la ausencia de una visión clara, coherente y de conjunto. Si empiezas con tonterías, pareces tonto. Y si el conjunto es un desastre, entonces los pequeños detalles carecen de importancia, y no hay que perder el tiempo con ellos.

Por supuesto, no hay dos situaciones iguales. Hay una gran diferencia entre dar tu opinión a un director veterano como J. J. Abrams o Steven Spielberg y a alguien con mucha menos experiencia y confianza. La primera vez que me senté con Ryan Coogler para presentarle mis comentarios sobre *Black Panther*, se veía a la legua que estaba nervioso. Ryan no había hecho nunca una película tan importante como *Black Panther*, con un presupuesto enorme y tanta presión para que tuviera éxito. Por eso puse un particular empeño en decirle: «Has creado una película muy especial. Tengo algunas observaciones puntuales pero, antes de transmitírtelas, quiero que sepas que tenemos una confianza inmensa en ti».

Todo esto es una forma de decir algo que parece una perogrullada, pero que muchas veces se pasa por alto: es preciso mantener un delicado equilibrio entre la responsabilidad que tiene el gestor para que toda obra de creación sea rentable y el cuidado que debe tener, durante el ejercicio de dicha responsabilidad, de no intervenir en los procesos creativos de manera perjudicial y contraproducente. La empatía es un requisito previo necesario para una buena gestión de la creatividad y el respeto es fundamental.

Que conste que la debacle de *Twin Peaks* no fue nuestro mayor fracaso de esa temporada. En la primavera de 1990 di luz verde a *Cop Rock*, una serie que se convertiría en el blanco de toda clase de chistes en los programas nocturnos y ocuparía un lugar permanente en las listas de las peores series de televisión de todos los tiempos. Pero todavía hoy sigo manteniendo que la decisión que tomé fue la correcta.

En una de nuestras primeras reuniones, Steven Bochco me dijo que, además de *Un médico precoz*, tenía otra idea: una serie policial con música. Había hablado con un productor de Broadway interesado en convertir *Canción triste de Hill Street* en un musical, algo que, por distintos motivos, no pudo hacer. Pero se había quedado con la idea de un musical policíaco, aunque no para Broadway, sino para la televisión. Sacaba en nuestras conversaciones este asunto de vez en cuando y yo cambiaba de tema. Quería una serie policial de Steven, pero no un musical. Esa primavera, sin embargo, todavía cegado por el resplandor de la primera temporada de *Twin Peaks*, acabé por rendirme. «¿Sabes qué te digo? —le comenté—. ¿Por qué no? Vamos a probarlo.»

La serie transcurría en el Departamento de Policía de Los Ángeles y funcionaba en todos los aspectos como una serie de policías normal y corriente, con una trama muy clara, salvo por el hecho de que en los momentos más dramáticos los personajes empezaban a cantar: blues, góspel, números de conjunto. Desde el momento en que vi el piloto supe que aquello no iba a funcionar y que era probable que llegase a ser legendariamente malo, pero también pensé en que cabía la posibilidad de que me equivocara. Admiraba mucho el talento de Steven y, en cualquier caso, me pareció que, si apostaba por él, tenía que ir a por todas con la serie.

Cop Rock se estrenó en septiembre de 1990. Normalmente, cuando se emitía por primera vez un programa, le pedía a nuestro responsable de investigación de Nueva York que me llamara a Los Ángeles con las cifras de audiencia de aquella noche. Esta vez le dije: «Si la audiencia es buena, llámame. Si es mala, envía un fax». A las cinco de la madrugada, me despertó el zumbido del fax, luego cerré los ojos y volví a dormirme.

En realidad, las críticas no fueron unánimemente pésimas. Recuerdo que una elogiaba la serie por su «audacia». Otras decían que, si le quitabas la música, lo que quedaba era una gran serie policial de Steven Bochco. Pero la mayoría decían que aquello daba vergüenza ajena. La retiramos en diciembre de ese año, después de once episodios. Steven organizó una fiesta de despedida en el estudio para celebrar y lamentar juntos el final de la serie. Para concluir, dijo:

—Pero, bueno, el desenlace todavía no está cantado.

Y entonces, por encima de nuestras cabezas, apareció en un trapecio volador una mujer corpulenta cantando.

En ese momento me levanté y me dirigí a los actores y al equipo técnico:

—Intentamos algo grande y no funcionó. Prefiero asumir grandes riesgos y fracasar a veces que no correr ninguno.

Así es como me sentí de verdad en aquel momento. No me arrepentía de haberlo intentado. Y así es como me sentí al cabo de unos meses cuando retiramos de antena *Twin Peaks*. No quería dedicarme a apostar sobre seguro, sino a hacer posible algo grande. De todas las lecciones que aprendí durante ese primer año llevando el horario de máxima audiencia, la que más me marcó fue la necesidad de sentirte cómodo con el fracaso. No con la falta de esfuerzo, sino con la ineludible verdad de que, si quieres innovar —y deberías probarlo siempre—, tienes que permitirte fracasar.

Steven y yo compartimos el fracaso de *Cop Rock*. Nos lo tomamos con sentido del humor y procuré no desvincularme nunca de la decisión de haberlo emitido. Fue una especie de versión mucho más arriesgada de la lección que había aprendido en la sala de juntas de ABC Sports años antes: no puedes borrar tus errores ni culpar a los demás de tus equivocaciones. Tienes que reconocer tus fracasos. Te ganas el mismo respeto y aprecio apoyando a alguien tras un fracaso que agradeciéndole un éxito.

Cuando las heridas de *Cop Rock* empezaban a cerrarse, Steven me dijo que quería hacer lo que él llamaba «la primera serie para mayores de dieciocho años de la historia de la televisión», a lo que yo le contesté: «Steven, hiciste *Canción triste de Hill Street* y *La ley de Los Ángeles* para NBC. ¿Por qué no nos ofreces algo así? Me das una serie de policías, y es *Cop Rock*. ¿Y ahora quieres producir algo que haga huir despavoridos a los anunciantes?». No me daba cuenta de que Steven ya estaba más que harto de esa clase de series y que sentía el impulso de hacer algo distinto… y que con ello estaba reaccionando en realidad a los cambios en el panorama televisivo. Steven creía que HBO iba a comernos el terreno pronto porque los creadores de sus programas no tenían que cumplir con las exigencias de los mojigatos censores de las cadenas generalistas ni tampoco preocuparse por si ofendían a los anunciantes. Así que presentó *Policías de Nueva York* como la primera serie para mayores de dieciocho años de una cadena generalista.

Estaba de acuerdo con Steven en todo lo relacionado con los cambios que estaba experimentando la televisión y la lentitud de las cadenas, pero también sabía que no iban a permitirme de ningún modo que emitiera una serie para mayores de dieciocho años en la televisión generalista. Me lo dijeron los comerciales, yo se lo comuniqué a Steven y durante un tiempo aparcamos la idea. Yo creía, de todos modos, que sí podíamos hacer algo que ampliara los límites de lo que estaba permitido, aunque sin llegar a ser solo para adultos, y al final este concepto acabó despertando la curiosidad de Steven: «Si lo hiciéramos, ¿cómo sería?».

Él y yo consultamos con los censores y creamos una plantilla con lo que podíamos y no podíamos hacer en una serie para mayores de trece años. Hicimos un glosario de todas las palabras que eran técnicamente aceptables («mamón» era aceptable; «maricón», no. Podías usar «capullo» aplicado a una persona, pero no a una parte del cuerpo). Sacamos un cuaderno y dibujamos monigotes de gente desnuda para ver qué ángulos de cámara podían enseñar lo suficiente, pero sin pasarse.

El siguiente paso fue vendérselo a Dan Burke. Vino a Los Ángeles y los tres comimos cerca de las oficinas de Steven. Le enseñamos el glosario y los monigotes y le explicamos por qué la serie era importante para nosotros. Al final, Dan nos dijo: «Podéis hacerla. Pero cuando la mierda empiece a salpicarnos, que lo hará, tú —dijo señalándome a mí— no podrás esconderte detrás de mis faldas».

Fue otro ejemplo de mi disposición a tomar riesgos en parte debido a la confianza que Dan y Tom habían depositado en mí. Me habían dado el puesto, y yo había cumplido de inmediato sus expectativas, algo que me daba una enorme libertad para tratar con ellos. No podía hacer lo que quisiera, pero tenía la libertad de ejercer una autoridad considerable. Era una confianza que Brandon Stoddard, mi predecesor, no se había ganado. Se había negado a respetar a Dan y a Tom, quienes, por consiguiente, no lo respetaban a él, lo que a su vez implicaba que, cuando Stoddard luchaba por algo, ellos se lo negaban.

Tras la aprobación de Dan, vino un largo y minucioso período de desarrollo, en el que Steven empujaba en una dirección y los responsables de normas y prácticas de ABC, en la contraria, hasta que acababan llegando a un compromiso. La serie se estrenó en el otoño de 1993, una temporada más tarde de lo que habíamos previsto inicialmente. La Asociación Estadounidense de la Familia llamó a un boicot; muchos anunciantes se negaron a comprar espacios publicitarios; más de 50 de las 225 cadenas locales afiliadas a ABC no emitieron el primer episodio. Pero las críticas fueron extraordinarias y en su segunda temporada se situó entre los diez programas con mayor audiencia. Se convirtió en uno de los puntales del prime time durante una docena de años, en los que obtuvo veinte premios Emmy y la consideración de ser una de las mejores series dramáticas jamás creadas para una cadena generalista.

Durante la época en la que fui el máximo responsable de la programación en horario de máxima audiencia, alcanzamos el primer puesto entre la codiciada franja de edad entre los dieciocho y los cuarenta y nueve años. Incluso llegamos a desbancar a Brandon Tartikoff, que había mantenido a NBC en cabeza de los índices de audiencia durante sesenta y ocho semanas seguidas. (Brandon me llamó para felicitarme cuando salió la clasificación en la que ABC figuraba en lo más alto. Era un tipo con clase y consiguió algo que nadie volverá a igualar. «Me entristece un poco haberlo hecho —le dije—. Es como haber puesto punto final a la racha de bateos de Joe DiMaggio.»)

Nuestro éxito se debía siempre al trabajo en equipo, pero también fue el primero de mi carrera que se me atribuyó públicamente. Por un lado, me parecía extraño que me felicitaran por la labor de otra gente. Había llegado a ABC Entertainment sin saber nada sobre el trabajo y un grupo de personas con un talento increíble habían compartido conmigo todos sus conocimientos. Habían trabajado mucho sin sentirse amenazadas por el hecho de que yo acabara de convertirme en su jefe. Habíamos triunfado gracias a su generosidad y, sin embargo, me atribuían la mayor parte del mérito a mí.

De todos modos, creo que también es justo decir que no hubiéramos llegado al número uno en el horario de máxima audiencia si yo no hubiera estado al frente. La fe de Dan y Tom me infundió el valor para correr grandes riesgos; y si yo tenía un punto fuerte, era mi capacidad de animar a los creativos y creadores a dar lo mejor de sí mismos y arriesgar, así como de ayudarlos a recuperarse de los fracasos. El esfuerzo siempre es colectivo, pero mis años en ABC Entertainment me permitieron entender lo que se necesita para conseguir que un grupo de gente con talento cree al más alto nivel posible.

Encontrar el equilibrio entre aceptar el reconocimiento por el éxito y no hacer demasiado caso de los elogios de terceros me ha resultado cada vez más necesario en mis años como CEO. Muchas veces siento remordimientos frente a otras personas con las que trabajo cuando la atención y los elogios se centran excesivamente en mí. Es algo que se manifiesta de maneras extrañas. A menudo estoy en reuniones con alguien que no pertenece a la empresa y esa persona solo me mira a mí, aunque yo esté en una mesa rodeado de colegas míos. No sé si otros CEO se sienten así, pero a mí me da vergüenza este tipo de situaciones, así que en esas ocasiones procuro reconducir la atención y los elogios hacia mis compañeros de trabajo. Del mismo modo, cuando soy yo quien asiste a una reunión con un grupo de personas ajenas a Disney, me esfuerzo por conectar y hablar con todas las personas que están sentadas en torno a la mesa. Es un detalle pequeño, pero sigo acordándome de lo que era sentirse un comparsa ninguneado, y cualquier cosa que te recuerde que no eres el centro del universo es buena.

Durante el puente de Acción de Gracias de 1992, Dan Burke me llamó para decirme que el presidente de ABC se jubilaba. Querían que volviera a Nueva York para sustituirlo y me mudara allí, una noticia que no me pilló desprevenido. Cuando me nombraron director de ABC Entertainment, Tom y Dan insinuaron que, si lo hacía bien, su intención era que acabara dirigiendo la cadena. Pero lo que sí me sorprendió fue que, cuando le pregunté a Dan cuándo querían que empezara, me respondiera: «El 1 de enero», o sea, al cabo de poco más de un mes.

Estaba encantado de volver, y no solo por el puesto. A principios de ese año, Susan y yo nos habíamos separado y ella se había mudado de vuelta a Nueva York con nuestras hijas. A Susan nunca le gustó Los Ángeles, y menos aún después de separarnos. Consideraba Nueva York como su auténtico hogar y no podía reprochárselo. Yo volaba tan a menudo como podía para ver a las niñas, pero había sido un año horrible.

En poco tiempo vendí la casa de Los Ángeles, cogí los bártulos y me instalé en una habitación del hotel Mark, en el Upper East Side neoyorquino. Y el 1 de enero, a los cuarenta y tres años, me convertí en presidente de la cadena de televisión ABC. Hacía tiempo que me lo esperaba, pero cuando ocurrió me resultó extraño. Mis antiguos mentores —Roone en informativos y Dennis Swanson en deportes— eran ahora mis subordinados. Ted Harbert, quien junto con Stu Bloomberg me había enseñado a ser un ejecutivo de la televisión, me sustituyó al frente de ABC Entertainment.

Al cabo de menos de un año, a finales de 1993, Tom Murphy me llamó a su despacho.

—Dan se jubila en febrero —dijo—. Necesito que lo sustituyas en el cargo.

—No puedo —respondí—. Acabo de empezar en mi puesto actual. ¿Quién dirigirá la cadena? Tenéis que esperar.

Por mucho que mi instinto me empujara a decir que sí a cada oportunidad, aquello me parecía demasiado rápido.

Ocho meses más tarde, Tom volvió a visitarme.

—Te necesito en ese puesto —me dijo—. Me hace falta ayuda para dirigir la empresa.

En septiembre de 1994 me convertí en presidente y director de operaciones de Capital Cities/ABC, un año y nueve meses después de que me hubieran nombrado presidente de la cadena: una trayectoria meteórica y a veces vertiginosa. Por regla general, no recomendaría promocionar a alguien tan rápido como a mí, pero lo diré una vez más, porque vale la pena repetirlo: la forma en que Tom y Dan me transmitieron su confianza en cada paso fue la clave de mi éxito.

Poco después de que me nombraran director de operaciones, en la primavera de 1995, Michael Eisner, CEO de The Walt Disney Company, comenzó a explorar la posible adquisición de Cap Cities/ABC. Al principio la cosa no fue a ninguna parte y, justo por esa época, Tom me dijo que tenía previsto abordar con el consejo el tema de que yo le sucediera como CEO. Ese julio, estuvimos en Sun Valley (Idaho) para la conferencia anual del banco de inversión Allen & Company. Estaba en el aparcamiento hablando con Tom cuando vi a Warren Buffett, nuestro principal accionista, y a Michael Eisner hablando allí cerca. Le hicieron señas a Tom para que se acercase y, antes de que se marchara, le pedí: «Hazme un favor. Si decides venderle la empresa a Michael, avísame, ¿vale?».

No tardó mucho. A las pocas semanas, Michael se puso en contacto con Tom para iniciar las negociaciones formales de compra de Capital Cities/ABC por parte de Disney.

4

Disney entra en escena

Se ha hablado y escrito tanto sobre la adquisición de Capital Cities/ ABC por parte de Disney que tengo poco que añadir, excepto desde mi perspectiva privilegiada, teniendo en cuenta mi cargo en ABC y el hecho de que en ese momento me dijeran que para Michael Eisner era de vital importancia que yo firmase un contrato de cinco años para que así me mantuviera en la empresa resultante de la adquisición. Michael había sido el CEO de Disney desde 1984 y había dirigido la empresa sin un segundo de a bordo durante más de un año, después de que su director de operaciones, Frank Wells, muriera en un accidente de helicóptero en la primavera de 1994. Si la adquisición llegaba a buen puerto, Disney casi duplicaría su tamaño, y Michael sabía que no podría integrar las dos compañías y dirigir la nueva entidad combinada en solitario. Me costó asimilar todo aquello. Un día estaba destinado a convertirme en el próximo CEO de Cap Cities/ABC y al siguiente me pedían que dirigiera la división de medios de comunicación de Disney durante un mínimo de cinco años. Aunque objetivamente era un puesto fascinante, en su momento me sentó como si tuviera que beberme un trago de aceite de ricino.

Sabía que, si accedía a quedarme, probablemente tendría que volver a Los Ángeles, y no quería hacerlo. Detestaba la idea de volver a estar lejos de mis hijas y de mis padres, que ya eran mayores; vivían en Long Island, y deseaba tenerlos cerca. Además, me había prometido con Willow Bay, con quien había empezado a salir hacía poco más de un año. Willow tenía un empleo estupendo en Nueva York como presentadora de la edición del fin de semana de *Good Morning America* en sustitución de la presentadora habitual de entre semana, Joan Lunden, y la estaban preparando para sucederla. No quería separarme de ella ni tampoco pedirle que renunciara a su trabajo para venirse conmigo a la otra punta del país.

Así pues, en un plato de la balanza, se me amontonaban los motivos personales para marcharme de la empresa. En el otro, en cambio, los motivos profesionales para quedarme eran del mismo peso. No conocía bien a Michael, pero me gustaba y lo respetaba. Habíamos coincidido brevemente en ABC hacía años, pero entonces yo era un empleado de bajo nivel y nuestros caminos nunca se cruzaron. Años más tarde, él y Jeffrey Katzenberg, a quien Michael había fichado para dirigir Walt Disney Studios después de que lo nombrasen CEO, habían intentado contratarme cuando yo llevaba ABC Entertainment. El hecho de que ahora dijera que sin mí no habría adquisición parecía indicar que un día me pediría que ocupara el cargo de director de operaciones que estaba vacante desde la muerte de Frank Wells. Por lo general, a lo largo de los años he tratado de mantener la vista en el cargo que desempeño y no en los que podría alcanzar algún día, pero era difícil no pensar en que algún día quizá tuviera la oportunidad de dirigir Disney.

Willow se mostró comprensiva sin reservas. Me dijo que yo no tenía nada que perder y mucho que ganar si me quedaba en la empresa, y que confiaba en que ella y yo pudiéramos encontrar el modo de resolver nuestra situación. También pedí consejo a Tom Murphy, que, pese a ser parte implicada (quería entregarme a Michael como parte del acuerdo de venta), era capaz de no dejarse influir por sus intereses y, además, siempre había sido un buen interlocutor. Sabía que era sincero cuando me dijo: «Chico, si juegas bien tus cartas, algún día dirigirás la empresa».

Disney y Capital Cities/ABC llegaron a un acuerdo económico un viernes por la tarde. Aunque todavía faltaban algunos flecos por resolver, el único problema importante que quedaba pendiente era si yo me quedaba o me iba. Esa misma noche, Willow y yo habíamos programado una cena con el sacerdote jesuita que nos iba a casar. (Soy judío y Willow, católica, así que fichamos al padre Ghirlando y a un cantor de sinagoga de New Jersey para que oficiaran nuestra boda.) Allí estaba yo, un judío divorciado que pretendía causar buena impresión al sacerdote que nos iba a casar, y cada dos minutos tenía que disculparme y ausentarme de la mesa para atender llamadas relacionadas con el acuerdo. Comenzó a preocuparme que pudiera parecerle irrespetuoso al padre Ghirlando, así que finalmente me disculpé por las interrupciones diciéndole:

—Sé que soy judío, pero ¿me permite apelar al secreto de confesión?

—Por supuesto —dijo.

—Estamos a punto de anunciar el mayor acuerdo de compraventa de la historia del mundo del espectáculo, y tengo que decidir si continúo en la empresa o no. Ese es el motivo de todas estas llamadas.

El padre Ghirlando no me brindó ningún consejo piadoso, aunque bendijo la decisión que fuera a tomar, fuera cual fuese. Continuamos hablando de la ceremonia, pero cada vez que me disculpaba para atender otra llamada, el padre Ghirlando parecía ligeramente emocionado por haberse enterado de que iba a efectuarse una de las adquisiciones más grandes de la historia empresarial de Estados Unidos antes que el resto del mundo.

Por recomendación de Tom Murphy, contraté a un abogado llamado Joe Bachelder y, el sábado por la mañana, fui a su bufete en el centro de Manhattan y le dije que había que zanjar el tema rápidamente. Me inclinaba por quedarme, así que ahora, en el fondo, enviaba a Joe a batallar con el jefe de asesoría jurídica de Disney, Sandy Litvack, para llegar a un acuerdo que me pareciese justo. La noche siguiente, los miembros de los consejos de administración de ABC y de Disney se reunieron en las oficinas de Dewey Ballantine, el bufete que representaba a la empresa adquirente. La situación era tensa. Mientras los consejeros se ocupaban de los detalles de la megafusión, Sandy Litvack se quejaba de que todo iba a irse al garete porque Joe se mostraba inflexible. En un momento dado, Michael Eisner hizo un aparte con Tom Murphy para suplicarle que intercediera y me convenciese de que aceptara el acuerdo que me ofrecía Disney. Algo más tarde, Michael vino a hablar conmigo en persona para decirme: «Bob, es más fácil negociar este acuerdo de 19.500 millones de dólares que arreglar lo tuyo. ¿Podrías hacerme el favor de decir que sí?».

El último escollo fue la cuestión de quién sería mi superior. Joe insistía para que se acordara formalmente que yo estaría a las órdenes directas de Michael y este se negaba. Quería tener plena libertad para nombrar a un presidente, alguien que se situara entre los dos, y dejarme muy claro que podía hacerlo. Aunque me hubiera gustado que dijera que yo era formalmente su número dos, agradecí la franqueza de Michael y, al final, le dije esa misma noche a Joe que aceptara el acuerdo. Tenía la esperanza de atar de alguna manera la posibilidad de llegar a ser el CEO algún día (asumiendo que no hay nada seguro en esta vida), pero ese no era el momento adecuado para luchar por ello. Quería que la fusión saliera adelante y que el equipo de Capital Cities recibiera un trato justo por parte de Disney. Si yo no me quedaba, estaba prácticamente seguro de que Disney los integraría en su empresa con unos resultados potencialmente frustrantes.

Nos reunimos todos al amanecer del día siguiente en el cuartel general de ABC en la calle Sesenta y seis. El plan era hacer el anuncio, celebrar una conferencia de prensa en uno de los estudios de ABC (TV-1, donde se llevó a cabo uno de los debates entre Kennedy y Nixon de 1960), y luego Michael y Tom se irían al estudio de al lado, TV-2, para que los entrevistaran en vivo y en directo en *Good Morning America*. Sería una auténtica primicia: nadie del equipo de informativos de ABC estaba al tanto de la inminencia de un acuerdo. Por casualidad, Willow sustituía a Joan Lunden ese día. Cuando Charlie Gibson, su copresentador, se dio cuenta del alboroto que llegaba del estudio junto a ellos, le preguntó:

—En una escala del uno al diez, ¿cómo calificarías lo que está sucediendo aquí al lado?

Willow, que por supuesto sabía lo que pasaba pero me había jurado guardar el secreto, le respondió:

—Yo le daría un doce, Charlie.

La prórroga de mi contrato por cinco años se anunció junto con el acuerdo. Inmediatamente después, convoqué una reunión de todos los principales ejecutivos de Cap Cities/ABC, ninguno de los cuales se esperaba aquello, de modo que todavía se encontraban conmocionados. Había gente sentada alrededor de la mesa que había trabajado para Tom y Dan durante toda su carrera y que me miraban y me preguntaban: «¿Y ahora qué va a pasar? ¿Qué vamos a hacer?».

Les hablé con la mayor franqueza posible. La cultura de empresa de Disney era muy diferente a la nuestra, pero Tom tenía los intereses de toda la compañía en mente cuando aceptó el acuerdo. Sin embargo, se trataría una transición difícil, eso era seguro. Quería que entendieran que yo sabía lo inquietante que resultaba. La cultura de empresa a la que estábamos acostumbrados se encontraba a punto de extinguirse. Disney era más agresiva, más creativa, más propia de Hollywood que la empresa para la que todos habíamos trabajado. Sin embargo, yo estaba en condiciones de facilitar la transición y quería que supieran que podían confiar en mí si necesitaban mi ayuda.

En cuanto al acuerdo en sí, mucha gente se sorprendió por el precio de 19.500 millones de dólares; otros pensaron que Tom podría haber resistido más tiempo y haber vendido la empresa por mucho más. Es imposible saberlo. Sin embargo, resultó una ganga para Disney, eso es indudable. Michael nunca recibió grandes elogios por haber tenido las agallas necesarias para cerrar el trato, pero se arriesgó muchísimo, y en los años posteriores se demostró que había valido la pena. La adquisición le dio a Disney el tamaño necesario para preservar la independencia cuando otras empresas del ocio y el espectáculo llegaron a la dolorosa conclusión de que eran demasiado pequeñas para competir en un mundo cambiante. Los activos que Disney adquirió gracias a la fusión —sobre todo con ESPN— fueron un motor de crecimiento durante años y un colchón de seguridad a lo largo de casi una década, mientras Disney Animation se enfrentaba a una serie de fracasos de taquilla.

Un par de semanas después de que anunciáramos el acuerdo, volé a Aspen a pasar un fin de semana con Michael y su esposa, Jane, en su casa de Snowmass. Me sorprendió lo hermosa que era, una cabaña gigante de troncos proyectada por el arquitecto Bob Stern, que también era miembro del consejo de administración de Disney, enclavada en un valle rodeado por los picos de Aspen. Todo allí era de un gusto exquisito.

En Disney habían realizado la diligencia debida de los activos que habían comprado, pero no había forma de que entendieran en toda su complejidad la empresa de la que estaban a punto de ser propietarios. Llegué con un montón de carpetas y en cada una de ellas se recogían los múltiples negocios de Capital Cities, entre ellos ABC, sus emisoras de televisión, ESPN, una empresa radiofónica en expansión, una gran empresa editorial con periódicos y revistas, varios canales de cable y un muestrario de varias pequeñas empresas más. «Tu equipo te transmitió una valoración muy deprisa —le dije—, así que hay muchas cosas que no sabes.»

Durante los dos días siguientes, ilustré a Michael sobre los entresijos de nuestra empresa. Puede que creyera que estaba comprando una cadena de televisión, pero era algo mucho más complejo. Había de todo, desde los contratos de derechos de antena de ESPN hasta las próximas negociaciones entre ABC y NFL. Le entregué un desglose de nuestras emisoras de radio, que iban desde cadenas de música country hasta emisoras especializadas en tertulias, pasando por WABC, y le conté cómo nos habíamos enfrentado a un presentador radiofónico que había hecho unas declaraciones incendiarias en directo. Había asuntos delicados en torno al contrato de Barbara Walters, que estaba a punto de expirar, y detalles laberínticos relativos a la gestión de los informativos de la televisión. Le fui presentando un asunto complejo tras otro porque quería que Michael entendiera la realidad y supiera también que yo lo tenía todo cubierto.

Michael estaba visiblemente nervioso. Tenía solo cincuenta y dos años en ese momento, pero se había sometido a una operación de bypass coronario un año antes, y Jane le controlaba la dieta, el horario y la rutina de ejercicios. En ese momento yo no era consciente de lo mucho que Jane le había suplicado que cambiara de estilo de vida y de la ansiedad que sentía por culpa de la adquisición. Ella quería que Michael trabajara menos y allí estaba yo, sentado en su casa, diciéndole: «Esto va a ser mucho más gordo de lo que creías, y hay que resolver algunos de estos problemas con mucha mayor urgencia de lo que suponías».

Al terminar el fin de semana, Michael me llevó en coche al aeropuerto. Hicimos un alto en el camino para saludar a Michael Ovitz y su familia, que tenían una casa cerca. Jane, Michael y la familia Ovitz planeaban salir de excursión. No sabía que las dos familias fueran íntimas, pero esa tarde vi que entre ellos había buena sintonía. Ovitz había intentado hacía poco irse de CAA, la empresa de la que era cofundador y que había convertido en la agencia de representación más poderosa del mundo, para dirigir Universal Studios, pero no le había salido bien y estaba intentando iniciar un nuevo capítulo en su carrera en Hollywood. Cuando salí hacia el aeropuerto para tomar el vuelo de regreso a Nueva York, me di cuenta de que Michael quizá estuviera pensando en él para ocupar el cargo de número dos en Disney.

Al cabo de una semana, mis sospechas se confirmaron. Michael me llamó y me dijo: «Tu informe me abrió los ojos. Desde luego, no será fácil dirigir la nueva empresa», y añadió que Jane también estaba preocupada. Luego abordó sin rodeos la cuestión de Ovitz: «Cuando cerramos nuestro acuerdo, dejé abierta la posibilidad de situar a alguien entre tú y yo». Yo le dije que sí, que sabía que no tenía nada asegurado. «Vale, pues quiero que sepas que voy a contratar a Michael Ovitz, y que él va a ser tu jefe.»

Ovitz iba a ser presidente de la Walt Disney Company, no director de operaciones. En el organigrama de la empresa, eso significaba que era mi jefe, pero no necesariamente que estuviera destinado a suceder a Michael. Por un momento me sentí desilusionado, pero también agradecí que Michael hubiera sido sincero conmigo durante la negociación y también ahora. No había intentado dorarme la píldora ni fingir que el nombramiento era algo que no era. Yo tenía cuarenta y cuatro años por aquel entonces y todavía me quedaba mucho por aprender y, en cualquier caso, no ganaba nada si empezaba con mal pie con cualquiera de los dos. Quería que las cosas funcionaran. Después del anuncio del fichaje de Michael Ovitz, le dije a un reportero del *New York Times*: «Si Mike Eisner cree que esto es lo mejor para la compañía, me fío de su instinto». El día en que la cita apareció en el *New York Times*, un ejecutivo de Disney me informó de que a Michael no le gustaba que le llamaran «Mike». Aún no había empezado y ya había cometido mi primer error.

Pronto me enteré de que otros tenían opiniones mucho más negativas que la mía sobre la contratación de Ovitz. Me contaron que Joe Roth, el presidente del estudio, estaba furioso, y que Sandy Litvack y Steve Bollenbach, el director financiero de Disney, estaban descontentos con el nuevo organigrama de la empresa y se habían negado a ponerse a las órdenes de Ovitz. Desde Nueva York, a cinco mil kilómetros de distancia, notaba cómo se iba acumulando el resentimiento en «Disney y Compañía». Contratar a Michael Ovitz había generado conflictos internos desde el momento en que se anunció, pero no tenía ni idea de lo tensas que se iban a poner las cosas.

Durante varios meses, mientras todos esperábamos la aprobación del regulador, la Comisión Federal de Comunicaciones (FCC por sus siglas en inglés), viajé semanalmente a Los Ángeles para conocer a los diversos ejecutivos de Disney que pronto serían mis colegas. Willow y yo también sabíamos que no podríamos tener una luna de miel en cuanto se cerrara el trato, así que acortamos radicalmente nuestro noviazgo y nos casamos a principios de octubre de 1995.

Pasamos nuestra luna de miel en el sur de Francia, y nos alojábamos en el elegante Grand-Hôtel du Cap-Ferrat cuando llegó una caja gigantesca llena de mercadotecnia de Disney: pijamas de Mickey Mouse para señora y caballero, sombreros de novia y novio de Mickey, zapatillas de pato Donald. Había tantas cosas, y tan tremendas, que no sabíamos qué hacer con ellas. Decidimos dejarlas allí cuando nos fuimos, pensando que tal vez a alguna persona le gustarían aquellas cosas para sí misma o para sus hijos, pero aún hoy siento cierta vergüenza al pensar en el personal que entró en nuestra habitación después de que nos marcháramos y se encontró con toda esa parafernalia de Mickey Mouse. Recuerdo que, después de ver todo aquello, le dije a Willow: «Ahora trabajo para una empresa muy diferente». (De hecho, en todos los años que trabajé para él, rara vez vi a Michael Eisner con una corbata que no llevara un estampado de Mickey Mouse, y a todos los altos cargos de la empresa nos animaban a llevarlas, aunque yo siempre actué como si nadie me lo hubiera dicho jamás.)

Había diferencias más significativas que el atuendo de marca. Toda la cultura funcionaba de manera distinta. Tom y Dan eran unos jefes cálidos y accesibles. Si tenías un problema, tenías las puertas abiertas. Si necesitabas consejo, te lo ofrecían desinteresadamente. Como empresarios, se centraban en minimizar los gastos y maximizar los ingresos, y se rodeaban de ejecutivos que podían trabajar para ellos toda la vida, siempre y cuando se guiaran por sus mismos principios. También eran partidarios de las estructuras descentralizadas. Si te ceñías al presupuesto y te comportabas con honradez, Tom y Dan te daban margen para actuar con independencia. Aparte del director financiero y el jurídico, no había personal ni burocracia centralizados, además de muy pocas interferencias con las unidades de negocio.

Disney era todo lo contrario. En sus primeros días al frente de la empresa, Michael y Frank Wells habían creado una unidad corporativa central llamada planificación estratégica, integrada por un grupo de ejecutivos agresivos y muy bien formados (todos tenían un MBA, muchos de ellos por Harvard y Stanford), empapados de análisis y expertos en proporcionar los datos y la «visión» que Michael necesitaba para sentirse seguro en cada paso que daba en el ámbito de la gestión empresarial, mientras él tomaba personalmente todas las decisiones creativas. Esta unidad poseía una fuerte autoridad sobre el resto de la empresa, que ejercía con total impunidad sobre los altos ejecutivos que dirigían las distintas unidades de negocio de Disney.

Llegué a Disney cuando Michael se encontraba más o menos a la mitad de su carrera de veintiún años como CEO. Era uno de los CEO más elogiados y de mayor éxito del mundo empresarial estadounidense, y su primera década había sido extraordinaria. Expandió con enorme dinamismo los parques y complejos turísticos de Disney e introdujo una estrategia de precios mucho más rentable.

Inauguró la división de cruceros, que era relativamente pequeña en comparación con otras de la empresa, pero a la vez muy rentable. A finales de los años ochenta y principios de los noventa, Disney Animation produjo un éxito tras otro: *La sirenita*, *La bella y la bestia*, *Aladdin* y *El rey león*, lo que disparó las ventas de productos de consumo de Disney, gracias a los ingresos provenientes de las tiendas y licencias de Disney y de todas las formas de distribución global de mercadotecnia. El Disney Channel, que empezó a emitir solo en Estados Unidos, se convirtió rápidamente en un éxito y Walt Disney Studios, responsable de las películas con actores de carne y hueso, encadenó una serie de éxitos comerciales.

Sin embargo, cuando nos unimos a la compañía, ya habían aparecido las primeras grietas. El vacío dejado por la muerte de Frank Wells generó una intensa acritud entre Michael y Jeffrey Katzenberg, que se adjudicaba gran parte del mérito por los éxitos de las películas de dibujos animados durante la primera década de Eisner al frente de Disney. Jeffrey estaba molesto con Michael porque no lo había ascendido después de la muerte de Frank Wells. A su vez, a Michael le irritaban las presiones de Jeffrey para conseguir su nombramiento. En 1994, poco después de que lo operasen de bypass a corazón abierto, Michael obligó a Jeffrey a dimitir, lo que provocó una batalla legal pública, enconada y carísima. Por si esto fuera poco, Disney Animation comenzó a flaquear. Los años siguientes estuvieron marcados por una serie de costosos fracasos: *Hércules*, *Atlantis*, *El planeta del tesoro*, *Fantasía 2000*, *Hermano oso*, *Zafarrancho en el rancho* y *Chicken Little*. Otras películas —*El jorobado de Notre Dame*, *Mulan*, *Tarzán* y *Lilo y Stitch*— cosecharon un éxito discreto, pero sin alcanzar los hitos creativos o comerciales de la década anterior. De todos modos, hay que reconocer que durante este período Michael tuvo el buen criterio de establecer una relación con Pixar cuyo resultado fueron algunas de las mejores películas de animación jamás realizadas.

Desde el principio, el equipo de Disney —formado en su mayoría por los chicos de planificación estratégica— se aprovechó de nosotros por ser los recién llegados a la empresa. No era que todo lo que hacían fuera malo, sino que se trataba de justo lo contrario de a lo que estábamos acostumbrados quienes habíamos trabajado para Tom y Dan. Era una empresa del todo centralizada y orientada por procesos, e instintivamente nos irritaba su forma de trabajar. Tampoco habían adquirido nunca antes una gran empresa, y habían pensado muy poco en cómo hacerlo con tacto y cuidado. Las discrepancias que podrían haberse resuelto con diplomacia se abordaban en cambio con un tono que a menudo era autoritario y exigente. Se comportaban como si, por el hecho de habernos comprado, esperaran que siempre cediéramos a su voluntad. Aquello no les sentó nada bien a muchos de los antiguos empleados de Cap Cities. Yo estaba lo bastante arriba como para estar a salvo, pero muchas personas que se encontraban por debajo de mí estaban preocupadas por lo que les iba a pasar, y dediqué mucho tiempo y energías a calmar inquietudes e interceder por ellos en sus disputas.

También tuve mis propios encontronazos. Poco después de la adquisición, Disney se desprendió muy juiciosamente de nuestras empresas de periódicos, años antes de que el sector se fuera a pique. Pero nos aferramos a algunas revistas, incluido el magacín especializado en moda *W*. Poco después del acuerdo, el director y redactor jefe de *W* me comentó que Jane Pratt, la fundadora de la revista *Sassy* y una de las primeras colaboradoras de VH-1 y MTV, tenía la idea de lanzar «un *Cosmopolitan* moderno» que se llamaría *Jane*.

Jane vino a venderme la idea, que me gustó porque podría conectarnos con una franja de edad más joven y menos rancia. Repasé el plan de negocios, que me pareció muy razonable, y le di luz verde al equipo. Pronto recibí una llamada de Tom Staggs, que más tarde sería mi director financiero y por entonces trabajaba en planificación estratégica, quien me telefoneaba de parte de su jefe, Larry Murphy, que dirigía toda la unidad. Me dijo con timidez que Larry no consentía que ninguno de los negocios de Disney se expandiera, invirtiera o intentara comenzar algo nuevo sin que su equipo hiciera un análisis pormenorizado. En cuanto lo terminaran, le transmitirían a Michael su recomendación.

Se notaba que Tom se sentía incómodo en el papel de mensajero, así que le repliqué educadamente que le explicara a Larry que iba a seguir adelante con la idea y que no necesitaba su opinión.

Mi respuesta provocó una llamada inmediata de Larry, que quería saber qué demonios estaba haciendo.

—¿Vas a lanzar esa revista?

—Sí.

—¿Sabes cuánto va a costar?

—Sí.

—¿Y te parece que es una buena idea?

—Sí.

—Así no trabajamos en Disney —replicó.

Al final, Larry permitió que el plan siguiera adelante. No quería enfrentarse a mí justo cuando acababa de incorporarme a la empresa, pero me dejó muy claro que a partir de ese momento nadie actuaría en Disney por cuenta propia.

Para ser justos, era un proyecto pequeño, y puede que no mereciera el tiempo y el dinero que invertimos en él (aunque terminamos vendiendo *W* y *Jane* a Si Newhouse, de Condé Nast, y la operación nos reportó beneficios). Pero es algo que puedes decir de tal modo que al mismo tiempo transmitas que confías en las personas que trabajan para ti y así mantengas vivo en ellas el espíritu emprendedor. Dan Burke me enseñó precisamente esa lección durante mis primeros años de un modo diametralmente opuesto a la forma que tenían de actuar en planificación estratégica. No recuerdo muy bien a qué se debió, pero en una de nuestras conversaciones sobre una iniciativa a la que yo le estaba dando vueltas, Dan me entregó una nota donde ponía: «No te metas en el negocio de la fabricación de aceite para trombones. Puede que te conviertas en el mayor fabricante de aceite para trombones del mundo pero, al fin y al cabo, ¡el mundo apenas consume unos litros al año!». Con ella quería decirme que no invirtiera en proyectos que consumieran mis recursos y los de mi empresa sin producir a cambio grandes beneficios. Pero me dio el consejo de una manera tan positiva que sigo guardando ese pedazo de papel en mi escritorio y, de vez en cuando, lo saco cuando hablo con los ejecutivos de Disney sobre qué proyectos seguir y adónde destinar nuestras energías.

Al mismo tiempo que intentaba adaptarme a la nueva cultura de Disney, era testigo de la rápida desintegración de la relación entre mi nuevo jefe, Michael Ovitz, y Michael Eisner. Era algo penoso de ver, que tenía lugar ante los ojos de muchos de los empleados de la empresa.

El mandato de Michael Ovitz comenzó oficialmente en octubre de 1995 y, desde el principio, quedó claro que él era la persona equivocada en el lugar inadecuado y en el momento inapropiado. Se había marchado de CAA y había salido trasquilado de su intento de hacerse con la dirección de Universal. Se notaba lo importante que era para él permanecer en la cúspide de la pirámide de Hollywood, y la oferta para convertirse en el número dos de Michael Eisner era el salvavidas que creía necesitar.

Pero el proceso de toma de decisiones en una agencia no se parece en nada al de una gran empresa, sobre todo en un lugar tan jerarquizado como Disney. En vez de ayudar a Michael a gestionar una complicada amalgama de empresas, que es en gran parte el cometido de los números dos, Ovitz llegó con mil ideas, la mayoría de las cuales involucraban a las grandes personalidades con las que tenía relaciones. Como codirector de CAA, una agencia que no cotizaba en bolsa, estaba acostumbrado a aparecer con un montón de ideas que se podían poner en práctica de inmediato y dio por sentado que podía hacer lo mismo en Disney. Era un agente prototípico, acostumbrado a estar siempre a disposición de sus clientes, de modo que a menudo lo dejaba todo para atenderlos. Esa forma de actuar no servía en Disney. Ovitz quería ofrecer a figuras como Tom Clancy, Magic Johnson, Martin Scorsese y Janet Jackson (y muchos más) acuerdos cuyo ámbito de aplicación abarcaba varias áreas distintas de Disney. Les decía constantemente lo que Disney podía hacer por ellos. Este tipo de acuerdos pueden quedar muy bien en los comunicados de prensa, pero rara vez funcionan. Exigen la supervisión de un alto ejecutivo, que debe dedicarles el tiempo y la energía necesarios para hacer el seguimiento de los distintos aspectos de la operación en cada ámbito de negocio y cada iniciativa concreta. Además, transmiten a los creadores la idea de que tienen carta blanca y, en lugares como Disney, donde todas las ideas se someten a un meticuloso análisis, eso puede ser un desastre.

Yo trabajaba en Nueva York, pero volaba a Los Ángeles todas las semanas para las comidas de trabajo que celebraba Michael Eisner cada lunes, lo que me proporcionó una butaca de primera fila en aquel triste espectáculo. Ovitz se presentaba con su energía y sus ideas, y todos los que nos sentábamos a la mesa nos dábamos perfecta cuenta de que a Michael Eisner, que sabía más cosas, no le interesaban en absoluto. A continuación, Michael nos ponía al día de la actualidad de la empresa y las novedades estratégicas, y Ovitz, que se sentía ninguneado, desconectaba ostentosamente para dejar bien clara su falta de interés. El equipo entero veía esto, una reunión tras otra. El lenguaje corporal en sí daba vergüenza ajena y toda la cúpula directiva empezó a sentirse incómoda. Cuando las dos personas que ocupan la cúspide de una empresa tienen una relación disfuncional, no hay manera de que el resto de la compañía sea funcional. Es como tener dos padres que se pelean todo el rato. Los hijos notan la tensión, trasladan la animosidad a sus padres y entre los propios hermanos dan rienda suelta al resentimiento.

Traté de ser cortés con Ovitz a lo largo de toda esta etapa y respetar la relación de subordinado directo que tenía con respecto a él. Intenté ilustrarlo sobre el área de la empresa que tenía bajo mi mando, y le presentaba a menudo informes para ayudarlo a entender mejor los detalles de los índices de audiencia de la cadena, los acuerdos de distribución de ESPN o los contratos con creativos y creadores, pero Ovitz siempre se mostraba desdeñoso con la información o distraído con llamadas telefónicas. Una vez, atendió en mi oficina una llamada del presidente Clinton, con quien estuvo hablando cuarenta y cinco minutos mientras yo estaba sentado fuera. Una llamada de Tom Cruise interrumpió otra reunión. Martin Scorsese puso punto final a una tercera, al cabo de apenas unos minutos de que hubiera empezado. Cancelaba, reprogramaba o abreviaba una reunión tras otra, y pronto todos los altos ejecutivos de Disney murmuraban a sus espaldas que era un desastre. Gestionar el propio tiempo y respetar el de los demás es una de las cosas más vitales de las que debe encargarse todo gestor, y él lo hacía fatal.

Al ver que sus ideas no prosperaban y que Michael Eisner lo iba apartando de cualquier papel significativo en la empresa, Ovitz acabó sintiendo rabia y vergüenza. Pero incluso aunque le hubieran dado la autoridad para ejercer de veras su cargo, creo que habría fracasado en Disney, porque la cultura de la empresa no iba con él. Antes de las reuniones, yo le daba un montón de material y, al día siguiente, Ovitz se presentaba en ellas sin haber leído nada; allí decía: «Dame los datos», tras lo cual soltaba su opinión. Y no era el caso de que se pronunciara de inmediato porque hubiera procesado toda la información, sino todo lo contrario: intentaba disimular que no se había preparado y, en una empresa como Disney, si no haces los deberes, la gente que te rodea lo detecta de inmediato y te pierde el respeto. Hay que estar atento. Muchas veces te ves obligado a asistir a reuniones a las que, si tuvieras la opción, no acudirías. Tienes que aprender y asimilar. Has de escuchar los problemas de otras personas y ayudar a encontrar soluciones. Forma parte de la excelencia en la gestión. El problema era que Michael Ovitz no era un gestor, sino que seguía siendo un agente. Conocía ese negocio mejor que nadie, pero no era nuestra parte del negocio.

En abril de 1996, Michael Eisner me visitó en mi oficina de Nueva York. Entró, cerró la puerta y me dijo: «Sé que Michael no funciona. Contratarlo fue un desastre». Sabía que otros ejecutivos, como Joe Roth, el jefe de Disney Studios, se estaban planteando marcharse porque estaban muy quemados, y me rogó que no lo hiciera. Sin embargo, a mí ni siquiera se me había ocurrido. Aquello no me gustaba —mis seis primeros meses en Disney fueron los más frustrantes e improductivos de mi carrera— pero yo aún era nuevo en la empresa y, como trabajaba en Nueva York, aquello no me afectaba tanto como a los demás. En general, consideraba que se trataba de un problema difícil para Michael y no quería aumentar la tensión.

«No sé exactamente cuándo —prosiguió Michael—, pero voy a despedirlo.» Me pidió que no lo comentara con nadie y le di mi palabra. Nunca estuve seguro de a quién más se lo contó, pero esperaba que Michael le dijera algo a Ovitz después de unas semanas de nuestra conversación. Pero fueron pasando los meses y las tensiones y perturbaciones se agravaron. Todo el mundo —los dos Michaels, la cúpula directiva, todo el personal que trabajaba para Ovitz— estaba descontento. Era hora de detener la hemorragia.

Por fin, en diciembre, más de ocho meses después de que me dijera que iba a hacerlo, Michael Eisner despidió a Michael Ovitz y puso fin a este doloroso capítulo de la historia de la empresa (aunque el dolor persistió debido a las demandas que presentaron algunos accionistas por los más de cien millones de dólares que recibió Ovitz como indemnización). Ahora tengo una relación cordial con Michael Ovitz. Ha sido generoso con el éxito de Disney durante los años en que he sido el CEO y, cuando miro hacia atrás, pienso en él no como una mala persona, sino como alguien que se vio involucrado en un inmenso error. El cambio de cultura fue un salto demasiado grande para él.

Los dos querían que la cosa saliera bien, cada uno por sus buenas razones. Michael esperaba que Ovitz llegara sabiendo hacer su trabajo, y este no tenía ni idea de lo mucho que tenía que cambiar para triunfar en la cultura de una empresa gigante y que cotizaba en bolsa.

Ambos deberían haber sabido aquello no podía salir bien, pero evitaron deliberadamente hacerse las preguntas clave porque a cada uno lo cegaban en parte sus propias necesidades. Resulta difícil planteárselas, sobre todo a su debido tiempo, pero cuando esperas que algo salga bien sin que seas capaz de explicarte a ti mismo de forma convincente cómo va a suceder esto, deberían saltarte las alarmas y tendrías que plantearte una serie de preguntas aclaratorias. ¿Cuál es el problema que necesito resolver? ¿Es lógica esta solución? Si tengo dudas, ¿a qué se deben? ¿Hago esto por motivos sólidos o por razones personales?

5

Número dos

Durante los tres años siguientes, Michael dirigió la compañía sin un número dos. Nuestra relación se estrechó a raíz de la marcha de Ovitz, pero de vez en cuando notaba cierto recelo por parte de Michael, como si creyera que yo tenía el ojo puesto en su cargo y que no podía fiarse de mí por completo. El resultado era una sucesión constante de acercamientos y distanciaciones: algunas veces Michael me implicaba en la toma de decisiones y confiaba en mí, y otras, de repente, se mostraba frío y distante.

Era cierto que me quedé tras la adquisición en parte porque pensaba que algún día podría tener la oportunidad de dirigir la empresa, pero eso no significaba que quisiera birlarle el puesto a Michael, sino que me comprometía a hacer mi trabajo lo mejor que pudiera y a aprender lo máximo posible sobre todos los aspectos de la empresa. Como había sido el caso a lo largo de mi carrera, si llegaba el momento en que Michael estaba dispuesto a dejar el cargo, yo quería estar preparado.

A lo largo de los años me han preguntado muchas veces acerca de la mejor manera de fomentar la ambición, tanto la propia como la de las personas a las que uno dirige. Como líder, tienes que querer que quienes te rodean estén deseando ascender y asumir más responsabilidades, siempre y cuando soñar con el cargo que desean no los distraiga del que ocupan. No puedes permitir que la ambición vaya mucho más allá de las oportunidades disponibles. He visto a mucha gente que tenía sus miras puestas en un trabajo o un proyecto en particular, pero sus posibilidades de conseguirlo eran ínfimas, y centrarse tanto en algo tan poco probable se convertía en un problema. Ya no se sentían a gusto en el lugar donde estaban. No se ocupaban lo suficiente de las responsabilidades que tenían porque ansiaban otra cosa y por eso su ambición se volvía contraproducente. Es importante saber el modo de encontrar el equilibrio: haz bien tu trabajo; sé paciente; busca oportunidades para colaborar, desarrollar tu potencial y crecer; y utiliza el talante, la energía y la concentración para convertirte en una de las personas a las que tus jefes crean que tienen que recurrir cuando surge una oportunidad. Y viceversa, si eres tú el jefe, estas son las personas a las que tienes que recompensar: no a las que piden ascensos y se quejan de que están desaprovechadas, sino a las que demuestran ser indispensables día tras día.

Como con tantas cosas, Tom y Dan fueron modelos perfectos en este sentido. Se implicaron en mi carrera, me transmitieron lo mucho que deseaban que tuviera éxito y me allanaron el camino para que aprendiera lo necesario para ascender y finalmente dirigir la empresa. En cada etapa me esforcé para absorber todo lo posible, sabiendo que si yo cumplía, ellos me tenían reservados planes más importantes, y por eso sentía tanta lealtad hacia ellos.

Sin embargo, la dinámica entre el CEO y la persona que tiene justo debajo suele ser tensa. A todos nos gusta creernos irreemplazables. La clave es darte cuenta de las propias limitaciones y no aferrarte a la idea de que eres la única persona que puede hacer el trabajo. En lo esencial, el buen liderazgo no consiste en ser indispensable, sino en ayudar a los demás a estar preparados para ocupar el puesto del líder, haciéndolos participar en la toma de decisiones, identificando las habilidades que necesitan desarrollar y ayudándolos a mejorar, y, como he tenido que hacer en alguna ocasión, explicándoles a veces con franqueza por qué no están preparados para dar el siguiente paso.

Mi relación con Michael era complicada. Algunas veces me parecía que ponía en tela de juicio mis capacidades; otras, se mostraba generoso, me daba ánimos y se apoyaba en mí para que le aligerase la carga de trabajo. Uno de los puntos álgidos de nuestra relación se produjo a finales de 1998, cuando Michael se presentó en mi despacho de Nueva York para pedirme que creara y dirigiera una nueva organización internacional. En esa época yo era presidente del Grupo ABC, lo que significaba que dirigía la cadena ABC y ESPN, así como toda la televisión de Disney. Era una gran responsabilidad que se sumaba a todas las anteriores, pero acepté encantado y agradecido de que Michael me lo hubiera pedido.

En aquellos días, Disney era sorprendentemente provinciana. Teníamos oficinas en todo el mundo, desde Latinoamérica hasta la India y Japón, pero no teníamos una estrategia global coherente, ni tan siquiera estructuras lógicas. En Japón, por ejemplo, teníamos un estudio en un barrio de Tokio, una empresa de productos de gran consumo en otro, una empresa de televisión en un tercer lugar. Y no se hablaban entre ellos. No existía ninguna clase de coordinación en cuestiones administrativas, como la contabilidad, por ejemplo, o la informática. Estas duplicidades o triplicidades se daban en todas partes. Pero lo más importante es que no teníamos a nadie en ninguno de nuestros territorios que se ocupara de gestionar nuestra marca en ellos y buscar oportunidades únicas. Todo pasaba por el prisma pasivo y central de Burbank.

Michael vio el problema y se dio cuenta de que tenía que cambiarlo. Sabía que necesitábamos crecer a escala internacional. Años antes, se había propuesto construir un parque temático en China. Frank Wells, el número dos de Michael durante la primera década en la que este dirigió Disney, había planteado algunas propuestas a altos cargos chinos a principios de los años noventa, pero no había llegado muy lejos. Sin embargo, a raíz de esos contactos iniciales, China se dio cuenta de nuestro interés en construir allí un parque y hacía poco que nos habían manifestado que querían sacar adelante este proyecto.

Yo era uno de los pocos ejecutivos de Disney con experiencia internacional, gracias a haber trabajado en ABC Sports y *Wide World of Sports*, y era el único que sabía algo sobre China porque había logrado que emitieran algunos programas infantiles de ABC en la época anterior a nuestra adquisición por Disney. Así pues, Michael me nombró presidente de Walt Disney International y me encargó no solo el diseño de una estrategia internacional, sino también la búsqueda de un lugar donde construir un parque temático en China.

Tras un primer estudio sobre el emplazamiento, debido a una serie de factores —clima, habitantes, disponibilidad de terrenos—, llegamos pronto a la conclusión de que Shangai era el único lugar viable. En octubre de 1998, cuando Willow estaba entrando en el noveno mes de embarazo de nuestro primer hijo, viajé a Shangai por primera vez para Disney y me llevaron a tres posibles emplazamientos. «Pueden quedarse con cualquiera de los tres —me dijeron los responsables chinos—, pero tienen que decidirse pronto.»

Nos quedamos con un terreno en Pudong, en la periferia de Shangai, aunque en nuestra primera visita a lo que era un pueblecito agrícola situado a las afueras de una ciudad entonces en expansión no fuera muy fácil que digamos imaginar un castillo de Disney en el centro de un parque Disney completamente desarrollado. Había canales y acequias por todo el pueblo, y por las calles deambulaban niños y perros sin dueño. Había huertos dispersos entre casas destartaladas y alguna que otra tienda de ultramarinos. Las bicicletas superaban en gran número a los coches y lo que llamaríamos «modernidad» brillaba por su ausencia. Sin embargo, estaba situado en una ubicación perfecta, entre el aeropuerto internacional de Shangai, que iba a inaugurarse pronto, y el futuro centro de una de las ciudades más grandes y vibrantes del mundo. Así comenzó lo que se convertiría en una aventura de dieciocho años, que me haría volver a ese mismo lugar más de cuarenta veces.

Mientras tanto, en mis otros dominios, ABC entró en las primeras etapas de lo que sería un largo declive. Los programas de éxito que habíamos desarrollado cuando yo me encargaba del horario de máxima audiencia ya se habían vuelto un poco rancios, y nos habíamos vuelto complacientes y poco imaginativos a la hora de desarrollar proyectos. *Policías de Nueva York* todavía figuraba entre los veinte programas con mayor audiencia y teníamos otras series —*Un chapuzas en casa*, *The Drew Carey Show*— que funcionaban bien. Pero el resto de nuestra parrilla, con la excepción de *Monday Night Football*, un éxito imperecedero, resultaba poco estimulante.

Nos salvamos brevemente en 1999 con el lanzamiento de *Quién quiere ser millonario*, un concurso que al principio rechazamos, aunque luego reconsideramos nuestra decisión cuando el creador regresó con Regis Philbin como presentador. En su momento nos vino caído del cielo y más tarde sería un puntal de nuestra programación. En su primera temporada tuvo unas cifras asombrosas no solo para un concurso, sino para cualquier programa en general. En esa temporada captó a unos treinta millones de espectadores por noche, tres noches a la semana, números que eran casi inconcebibles en ese momento para una cadena generalista. Fue el número uno en audiencia de la temporada 1999-2000 y salvó a ABC, aunque no lograra ocultar del todo nuestros problemas más profundos.

Ese año tuvo otro aspecto positivo. A mediados de 1998 empecé a plantearme en serio cómo íbamos a cubrir la llegada del próximo milenio. Tenía la firme convicción de que la gente de todo el mundo estaría fascinada con este momento y que toda la empresa, con ABC News al frente, debía dirigir su atención y sus recursos hacia el mismo. Cuando faltaban dieciocho meses para el 1 de enero del año 2000, convoqué una reunión con los altos ejecutivos de los departamentos de ABC News, Entertainment y Sports y les conté lo que se me había ocurrido: ofrecer una cobertura constante, de veinticuatro horas, a medida que en cada zona horaria sonaran las doce campanadas que marcaban el inicio del nuevo milenio. Recuerdo que dije con entusiasmo que debíamos «apropiarnos del acontecimiento» y luego miré a Roone, que estaba sentado en silencio y con cara de póquer al otro lado de la mesa. Era evidente que la idea le parecía pésima. Al término de la reunión, hice un aparte con él y le pregunté:

—¿Crees que estoy loco?

—¿Cómo vamos a conseguir que un cambio de calendario sea visualmente interesante durante veinticuatro horas? —me replicó.

Podría haber respondido de muchas maneras (desde luego, era un reto apasionante), pero algo en el tono y el lenguaje corporal de Roone me dijo que su problema no era en realidad el aspecto visual. Se debía a que le pedían que ejecutara una gran idea que no era suya y que encima lo hacía el tipo que tiempo atrás le preguntaba: «¿Desde dónde?» cuando Roone le decía: «Salta».

Yo era jefe de Roone desde 1993, cuando Tom y Dan me nombraron presidente de la cadena. Habíamos trabajado bien juntos durante esos años. Roone estaba orgulloso de que yo hubiera llegado a la cima de la empresa, pero aun así me veía como su segundo: alguien que se había formado a sus órdenes y que se había convertido en su mejor aliado en la dirección, que lo protegía de las intromisiones de los jefes y le dejaba trabajar en paz. Mi devoción por Roone no era tan absoluta como él pensaba, pero no había nada malo en que lo creyera, y tampoco existía razón alguna para que yo lo desengañara: Roone daba lo mejor de sí cuando su ego no se sentía amenazado.

Pero yo también necesitaba que cumpliera lo que le pedía. Es difícil ganarte a la gente y conseguir su adhesión entusiasta. A veces vale la pena comentar sus objeciones y abordar con paciencia sus inquietudes. En otras ocasiones solo necesitas comunicar que tú eres el jefe y quieres que se haga una cosa y punto. No es que una actitud sea «simpática» y la otra no. Es solo que una es más directa y no negociable. En realidad, todo se reduce a lo que creas más adecuado para el caso: unas veces te es más útil una actitud más democrática tanto para obtener el mejor resultado posible como para levantar la moral, mientras que otras estás tan seguro de tener razón que estás dispuesto a mostrarte dictatorial si surge un desacuerdo.

En este caso, yo estaba absolutamente convencido de tener razón y no iba a dejar que nadie, ni siquiera el ilustre Roone Arledge, me disuadiera. Por supuesto, él podría haberme saboteado sin ninguna dificultad sin esforzarse en absoluto y simplemente mostrando un entusiasmo nulo que hubiera transmitido a su equipo. Como muchas personas con las que he trabajado o negociado a lo largo de los años, Roone no reaccionaba bien si creía que le apretaban las clavijas. Así que recurrí a la «dictablanda»: me mostré respetuoso, pero al mismo tiempo le dejé claro que íbamos a hacerlo pasara lo que pasase.

—Roone, si alguna vez ha habido una idea que la gente fuera a creer que había salido de ti, es esta. Es grande y audaz. Puede que sea imposible de llevar adelante, pero ¿desde cuándo te ha detenido eso?

No estaba muy seguro de si no le gustaba la idea o si en ese momento no se sentía con fuerzas para una gran producción como esta. Pero yo sabía que Roone no podía resistirse a un desafío, así que jugué con su orgullo para ganármelo. No dijo nada, pero sonrió y asintió, como dando a entender: «Vale, lo he pillado».

Al final creamos algo que pasará a la historia como un gran hito. El equipo de Roone tardó meses en prepararlo y él se presentó a última hora, como había hecho en innumerables ocasiones, y lo situó todo en otra órbita. Peter Jennings fue el presentador de nuestra cobertura de la llegada del milenio en Times Square. Transmitimos en directo el momento en que dieron las doce en Vanuatu, el primer huso horario que dio la bienvenida al nuevo milenio. Durante las veinticuatro horas siguientes emitimos en vivo desde China, París y Río de Janeiro, desde Walt Disney World y Times Square y finalmente desde Los Ángeles antes de poner punto final a la emisión. Peter estuvo genial, sentado con su esmoquin en un estudio con vistas a los miles de asistentes a la fiesta de Times Square, haciendo de guía de los telespectadores en una experiencia compartida por todo el mundo que nunca volvería a repetirse a lo largo de nuestras vidas. Ninguna cadena le dedicó tantos recursos como nosotros y tampoco nos hizo sombra en cifras de audiencia.

Visité el estudio varias veces a lo largo de ese día. Al principio de la transmisión estaba claro que nuestra cobertura iba a ser un exitazo y se notaba la emoción en el estudio a medida que avanzaba el día. El momento que me resultó más satisfactorio fue cuando vi a Roone presidiendo toda la producción, enviando instrucciones a los equipos que teníamos sobre el terreno, hablándole a Peter por el pinganillo para introducir una nueva trama en la cobertura, pidiendo diferentes ángulos de cámara y anticipando las transiciones. Fue como volver a contemplar al experto director al que había visto por primera vez un cuarto de siglo antes en el concierto de Frank Sinatra en el Madison Square Garden.

Cuando ya llevábamos veinte horas de emisión, entré a saludarlo en la sala de control. Tenía una sonrisa de oreja a oreja y me dio la mano con un apretón largo y emotivo. Estaba orgulloso de sí mismo. Estaba orgulloso de mí. Estaba agradecido de que le hubiera dado la oportunidad de hacer esto. Tenía casi setenta años por aquel entonces y este era el último gran acontecimiento que produciría en una vida repleta de ellos.

Al cabo de dos años, Roone murió tras una larga batalla contra el cáncer. La semana antes de su muerte, yo me encontraba en Nueva York pasando el puente de Acción de Gracias y el sábado por la noche estaba en casa viendo el partido de la Universidad de Carolina del Sur contra Notre Dame en ABC. Sonó el teléfono a las diez de la noche y cuando contesté, la telefonista de ABC me dijo:

—Señor Iger, tiene una llamada de Roone Arledge.

Si tenías el número, y en caso de emergencia, podías llamar a la centralita de ABC y una operadora localizaba a la persona con la que necesitabas hablar. Roone aún tenía ese número y algo urgente que le inquietaba.

La telefonista me lo pasó.

—¿Roone?

—Bob, ¿lo estás viendo?

—¿El partido de fútbol americano?

—¡Sí, el partido de fútbol! ¿Te has dado cuenta de que el audio está mal?

Según él, los comentaristas estaban diciendo absurdidades. Todo era un galimatías. Yo sabía que el estado de salud de Roone había empeorado recientemente y que lo habían ingresado en el hospital. Me di cuenta de que debía de sufrir alucinaciones, pero me dejé llevar por el afecto y por mi viejo sentido del deber. Si Roone decía que algo estaba mal, yo tenía que intentar arreglarlo.

—Déjame comprobarlo, Roone —respondí—, y te vuelvo a llamar.

Telefoneé a la sala de control y pregunté si alguien se había quejado del audio.

—No, Bob. Nadie —me respondieron del Centro de Control Central de ABC en Nueva York.

—¿Puedes llamar a la centralita y comprobar si oyen algo raro?

Al cabo de unos momentos, volvieron a decirme:

—No. Nada.

Entonces llamé a Roone.

—Acabo de hablar con la sala de control. Han comprobado que no hubiera ningún fallo. —Antes de que me contara lo que creía estar oyendo, le pregunté—: ¿Cómo te encuentras, Roone?

—Estoy en el hospital Sloan Kettering —respondió con un hilo de voz—. ¿Cómo crees que me encuentro?

Le pregunté si podía recibir visitas y al día siguiente fui a verlo. Cuando entré en su habitación, estaba acostado y, nada más verlo, fui consciente de que no viviría mucho. Había un campeonato de patinaje artístico en la televisión y él lo miraba muy atento. Me acerqué y me quedé de pie a su lado. Me miró a mí y luego al patinador de la pantalla.

—Ya no es como antes —dijo—, ¿verdad?

No sé si estaba pensando en aquellos días en los que podíamos ir a donde fuera y hacer lo que quisiéramos, sin ejecutivos que lo sermoneasen sobre el dinero que malgastaba. O los días en que era una leyenda en la sala y nadie se atrevía a dudar de su autoridad. O tal vez era algo más profundo que todo eso. El negocio televisivo había cambiado. El mundo había cambiado. No le quedaba mucho tiempo. Lo miré en la cama y supe que esa iba a ser la última vez que lo veía.

—No, Roone —respondí—. Ya no es como antes.

Después del hito de nuestra cobertura del milenio, la buena estrella de ABC empezó a declinar. *Quién quiere ser millonario* siguió teniendo éxito en la temporada 2000-2001, pero no tanto como en la precedente. Nos dábamos cuenta de que íbamos a menos, pero no teníamos buenos programas en cartera. En lugar de introducir grandes cambios para revitalizar la sección de ABC Entertainment, cada vez nos apoyábamos más en un solo programa para salir airosos. Pasamos la emisión del concurso a cinco veces a la semana para competir con NBC, que triunfaba con sus programas «imprescindibles» los jueves por la noche, y CBS, que había vuelto a la senda del éxito con *Supervivientes* y *CSI*.

En cuestión de un par de años, habíamos pasado de ser la cadena de televisión más vista a ser la última de las «tres grandes», y eso a duras penas, porque Fox seguía comiéndonos el terreno. Asumo mi parte de culpa en todo eso. Yo era el jefe de ABC y apoyé que *Quién quiere ser millonario* pasara a emitirse varias noches más a la semana. Era una solución fácil para los problemas de ABC pero, cuando entró en declive, quedaron al descubierto nuestros problemas más profundos.

A finales de 1999, la presión de dirigir en solitario la empresa ya había empezado a afectar a Michael, que se había aislado más y vuelto más inseguro, desconfiado y crítico con la gente que lo rodeaba. Sabía que necesitaba a alguien que le ayudara a soportar la carga y se sentía presionado por el consejo para que diera alguna señal de que, después de dieciséis años en la cima, por lo menos había empezado a plantearse la sucesión. No le resultó nada fácil. Tras el chasco de Ovitz, Michael se mostró cauteloso al nombrar a un número dos. Reconocía que no podía mantener las cosas como estaban, pero no quería afrontar las complicaciones derivadas de compartir las responsabilidades y la toma de decisiones y tener que involucrar a alguien más en sus diferentes actividades.

Las reticencias de Michael a la hora de nombrar a un número dos repercutían en la empresa en su conjunto. Estaba claro que necesitaba ayuda pero, como él no había colocado a nadie en el puesto de número dos, otros maniobraron para ocupar ese vacío. Sandy Litvack, nuestro asesor jurídico, fue ascendido a vicepresidente y comenzó a considerarse como el director de operaciones de facto. La unidad de planificación estratégica, que ahora estaba a cargo de Peter Murphy (sin ningún parentesco con Larry Murphy, su predecesor), participaba cada vez más en la toma de las decisiones del día a día en lugar de ocuparse de la estrategia a largo plazo. El acaparamiento de autoridad y la difuminación de límites y responsabilidades hicieron mella en la moral de la empresa.

Durante meses, Michael fue alternando conmigo una de cal y otra de arena. Un día me manifestaba su confianza y me hacía creer que era solo cuestión de tiempo que me nombrara jefe de operaciones y, al siguiente, se mostraba distante y yo volvía a tener dudas sobre el futuro. En agosto de 1999 me tomé por primera vez en la vida dos semanas de vacaciones, para las cuales alquilé una casa en Martha's Vineyard con Willow y nuestro hijo de casi dos años, Max. Tom Murphy me llamó la primera noche de las vacaciones. Había estado en una cena en Los Ángeles con Michael y algunos otros miembros del consejo de administración de Disney la noche anterior y, al hablar de la sucesión, Michael dijo que yo nunca sería su sucesor. Tom estaba «horrorizado», según me dijo, en particular porque él me había animado a quedarme años antes durante las negociaciones de la fusión, y me aconsejó: «Chico, siento darte malas noticias, pero has de marcharte de Disney. Michael no cree en ti y les ha dicho a los del consejo que no puedes sucederle. Tienes que dimitir».

Aquello me dejó desolado. Durante los últimos años había tenido que enfrentarme a la frustración y al caos constantes de estar a las órdenes de Michael Ovitz. Había hecho un esfuerzo titánico por integrar ABC en Disney, procurando que valoraran y respetaran a nuestro personal y ayudando a iniciar un proceso de integración que, por parte de Disney, en ningún momento se había planteado en serio. Había diseñado y construido una estructura internacional completa para la compañía, lo que me había obligado a alejarme de mi familia, de viaje en viaje, durante más de un año. A pesar de todo, siempre había sido un defensor fiel de Michael y ahora volvían a comunicarme, veinticinco años después de que me lo hubiera dicho mi primer jefe en 1975, que «ya no iba a ascender».

Le respondí a Tom que no iba a dimitir. Me debían el bonus de fin de año, al que no pensaba renunciar. Si Michael iba a despedirme, tenía que decírmelo él en persona. Colgué el teléfono y recuperé la compostura. Decidí no contarle nada a Willow mientras estuviéramos de vacaciones. Era una figura importante de la CNN en ese momento, la copresentadora de *Moneyline*, un programa de noticias económicas de una hora de duración. Su carrera estaba en auge, pero el trabajo era intenso, y aparte de las exigencias profesionales, no sé cómo, había sido capaz de encontrar el tiempo y las energías para ser una madre maravillosa para Max. Willow necesitaba descansar, así que me guardé lo que sentía para mí hasta que volvimos a nuestra casa de Nueva York.

Luego esperé a ver qué más podía pasar. En septiembre me encontraba en la central de Disney de Burbank cuando Michael me pidió que nos viéramos. Estaba seguro de que iba a ser el final y entré en su despacho preparándome para el golpe que se avecinaba. Me senté frente a él y esperé. Y entonces Michael me preguntó:

—¿Estarías dispuesto a mudarte a Los Ángeles permanentemente para ayudarme a dirigir la empresa?

Tardé un momento en asimilar lo que me acababa de decir. Sentí desconcierto, después alivio y luego desconfianza.

—Michael —contesté por fin—, ¿tienes idea de lo contradictorio que has sido conmigo?

Me estaba pidiendo que me mudara con mi familia a California y que Willow renunciara a un puesto de trabajo importantísimo cuando no hacía ni cuatro semanas que había dicho ante una mesa llena de gente que yo nunca sería su sucesor.

—Tienes que decirme toda la verdad al respecto de este asunto —proseguí.

Su reacción fue más sincera de lo que esperaba. Dijo que no estaba seguro de que yo quisiera regresar a Los Ángeles, así que eso le preocupaba. El mayor problema, sin embargo, era que si me nombraba director de operaciones, según él, estaría «compitiendo conmigo mismo». Supuse que se refería a que el consejo de administración tendría a alguien a quien recurrir si quería reemplazarlo, pero no estaba seguro del todo.

—Michael —le dije—, no tengo intención de robarte el puesto ni de hacer nada que te perjudique.

Añadí que me encantaría tener la oportunidad de dirigir la empresa algún día, pero que no lo veía probable a corto plazo.

—Nunca se me ha pasado por la cabeza que fueras a marcharte —le dije—. Y no puedo ni imaginarme que el consejo quiera que te vayas.

Y era verdad, era incapaz de pensarlo. No estábamos en un remanso de paz, pero en ese momento nadie había perdido la confianza en Michael. Seguía siendo uno de los CEO más respetados del mundo.

La reunión se quedó en agua de borrajas. Michael no me ofreció un cargo ni puso en marcha ningún plan formal. Volví a Nueva York y esperé a tener más noticias, pero no me llegaron hasta al cabo de un mes. Habíamos ido a Londres para asistir al estreno del montaje teatral de *El rey león* y Michael me propuso que volara a Los Ángeles con él para hablar de mi futuro. Pero yo tenía previsto viajar a

China desde Londres, así que acordamos que iría a Los Ángeles unas semanas más tarde para perfilar los detalles.

A principios de diciembre, Michael me propuso por fin nombrarme presidente y director de operaciones y darme un puesto en el consejo de administración de Disney. Era un voto de confianza indiscutible y me sorprendió muchísimo después de la conversación que había mantenido con Tom hacía solo unos meses.

Rápidamente negocié el acuerdo por mi cuenta con Sandy Litvack, quien además de su papel de cuasidirector de operaciones seguía siendo el jefe del departamento de asesoría jurídica. A Sandy no le entusiasmaba mi ascenso. El día antes de que lo anunciaran, me llamó para modificar la oferta. Me dijo que sería vicepresidente ejecutivo en lugar de presidente y director de operaciones, y que no tendría silla en el consejo de administración. Le repliqué a Sandy que o era presidente, director de operaciones y consejero, o nada. Me llamó al cabo de una hora para confirmar los tres cargos y lo anunciamos al día siguiente.

Profesionalmente, era una oportunidad extraordinaria. No había garantía alguna de que fueran a nombrarme CEO algún día, pero al menos tenía la oportunidad de probar mi valía. En cuanto a lo personal, era una maniobra arriesgada. Mis padres ya tenían más de setenta años y necesitaban más ayuda que nunca. Mis hijas tenían veintiún y dieciocho años, y yo no quería volver a vivir en la otra punta del país. La CNN accedió a dejar que Willow presentara su programa desde Los Ángeles, centrándose en los sectores tecnológico y del ocio y el espectáculo, pero era difícil que aquello saliera bien. Aunque Willow me prestó un apoyo increíble, como ha hecho en todo momento, me di cuenta de que volvía a las andadas, pasados diez años, al pedirle a otra esposa que sacrificara en parte su carrera para que nos mudáramos a Los Ángeles en beneficio de la mía.

Tampoco habría imaginado ni por asomo lo que estaba por venir, para Disney, para Michael y para mí. Como suele pasar en esta vida, tenía en mis manos aquello por lo que había luchado y lo más duro estaba a punto de comenzar.

6

A veces pasan cosas buenas

He dicho y repetido que Michael «refundó» la empresa de Walt. Cuando se hizo cargo de Disney en 1984, sus días de gloria quedaban ya muy lejos. La empresa había tenido dificultades desde la muerte de Walt en 1966. Walt Disney Studios y Animation estaban en un estado pésimo. Disneyland y Walt Disney World seguían siendo populares, pero también eran responsables de casi tres cuartas partes de los ingresos de la empresa. En los dos años anteriores a la llegada de Michael, los ingresos netos de Disney cayeron un 25 por ciento. En 1983, el tiburón de las finanzas Saul Steinberg intentó hacerse con Disney, en la última de una serie de tentativas de adquisición a las que la compañía sobrevivió a duras penas.

Al año siguiente, Roy Disney, sobrino de Walt, y Sid Bass, el principal accionista de Disney, trajeron a Michael como director ejecutivo y consejero delegado y a Frank Wells como presidente para revertir la suerte de la compañía y mantener su independencia. (Michael había dirigido Paramount y Frank era el exjefe de Warner Bros.) Luego contrataron a Jeffrey Katzenberg, que había trabajado a las órdenes de Michael en Paramount, para que dirigiera Disney Studios. Juntos, Jeffrey y Michael revitalizaron Disney Animation, lo que restauró la popularidad de la marca y generó un enorme crecimiento en productos de consumo. También dedicaron más atención y recursos a las películas de Touchstone, un estudio propiedad de Disney que produjo varios títulos de éxito con actores de carne y hueso y no para todos los públicos, como *¡Por favor, maten a mi mujer!* y *Pretty Woman*.

Sin embargo, la mayor genialidad de Michael quizá fuera reconocer que Disney era propietaria de unos activos tremendamente valiosos a los que aún no habían sacado partido. Uno era la popularidad de los parques. Si subían los precios de las entradas, aunque fuera solo un poco, aumentarían los ingresos de forma significativa, sin que eso afectara al número de visitantes. La construcción de nuevos hoteles en Walt Disney World era otra oportunidad sin aprovechar, por lo que se inauguraron muchos establecimientos durante la primera década de Michael como CEO. Luego vino la expansión de los parques temáticos, con la apertura de MGM-Hollywood Studios (actualmente Hollywood Studios) en Florida y Euro Disney (actualmente Disneyland Paris) cerca de París.

Aún más prometedor era el tesoro de la propiedad intelectual —las grandes películas clásicas de Disney— que estaban esperando sentadas a que las monetizaran. Comenzaron a vender vídeos de los clásicos de Disney a padres que los habían visto en el cine cuando eran pequeños y que ahora podían ponérselos en casa a sus hijos. Se convirtió en un negocio de mil millones de dólares. Luego vino la adquisición de Cap Cities/ABC en 1995, que no solo proporcionó a Disney una gran cadena de televisión, sino, más importante aún, ESPN, con sus casi cien millones de suscriptores por aquel entonces. Todo esto demuestra que Michael era un gran empresario con enormes dosis de creatividad que convirtió a Disney en un gigante del ocio y el espectáculo modernos.

Después de que Michael me nombrara número dos, nos repartimos las responsabilidades, y a él le correspondió la supervisión de los Walt Disney Studios, así como de los parques y complejos turísticos, mientras que yo me centré en los medios de comunicación, los productos de consumo y Walt Disney International. Con la salvedad de Walt Disney Animation, en la que prácticamente no me dejaba participar, Michael me mantenía al corriente de la mayor parte de sus ideas y decisiones. No exagero al decir que me enseñó a ver las cosas de un modo en que antes no era capaz. Carecía de experiencia en el proceso creativo de la construcción y gestión de un parque de atracciones, y nunca había pasado tiempo imaginando visualmente la experiencia del visitante. Michael iba por el mundo con ojos de escenógrafo y, aunque no fuese un mentor nato, seguirlo a todas partes y verlo trabajar era como una especie de aprendizaje.

En mi época de número dos de Michael, inauguramos Disney's Animal Kingdom en Florida, Hong Kong Disneyland y California Adventure en Anaheim. Recorrí a pie kilómetros y kilómetros con Michael antes de la inauguración de esos parques, y también en los ya existentes, para asimilar lo que él veía y lo que pretendía mejorar constantemente. Iba por un sendero mirando a lo lejos y captaba al instante toda clase de detalles, como jardines que no eran lo bastante frondosos, vallas que tapaban vistas importantes, o edificios que parecían fuera de lugar o pasados de moda.

Fueron momentos que me formaron enormemente. Aprendí muchísimo sobre la gestión del negocio, pero lo más importante es que asimilé cuál debía ser la esencia creativa y de diseño de nuestros parques.

Michael también me permitía acompañarlo en sus muchas visitas a Walt Disney Imagineering, situada en un extenso campus de Glendale (California), a pocos kilómetros de nuestros estudios de Burbank. El trabajo de los diseñadores creativos o «imagenieros» ha sido el tema de numerosos libros y artículos, y la manera más sencilla de describirlo es como el corazón creativo y técnico de todo lo que construimos que no sea una película, un programa de televisión o un producto de consumo. Todos nuestros parques, complejos y atracciones, cruceros y promociones inmobiliarias, todos los espectáculos en vivo, de luces y desfiles, cada detalle, desde el diseño del vestuario de un miembro del elenco hasta la arquitectura de nuestros castillos, surge de Walt Disney Imagineering. Es imposible exagerar la brillantez creativa y técnica de los imagenieros de Disney. Son artistas, ingenieros, arquitectos y tecnólogos, y ocupan un lugar y cumplen un papel que no tiene igual en el mundo.

Todavía hoy, me asombran una y otra vez con su habilidad para visualizar algo fantástico y luego hacerlo realidad, a menudo a una escala enorme. Cuando visité Imagineering con Michael, lo vi criticar proyectos grandes y pequeños, repasándolo todo, desde guiones gráficos que desmenuzaban la experiencia de una de nuestras atracciones hasta el diseño del camarote de un crucero que estaba en construcción. Escuchaba las presentaciones de los próximos desfiles o revisaba el diseño del vestíbulo de un nuevo hotel. Lo que me impresionó, y tuvo un valor incalculable para mi formación, fue su capacidad de tener una visión del conjunto y, al mismo tiempo, de los detalles más minúsculos, y sopesar cómo lo uno afectaba a lo otro.

En los años siguientes, al acentuarse el afán de escrutinio de Michael, lo acusaron de ser un perfeccionista agobiante y un microgestor, y a esto último él respondía que «la microgestión está infravalorada». Estoy de acuerdo con él, pero solo hasta cierto punto. Gracias a los años que pasé trabajando para Roone Arledge, no necesitaba que me convencieran de que el éxito o el fracaso de algo muy a menudo se reduce a cuestiones de detalle. Michael veía con frecuencia cosas que a los demás se les escapaban y luego exigía que las hicieran mejor. Esa fue la fuente de gran parte de su éxito y el de la empresa, y yo sentía un inmenso respeto por la tendencia de Michael a preocuparse por los detalles. Demostraba lo mucho que le importaban, y era algo fundamental. Michael sabía que la «genialidad» suele basarse en un cúmulo de detalles y me enseñó a apreciar esto aún más.

Michael estaba orgulloso de su microgestión, pero al expresar su orgullo y recordar a la gente los detalles en los que se centraba, podía llegar a transmitir una imagen de mezquindad o estrechez de miras. Una vez vi que, en una entrevista en el vestíbulo de un hotel, le decía al reportero: «¿Ves esas lámparas de allí? Las escogí yo». No es una buena imagen para un CEO. (Debo confesar que me he pillado —o me han pillado— haciendo lo mismo unas cuantas veces. Como me comentó Zenia Mucha, con su forma tan particular de decir las cosas: «Bob, tú eres consciente de lo que has hecho, pero el mundo no necesita saberlo, ¡así que cállate!».)

A principios de 2001, todas las empresas mediáticas y de entretenimiento sentían que algo se movía bajo sus pies, pero nadie estaba seguro de cuál era el camino a seguir. La tecnología estaba cambiando muy deprisa, y los efectos de la disrupción eran cada vez más visibles y producían mayor ansiedad. En marzo de ese año, Apple lanzó su campaña «Copia. Mezcla. Graba», donde le decía al mundo que, si comprabas música, podías duplicarla y usarla como quisieras. Mucha gente, entre ellos Michael, lo vio como una amenaza mortal para el sector de la música, que pronto amenazaría a la televisión y el cine. Michael siempre fue un defensor acérrimo de los derechos de autor y se pronunció en numerosas ocasiones sobre el tema de la piratería. Ese anuncio lo irritó muchísimo, hasta el punto de que atacó a Apple en público durante su testimonio ante el Comité de Comercio del Senado diciendo que la empresa estaba faltando flagrantemente al respeto a la ley de propiedad intelectual y alentando la piratería, algo que no le sentó nada bien a Steve Jobs.

Fue una época interesante y marcó lo que para mí fue el principio del fin de los medios de comunicación tradicionales tal y como los conocíamos. Me pareció muy interesante que casi todas las compañías de medios tradicionales, mientras trataban de encontrar su lugar en este mundo cambiante, actuaran impulsadas por el miedo en lugar de por el valor, empecinándose en construir un baluarte para proteger los viejos modelos que no podían sobrevivir al cambio radical que se estaba produciendo.

No había nadie que encarnara mejor ese cambio que Steve Jobs, quien, además de dirigir Apple, era el CEO de Pixar, nuestro socio creativo más importante y de mayor éxito. A mediados de los años noventa, Disney llegó a un acuerdo con Pixar para coproducir, comercializar y distribuir cinco de sus películas. *Toy Story* se estrenó en 1995 en virtud de un acuerdo anterior. Fue el primer largometraje de animación digital —un giro copernicano creativo y tecnológico— y recaudó casi 400 millones de dólares en todo el mundo. *Toy Story* fue seguida de dos éxitos más: *Bichos* en 1998, y *Monstruos, S. A.* en 2001. En conjunto, las tres películas recaudaron más de mil millones de dólares en todo el mundo y, en un momento en el que Disney Animation empezaba a flaquear, consolidaron a Pixar como el futuro de la animación.

A pesar del éxito artístico y financiero de las películas de Pixar, las tensiones entre las dos empresas (sobre todo, entre Michael y Steve) fueron en aumento. Cuando se firmó el acuerdo original, Pixar aún era una *startup*, una empresa emergente, y Disney tenía una enorme influencia. Pixar hizo muchísimas concesiones, incluida la propiedad de todos los derechos de secuela de sus películas.

A medida que el prestigio y el éxito de Pixar iban en aumento, la dinámica desigual entre las dos empresas comenzó a reconcomer a Steve, que detestaba que lo mangoneasen. Michael se centraba más en los detalles del acuerdo que se había negociado, y daba la impresión de que no era consciente de los sentimientos de Steve o, si era así, que tampoco le importaba. La situación empeoró con el desarrollo de *Toy Story 2*. En un principio, se suponía que iba a estrenarse directamente en vídeo, sin proyectarla en salas de cine, pero cuando hubo que dedicar más recursos de producción a las primeras versiones de la película, las dos empresas concluyeron que debía estrenarse primero en la gran pantalla. La película recaudó casi 500 millones de dólares en todo el mundo, lo que dio pie a una disputa contractual. Pixar alegó que *Toy Story 2* debía incluirse entre las cinco películas a las que se habían comprometido con Disney y Michael se negó, ya que era una secuela. Esto se convirtió en otro motivo de fricción entre Michael y Steve.

A medida que la reputación y la influencia de Pixar aumentaban con cada estreno, también lo hacía la tensión con Disney. Para Steve, él y Pixar merecían más respeto por parte de Disney, y quería que el contrato reflejara el cambio en la relación entre ambas. También creía que, dado que estaban eclipsando a Disney tanto creativa como comercialmente, Disney debería haber recurrido a ellos en busca de ayuda creativa. En vez de eso, tenía la sensación de que Michael los trataba como un socio menor, un estudio subcontratado, y eso le parecía un gran desprecio.

Michael también creía que le faltaban al respeto. Él y otras personas de Disney estaban convencidos de que no habían sido un mero socio sin voz ni voto, sino que habían intervenido activamente en la creación de las películas y que Steve nunca se lo reconocía como era debido. Como director de operaciones, yo no tenía papel alguno en la relación con Pixar, pero estaba claro que su osadía aumentaba a medida que Disney iba perdiéndola, y estas dos personalidades fuertes y tercas estaban destinadas a enfrentarse por la supremacía.

Esa fue la situación a lo largo de gran parte de 2001: nuestro negocio cambiaba a un ritmo vertiginoso; las tensiones entre Michael y Steve amenazaban el futuro de una asociación vital; una serie de fracasos de taquilla hicieron que el público perdiera la confianza en Disney Animation; los índices de audiencia de ABC se hundieron, y el consejo de administración comenzó a tomar nota y a poner en cuestión el liderazgo de Michael.

Luego vino el 11 de septiembre de 2001, que cambiaría el mundo y nos plantearía unos retos que jamás habíamos imaginado. Me levanté esa mañana al amanecer, me puse a hacer gimnasia en casa y, cuando miré hacia la tele, vi la noticia de que un avión acababa de estrellarse contra una de las Torres Gemelas. Interrumpí mis ejercicios, fui a otra habitación y encendí el televisor a tiempo de ver el impacto del segundo avión. Llamé de inmediato al presidente de ABC News, David Westin, para que me contara lo que sabía y cómo planeábamos cubrir los acontecimientos que se desarrollaban ante nuestros ojos. David tenía poca información pero, al igual que todas las organizaciones de noticias importantes, estábamos desplazando a cientos de personas en múltiples direcciones —el Pentágono, la Casa Blanca, la zona sur de Manhattan— para tratar de entender lo que sucedía.

Corrí a la oficina y por el camino llamé a Michael. Todavía no había visto las noticias pero, al encender el televisor, compartimos nuestra preocupación de que Disney fuera también un posible objetivo. Tomamos la decisión de cerrar Walt Disney World en Orlando inmediatamente y evacuar el parque, además de no abrir Disneyland en absoluto. Me pasé el resto del día coordinando nuestra respuesta en varios frentes: estuve horas al teléfono con ABC News, asegurándome de que toda nuestra gente estuviera a salvo, creando estrategias de seguridad en nuestros parques para los días siguientes y, en general, tratando de ayudar a la gente a mantener la calma durante las horas más inquietantes de nuestras vidas.

Entre los muchos efectos de los ataques se produjo una caída mundial del turismo que se prolongó hasta mucho tiempo después del 11 de septiembre de 2001. El impacto sobre Disney fue devastador. La bolsa cayó bruscamente y Disney perdió casi un cuarto de su valor a los pocos días de los ataques. Nuestro accionista principal en aquellos momentos, la familia Bass, se vio obligada a vender una cantidad enorme de acciones —135 millones, con un valor aproximado de 2.000 millones de dólares— para cubrir una demanda de cobertura complementaria, lo que precipitó otra fuerte caída del precio de nuestras acciones. Las empresas de todo el mundo tendrían dificultades para recuperarse durante algún tiempo, pero a nosotros se nos acumulaban los problemas, y esto marcó el comienzo de una larga etapa de polémicas y luchas internas para Disney y para Michael.

En muchos aspectos, Michael abordó de un modo admirable y sereno los problemas que se avecinaban, pero era imposible no caer presa del pesimismo y la paranoia al aumentar las tensiones. A veces me llamaban por teléfono y tenía a Michael al aparato para decirme que acababa de salir de la ducha, de un avión o de una comida, y que estaba convencido de que algo de lo que hacíamos saldría mal, que alguien se nos iba a adelantar, que algún acuerdo no llegaría a firmarse. Me decía literalmente: «El cielo se derrumba sobre nuestras cabezas» y, con el tiempo, un clima de fatalidad y pesimismo comenzó a apoderarse de la empresa.

Michael tenía muchas razones válidas para ser pesimista pero, como líder, no puedes transmitir esa sensación a la gente que te rodea. Es un desastre para la moral. Socava las energías y la inspiración. Las decisiones se toman en actitud protectora y defensiva.

El pesimismo natural de Michael solía funcionarle, hasta cierto punto. Lo motivaba en parte el miedo al desastre, y eso a menudo alimentaba su perfeccionismo y su éxito, aunque no es una herramienta muy útil para motivar a la gente. A veces sus preocupaciones estaban justificadas, y tenía razón al abordarlas, pero una especie de constante inquietud parecía atenazarlo con frecuencia. Este no era el único estado de ánimo de Michael. También poseía una exuberancia natural que solía resultar contagiosa. Pero en sus últimos años, a medida que aumentaba la presión sobre él, el pesimismo se convirtió más en la regla que en la excepción, y lo llevó a encerrarse en sí mismo y a enclaustrarse cada vez más.

Nadie podría haber manejado a la perfección el estrés al que estaba sometido Michael, pero el optimismo en un líder, sobre todo en tiempos difíciles, es absolutamente vital. El pesimismo provoca paranoia, que produce una actitud defensiva y, a su vez, aversión al riesgo.

El optimismo, en cambio, pone en marcha una maquinaria distinta. En particular en los momentos difíciles, las personas a las que lideras deben sentir confianza en tu capacidad para centrarte en lo que importa, y no para actuar a la defensiva y por afán de conservación. No se trata de decir que las cosas son buenas cuando no lo son, ni de transmitir una fe innata en que «todo saldrá bien». Se trata de creer que tú y las personas que te rodean podéis encauzar la situación para obtener el mejor resultado posible, y no de transmitir la sensación de que todo está perdido si las cosas no salen a tu manera. La pauta que marcas como líder tiene un efecto enorme en las personas que te rodean. Nadie quiere seguir a un pesimista.

En los años posteriores al 11 de septiembre de 2001, dos consejeros clave, Roy E. Disney y Stanley Gold, su abogado, comenzaron a expresar abiertamente su falta de confianza en la capacidad de Michael para dirigir la empresa. Roy tenía una larga y complicada historia con Michael. Había sido en gran parte responsable de ficharlo como CEO y presidente del consejo de administración y, como todos los accionistas, obtuvo enormes beneficios durante el liderazgo de Michael. Entre 1984 y 1994, los beneficios anuales de Disney se habían cuadruplicado y el valor de cotización de sus acciones aumentó un 1.300 por ciento.

Durante esos años Michael se esforzó muchísimo por complacer a Roy y mostrarle deferencia y respeto, cosa nada sencilla porque a veces este podía ser una persona muy difícil. Se consideraba como el albacea del legado de Disney. Vivía, respiraba y sangraba Disney, y actuaba como si cualquier ruptura con la tradición constituyera una violación de algún pacto sagrado que él hubiese suscrito con el mismísimo Walt (quien, al parecer, nunca mostró un gran respeto a su sobrino). Roy solía reverenciar el pasado en lugar de respetarlo y, en consecuencia, le costaba tolerar los cambios de cualquier clase. Le pareció fatal que Michael comprase Capital Cities/ABC, porque suponía la introducción de marcas ajenas a Disney en la sangre de la compañía. Como ejemplo quizá no tan destacado, pero sí más ilustrativo, se enfadó mucho una Navidad cuando decidimos vender muñecos de peluche blancos de Mickey Mouse en las Disney Stores. «Mickey ha de tener estos colores: blanco, negro, rojo y amarillo, ¡y punto!» Roy nos envió unos correos electrónicos tremendos a Michael y a mí pidiendo que hiciéramos que retiraran de las estanterías los «Mickeys albinos», como él los llamaba, cosa que no hicimos, pero nos dejó completamente descolocados.

También tenía un problema con la bebida. Nunca lo comentamos en Disney mientras estaba vivo pero, años después, uno de sus hijos me habló sin tapujos de los problemas que sus padres tenían con el alcohol. Después de unas copas, Roy y su esposa, Patti, a veces se sentían irritados, lo que a menudo les hacía enviar unos correos electrónicos furibundos a altas horas de la noche (yo recibí varios) comentando los errores que él creía que estábamos cometiendo como administradores del legado de Disney.

A medida que los retos a los que nos enfrentábamos fueron en aumento, Roy se mostró más abiertamente crítico con Michael y al final se volvió por completo en su contra. En 2002, Roy y Stanley enviaron una carta al consejo exigiendo que Michael atendiera sus preocupaciones, que eran numerosas: los malos índices de audiencia de ABC; el conflicto con Steve Jobs y Pixar; los desacuerdos sobre la estrategia que debía seguirse con los parques temáticos, y los problemas que producía lo que para ellos era la conflictiva microgestión de Michael. Las quejas que formulaban en su carta eran tan concretas que no tuvimos más remedio que tomarla en serio. El resultado fue una presentación detallada de la gestión ante el consejo en la que se abordaron cada uno de estos asuntos y la forma de resolverlos.

Pero eso no pareció importarles. Roy y Stanley se pasaron la mayor parte del año tratando activamente de convencer al consejo de que echaran a Michael y, en el otoño de 2003, acabaron agotándole la paciencia, así que este recurrió a las normas de gobierno de la empresa sobre la permanencia en el consejo de administración, las cuales estipulaban que los consejeros tenían que jubilarse a los setenta y dos años. La norma no se había aplicado nunca, pero Roy estaba cuestionando a Michael de un modo tan extremo que este decidió invocar la cláusula. Sin embargo, en lugar de decírselo directamente a Roy, Michael hizo que el presidente de la comisión de nombramientos del consejo le informara de que no se le permitiría presentarse a la reelección y de que tenía que jubilarse después de la próxima junta de accionistas, que debía celebrarse en marzo de 2004.

Estaba previsto que la siguiente reunión del consejo tuviese lugar en Nueva York el martes posterior al día de Acción de Gracias. El domingo por la tarde, Willow y yo íbamos de camino a un museo y habíamos quedado para cenar esa noche cuando la secretaria de Michael me convocó a una reunión de urgencia en el apartamento de este en el hotel Pierre, situado en la calle Sesenta y uno Este. Cuando llegué, Michael sostenía una carta de Roy y Stanley que le habían pasado por debajo de la puerta.

Me la dio y empecé a leer. Roy manifestaba en la carta que él y Stanley dimitían del consejo, y luego desplegaba una acerba crítica de tres páginas contra la gestión de la empresa por parte de Michael. Roy reconocía que sus diez primeros años habían sido un éxito, pero los últimos estaban marcados por siete fracasos distintos, que Roy enumeraba uno por uno:

1) su incapacidad de rescatar las audiencias del prime time de ABC del foso en el que habían caído; 2) la «constante microgestión de todos los que te rodean, con la consiguiente pérdida de moral en el conjunto de la empresa»; 3) la falta de inversión adecuada en los parques temáticos —construyendo «a precio de saldo»—, que había hecho caer las cifras de público; 4) la «percepción generalizada entre nuestros accionistas […] de que la empresa es codiciosa, desalmada y siempre va en busca el dinero fácil en vez de crear valor a largo plazo, lo que está provocando la pérdida de confianza del público»; 5) la fuga de cerebros creativos de la empresa debido a la mala administración y la moral baja; 6) el fracaso a la hora de establecer una buena relación con los socios de Disney, en particular con Pixar; y 7) «tu constante negativa a trazar un plan de sucesión claro».

Roy concluía así su escrito: «Michael, creo sinceramente que eres tú el que debería marcharse, y no yo. Por lo tanto, te pido una vez más que dimitas y te vayas».

Algunas de las quejas de Roy eran válidas, pero muchas estaban descontextualizadas. Sin embargo, daba igual. Sabíamos que nos adentrábamos en terreno pantanoso y comenzamos a elaborar estrategias para el inevitable desastre de imagen.

La carta era solo el principio. Roy y Stanley pronto lanzaron una campaña que llamaron «Salvemos Disney». Durante los tres meses siguientes, previos a la junta anual de accionistas de Filadelfia de marzo de 2004, criticaron públicamente a Michael siempre que tuvieron la oportunidad. Hicieron todo lo posible para conseguir que otros consejeros se volvieran en su contra. Crearon una web de «Salvemos Disney» y presionaron agresivamente a los accionistas de la empresa para que emitieran un voto negativo en la próxima junta y lo echaran del consejo de administración. (Si posees acciones de la empresa, tienes derecho a voto y cada año puedes votar a favor de unos consejeros determinados o «negarles» tu apoyo, lo que equivale a votar en su contra.)

Mientras ocurría esto, la larga y soterrada relación de hostilidad entre Michael y Steve Jobs acabó por estallar. Disney quería prorrogar el acuerdo de asociación que teníamos con Pixar para cinco películas, pero Steve puso sobre la mesa un nuevo acuerdo que era imposible que aceptáramos: Pixar controlaría la producción y retendría todos los derechos de secuela, y Disney se limitaría a ser el socio distribuidor. Michael rechazó la propuesta; Steve no aceptó ninguna contraoferta. En pleno proceso de las largas negociaciones se filtró a la prensa un memorando interno de Michael al consejo de administración antes del estreno de *Buscando a Nemo*. En este documento, Michael afirmaba que no le entusiasmaba la primera versión de la película que había visto y que Pixar se enfrentaría a la «dura realidad» de lo que él creía que era una arrogancia injustificable. Si *Nemo* no era un éxito, apuntaba, no tendría por qué ser algo necesariamente malo, ya que así Disney tendría más fuerza en las negociaciones.

No había nada que Steve detestara más que alguien que tratara de intimidarlo. Si alguien lo intentaba, se ponía como una furia.

Michael también odiaba todo lo que le pareciera una intimidación a él o a la empresa y, entre los dos, consiguieron que un proceso de negociación ya de por sí difícil resultara casi imposible. En un momento dado, Steve habló de la serie de «bodrios vergonzosos» que había producido Disney Animation y luego, en enero de 2004, anunció a bombo y platillo y en tono provocativo que jamás volvería a tratar con Disney: «Después de diez meses intentando llegar a un acuerdo, hemos pasado página. Es una pena que Disney no vaya a formar parte de los futuros éxitos de Pixar». Michael respondió diciendo que daba igual, que podíamos hacer todas las secuelas que quisiéramos de las películas de Pixar que habíamos estrenado y no había nada que ellos pudieran hacer al respecto. Entonces Roy y Stanley metieron baza y emitieron un comunicado de cosecha propia, en el que declaraban: «Hace más de un año, advertimos al consejo de administración de Disney que creíamos que Michael Eisner gestionaba mal la asociación con Pixar y expresamos nuestra inquietud porque la relación estaba en peligro», lo que reforzaba su argumento de que Michael había perdido el control de la empresa.

De hecho, Michael tenía razón al rechazar las condiciones de Steve. Desde el punto de vista económico, habría sido una irresponsabilidad aceptar su propuesta de acuerdo. El coste para Disney era demasiado alto y los beneficios, demasiado bajos. Pero la impresión que se llevó el público, amplificada debido a la cobertura mediática que recibió del fracaso de las negociaciones y la ruptura con Steve Jobs, fue que Michael había metido la pata hasta el fondo, y eso fue un golpe muy duro para él.

Dos semanas después, convocamos una conferencia de inversores en Orlando, con la idea de tranquilizar a los analistas del sector sobre el futuro de la empresa y contrarrestar todos los daños recientes. Nuestros informes de resultados del primer trimestre se publicaban ese día y las cifras eran buenas. *Buscando a Nemo* y *Piratas del Caribe*, que se habían estrenado en mayo y junio del año anterior, habían sido dos éxitos espectaculares, y nuestros ingresos habían aumentado en total un 19 por ciento. Era la primera tregua que teníamos en mucho tiempo y estábamos deseando demostrar que volvíamos a ir por buen camino.

Sin embargo, las cosas no salieron como estaba previsto. Un día de cielo encapotado y fresco, salí de mi habitación del hotel de Florida hacia las siete de la mañana y me dirigía a la conferencia cuando recibí una llamada de Zenia Mucha, nuestra directora de comunicación. Zenia suele expresarse con contundencia, pero, en este caso, eso hubiera sido quedarse corto. «¡Comcast nos ha hecho una OPA hostil! —gritó al aparato—. ¡Ve corriendo a la suite de Michael!»

Comcast era el mayor proveedor de cable del país, pero Brian Roberts, su CEO, sabía que ser dueño de Disney los transformaría porque les permitiría combinar nuestros contenidos con su inmensa red de distribución por cable, lo que sería una mezcla explosiva. (Lo que más les interesaba era ESPN, que en ese momento era el canal más caro de la televisión por cable.)

Unos días antes, Brian había llamado a Michael y le había hecho una oferta de compra por Disney. Michael le dijo que no iba a entrar en negociaciones, pero que si quería presentar una oferta formal, el consejo de administración estaría obligado a tenerla en cuenta. «Pero no estamos en venta», puntualizó. El rechazo llevó a una oferta pública hostil y no solicitada al consejo de administración de Disney y a sus accionistas para adquirir Disney por sesenta y cuatro mil millones de dólares, que se pagarían en acciones de Comcast. (Por cada acción de Disney, los accionistas obtendrían 0,78 de Comcast.)

Cuando entré en la suite de Michael, lo primero que oí fueron las voces de Brian Roberts y Steve Burke, presidente de Comcast, a quienes estaban entrevistando en directo en la CNBC. Conocía bien a Steve. Había trabajado para mí durante dos años, de 1996 a 1998, y antes de eso había estado en Disney durante diez años, los últimos en Disneyland Paris. Cuando Michael lo sustituyó al frente de París y lo trajo a Nueva York, Steve pasó a trabajar para mí en ABC. Es el hijo mayor de mi antiguo jefe, Dan Burke, a quien yo respetaba y tenía un gran cariño, y aunque no tenía la calidez natural de Dan, Steve era inteligente y divertido y aprendía rápido. Le enseñé mucho sobre los negocios de la televisión y la radio y, a su vez, él me instruyó mucho sobre cómo moverme por los recovecos de Disney.

En 1998 necesitaba urgentemente que alguien se hiciera cargo de ABC y me dejara libertad para poder ocuparme de los demás aspectos de mi trabajo, y le dije a Steve que planeaba ascenderlo a presidente de la cadena. Respondió que no quería mudarse a Los Ángeles (en aquel entonces, Michael tenía previsto trasladar allí ABC al completo) y, poco después, nos dijo que se iba de Disney a Comcast. Había apostado tanto por él, y habíamos hecho tantas cosas juntos durante esos dos años, que fue como si me apuñalara por la espalda. Y ahí estaba, en la televisión, restregando sal en la herida. Cuando le preguntaron qué haría para arreglar la cadena, Steve respondió: «Fichar a gente más válida para dirigirla».

Zenia, Alan Braverman, nuestro asesor jurídico, y Peter Murphy, el jefe de planificación estratégica, ya estaban en la suite de Michael cuando llegué, viendo la tele. La oferta pública de adquisición nos había pillado a todos completamente desprevenidos y, de inmediato, nos apresuramos a formular una respuesta. Teníamos que redactar un comunicado público, pero antes había que averiguar cuál era la posición del consejo. Al mismo tiempo, tratamos de indagar por qué Brian estaba tan seguro de que Disney vendería. Pronto se hizo evidente que alguien, de dentro o de fuera del consejo, debía de haberle dicho que Michael era vulnerable y que Disney se encontraba en tan mal estado que, si presentaba una oferta, el consejo la aceptaría porque así tendría una oportunidad menos conflictiva de librarse de Michael. (Años más tarde, Brian me confirmó que un intermediario que decía representar a un consejero le había animado a presentar una oferta.)

Mientras hacíamos un esfuerzo por sobreponernos, nos golpeó otra ola que tampoco vimos venir. La empresa Institutional Shareholder Services (ISS) es la mayor compañía del mundo especializada en proporcionar a los inversores —en su mayoría, fondos de tamaño medio— información sobre cómo evaluar el gobierno corporativo de las empresas y utilizar su derecho a voto en las juntas de accionistas. ISS influye por lo general en más de un tercio de las acciones con derecho a voto en las juntas, y esa misma mañana habían recomendado públicamente apoyar la campaña de Roy y Stanley y que los accionistas votaran en contra de Michael. Los resultados de las votaciones no se harían públicos hasta marzo, pero sabíamos que habría un gran porcentaje de votos negativos.

Cuando salimos de la suite de Michael para acudir a la reunión de inversores, nos enfrentábamos a dos crisis colosales. Recuerdo que pensé que era como si hubiéramos entablado una guerra convencional con Roy, Stanley y Steve, y ahora el otro bando estaba utilizando armas atómicas. Hicimos todo lo que pudimos, dadas las circunstancias, para defendernos ante los inversores, pero se habían planteado de manera muy pública graves preocupaciones acerca del futuro de la empresa. Mantuvimos la cabeza alta, alabando nuestros recientes éxitos económicos y presentando exhaustivamente nuestros planes de futuro de la mejor forma posible, dada la situación del momento. Pese a todo, fue una reunión difícil, y una cosa era segura: la situación solo iba a empeorar.

Durante las semanas posteriores, la oferta pública de adquisición de Comcast fracasó. Brian Roberts estaba convencido de que el consejo de administración de Disney aceptaría su oferta inicial y, cuando no fue así, hicieron su aparición otros factores. En primer lugar, el anuncio del aumento de beneficios de Disney hizo que subiera la cotización de las acciones, por lo que de inmediato nos volvimos más caros. En segundo lugar, los accionistas de Comcast reaccionaron negativamente al anuncio. No apoyaron la decisión de Brian y el precio de las acciones de Comcast se hundió a toda velocidad, lo que provocó que la oferta se depreciase aún más y desbarató todos los cálculos. Por último, en todo ello influyó la oposición del gran público a la oferta, tal como reflejaron los medios de comunicación: Disney seguía siendo una marca estadounidense con unas fuertes connotaciones emocionales y la idea de que se la tragase un gigante del cable era un anatema para los consumidores. Comcast acabó retirando la OPA.

Sin embargo, los problemas de Michael no terminaron ahí. Al mes siguiente, tres mil accionistas de Disney se reunieron en Filadelfia para la junta anual. La noche anterior, Roy, Stanley y el grupo de Salvemos Disney celebraron una gran concentración en un hotel del centro de la ciudad, que contó con una gran cobertura mediática y durante la cual Roy y Stanley criticaron vehementemente a Michael y pidieron un cambio de liderazgo. En un momento dado, Zenia se me acercó y me dijo: «Tienes que salir a hablar con la prensa. Debemos contar nuestra versión de la historia». Era imposible que Michael lo hiciera —habría resultado demasiado tenso y polémico—, así que el elegido fui yo.

Zenia notificó rápidamente a algunos representantes de los medios que yo saldría a hablar con ellos y los dos pasamos al vestíbulo del centro de convenciones, donde iba a tener lugar la junta al día siguiente. Habían traído para la ocasión desde Orlando setenta y cinco estatuas gigantes de Mickey Mouse, con diseños diferentes, y yo me coloqué entre dos de ellas y respondí preguntas durante aproximadamente una hora. No tenía ninguna nota preparada y no recuerdo ninguna de las cuestiones concretas, aunque estoy seguro de que todas eran relativas a la junta de accionistas y a cómo planeábamos responder a las críticas de Roy y Stanley. Lo que sí recuerdo es que fue agotador. Defendí a la empresa y apoyé a Michael, y expresé mi sincero escepticismo hacia las motivaciones y los actos de Roy y Stanley. Era la primera vez en mi carrera que tenía que resistir un escrutinio tan intenso de la prensa y, aunque no había manera de alejar la tormenta que se cernía, al evocar ese momento, me siento orgulloso de haber conseguido mantenerme firme en mi posición.

Al día siguiente, los accionistas comenzaron a hacer cola en la puerta del centro de convenciones a las cinco de la madrugada. Cuando las puertas se abrieron al cabo de unas horas, entraron a miles y a muchos de ellos se los ubicó en una gran sala extra para poder ver las intervenciones en circuito cerrado de televisión. Michael y yo pronunciamos los discursos de introducción y, luego, los responsables de cada una de nuestras unidades de negocios presentaron los informes de estado de sus unidades y sus planes de futuro.

Habíamos acordado permitir que Roy y Stanley hicieran intervenciones de quince minutos cada uno, pero no desde el escenario. Cuando rebasaron el límite de tiempo, los dejamos terminar por cortesía. Sus intervenciones fueron incendiarias y muchos de los presentes en la sala las recibieron con aplausos. Al término de las mismas, respondimos preguntas durante una hora. Michael sabía que entrarían a degüello desde el principio, pero se comportó admirablemente. Reconoció muchas de las dificultades y defendió que nuestros beneficios y la cotización de las acciones estaban mejorando. Habló de su pasión por la empresa, pero estaba cantado que el día no iba a acabar bien para él.

Cuando finalmente se contabilizaron los votos, incluidos los delegados, el 43 por ciento de los accionistas habían retirado su apoyo a Michael. Fue una manifestación de desconfianza tan contundente que dimos el recuento en cifras absolutas en lugar de relativas, con la esperanza de que no sonara tan mal. Aun así, el público de la sala ahogó una exclamación cuando se hizo el anuncio.

El consejo se reunió en sesión ejecutiva inmediatamente después de la junta de accionistas. Sabían que tenían que hacer algo en respuesta y decidieron destituir a Michael del cargo de presidente, aunque dejaron que continuara como CEO. George Mitchell, exsenador por Maine y exlíder de la mayoría demócrata en el Senado, era consejero y recibió el aval unánime del consejo para sustituir a Michael en la presidencia. Este intentó convencerlos con escaso entusiasmo de que no lo despojaran del cargo, pero estaba prácticamente resignado a lo inevitable.

El día le reservaba una afrenta final. Esta era una noticia tan importante que nuestro propio programa informativo, *Nightline*, quería dedicar la edición de esa noche al movimiento Salvemos Disney y al resultado de las votaciones. Decidimos entre todos que, en interés de Michael y de la empresa, había que agarrar el toro por los cuernos y asistir al programa para responder a las preguntas de Ted Koppel, el presentador de *Nightline*, sobre lo que implicaba lo sucedido para Michael y para el futuro de Disney. Debió de ser increíblemente penoso para él someterse al escrutinio de los presentadores de sus propios informativos, pero hizo frente a la situación poniendo buena cara.

La junta de accionistas de marzo y la pérdida de la presidencia marcaron el principio del fin para Michael, que acabó aceptando los hechos. A principios de septiembre de 2004 envió una carta al consejo anunciando que dejaría el cargo al término de su contrato en 2006. Al cabo de dos semanas, el consejo se reunió y aceptó la propuesta de Michael. George Mitchell me dijo que iban a emitir un comunicado de prensa anunciando que Michael no renovaría su contrato al término del mismo y que, de inmediato, comenzaría un proceso de búsqueda, con la intención de encontrar un sucesor antes de junio de 2005. En cuanto hallasen a alguien, me dijo George, acelerarían la transición; en otras palabras, tenían la intención de sustituir a Michael en otoño de 2005, un año antes de que expirara su contrato.

Le pregunté qué iban a decir sobre la búsqueda de candidatos.

—Que vamos a buscar candidatos externos e internos —respondió George.

—¿Qué candidatos internos hay aparte de mí?

—Ninguno —me dijo—. Eres el único.

—Entonces tenéis que poner eso por escrito —contesté—. Soy el director de operaciones y, a partir de hoy, Michael está ya en el disparadero. Voy a tener que intervenir y ejercer el cargo con mucha más autoridad.

Comprendí que no había ninguna garantía de que yo fuera a suceder a Michael, pero la gente de la compañía necesitaba saber que al menos cabía la posibilidad de que fuera así.

Me pareció que aquel era un momento decisivo. Si el resto de la empresa no se convencía de que mi candidatura iba en serio, no tendría ninguna autoridad real y entonces estaría en el disparadero, al igual que Michael. Las personas que se preocupan demasiado por la percepción pública de su poder suelen hacerlo porque son inseguras. Pero, en este caso, yo necesitaba que el consejo me otorgara alguna clase de autoridad para dirigir la empresa en esos tiempos turbulentos y para tener alguna posibilidad de ser el próximo CEO.

—¿Qué quieres que haga? —me preguntó George.

—Que escribas en el comunicado de prensa que soy el único candidato interno.

George se hizo cargo exactamente de lo que necesitaba y por qué, y siempre se lo agradeceré. Significaba que era capaz de dirigir la empresa desde una posición de… no exactamente fuerza, pero tampoco debilidad. A pesar de que hubiesen declarado de manera formal que yo era candidato a CEO, no creo que ninguno de los consejeros, ni siquiera George, pensara que yo fuese a conseguir el cargo, y muchos de ellos estaban convencidos de que no debía ocuparlo.

Durante los meses siguientes se habló mucho de que los problemas de Disney solo podía resolverlos un «agente del cambio» externo. Es una expresión que no quiere decir nada y todo un tópico del mundo de la empresa, pero su sentido estaba claro. Lo peor era que los consejeros tenían la sensación de que habían mancillado su reputación y, aunque les resultase mucho menos doloroso de lo que padeció Michael, estaban agotados de tanto dramatismo y necesitaban enviar ya una señal de que las cosas iban a cambiar. Entregarle las llaves al tipo que había sido el número dos de Michael durante cinco de los años más difíciles de la historia de la empresa no apuntaba exactamente a un nuevo horizonte.

7

Se trata del futuro

Mi reto era convencer al consejo de administración de Disney de que yo era el cambio que andaban buscando, pero sin criticar a Michael en el proceso. Él había tomado algunas decisiones con las que yo no estaba de acuerdo y también era de la opinión que la empresa necesitaba un cambio después de tanto alboroto, pero respetaba a Michael y le estaba agradecido por las oportunidades que me había dado. Por otra parte, había sido director de operaciones de la compañía durante cinco años y habría resultado descaradamente hipócrita echarle la culpa a otro. Pero es que, además, no habría sido justo ensalzarme a expensas de Michael. Me prometí a mí mismo que no lo haría.

Pasé unos días después del anuncio tratando de encontrar una manera de deshacer ese nudo en concreto: cómo hablar del pasado sin implicarme demasiado en decisiones que yo no había tomado o, por el contrario, lanzarme en el otro sentido y dedicarme a machacar a Michael. La solución al problema vino de un lugar inesperado. Una semana después del anuncio de la junta, recibí una llamada telefónica de un consultor político y gestor de marcas muy respetado llamado Scott Miller. Años atrás, el asesoramiento de Scott nos había resultado muy útil en ABC, así que cuando me llamó para informarme de que estaba en Los Ángeles y me preguntó si podía venir a verme, empecé a estar impaciente por hablar con él.

Se presentó mi despacho unos días más tarde y soltó un dossier de diez páginas sobre mi mesa.

—Esto es para ti —me dijo—. Gratis.

Le pregunté qué era.

—Nuestro manual de campaña —respondió.

—¿Campaña?

—Estás a punto de iniciar una campaña política —puntualizó—. Eres consciente de ello, ¿no?

En abstracto, sí, me daba cuenta de que era así, pero no me lo había planteado de un modo tan literal como Scott. Según él, necesitaba una estrategia para captar votos, lo que suponía que debía averiguar a qué consejeros podía convencer y centrar en ellos mi mensaje. Scott me hizo varias preguntas:

—¿Qué consejeros están claramente de tu lado?

—No estoy seguro de ninguno de ellos.

—Vale, ¿quién no te va a dar nunca una oportunidad?

Enseguida me vinieron a la mente tres o cuatro nombres y caras.

—Ahora, ¿quiénes son los indecisos?

Había un puñado de consejeros a quienes creía que podría convencer para que apostaran por mí.

—Es en esos en los que tienes que concentrarte primero —dijo Scott.

También se hacía cargo del lío en el que me encontraba con respecto a cómo hablaba de Michael y del pasado, y ya lo había previsto.

—No puedes ganar como directivo en ejercicio —dijo—. No puedes ganar a la defensiva. Se trata del futuro. No del pasado.

Quizá parezca una perogrullada, pero para mí fue toda una revelación. No tenía que remover el pasado. No tenía que defender las decisiones de Michael. No tenía que criticarlo para salir yo bien librado. Todo giraba alrededor del futuro. Cada vez que surgiese una pregunta sobre lo que había ido mal en Disney en los últimos años, los errores que había cometido Michael y por qué debían pensar que yo sería diferente, mi respuesta podía ser simple y honesta: «No puedo hacer nada por el pasado. Podemos hablar de las lecciones que hemos aprendido y asegurarnos de aplicarlas en el futuro. Pero no se trata de segundas oportunidades: queréis saber a dónde voy a llevar esta empresa, no a dónde la han llevado. Y este es mi plan».

—Tienes que pensar, planear y actuar como un rebelde —me aconsejó Scott— y, tras trazarte un plan, debes tener una idea muy clara: «Esta es una batalla por el alma de la marca. Habla de la marca, de cómo aumentar su valor, de cómo protegerla». —Y luego añadió—: Necesitarás algunas prioridades estratégicas.

Yo había pensado en ello a fondo y me puse de inmediato a escribir una lista. Llevaba ya anotadas cinco o seis cuando Scott negó con la cabeza y me dijo:

—Déjate de cháchara. Si son tantas, ya no son prioridades.

Las prioridades son las pocas cosas a las que vas a dedicar mucho tiempo y capital. Tener demasiadas no solo les resta importancia, sino que también impide que la gente las recuerde todas.

—Parecerás descentrado —dijo—. Solo necesitas tres. No puedo decirte cuáles ni tampoco hace falta que lo averigüemos hoy. Tampoco es preciso que me digas cuáles son si no quieres. Pero que sean solo tres.

Tenía razón. En mi afán por demostrar que contaba con una estrategia para resolver todos los problemas de Disney y abordar todas las dificultades a las que nos enfrentábamos, no había priorizado nada. No había ninguna señal que indicara lo que era más importante, no daba una visión completa y fácil de asimilar. A mi perspectiva general le faltaban claridad e inspiración.

La cultura de una empresa viene determinada por muchas cosas, pero esta es una de las más importantes: hay que transmitir las prioridades de forma clara y reiterada. En mi experiencia, eso es lo que distingue a los grandes gestores de los demás. Si los líderes no articulan claramente sus prioridades, entonces las personas que los rodean no saben cuáles deberían ser sus propias prioridades y se desperdician tiempo, energías y capitales. Las personas de la organización sufren una ansiedad innecesaria porque no saben en qué deben centrarse. La ineficiencia arraiga, la frustración se acumula y la moral se hunde.

Puedes elevar mucho la moral de las personas que te rodean (y, a su vez, de las que las rodean a ellas) simplemente eliminando las conjeturas de su vida diaria. El CEO debe proporcionar a la empresa y a su equipo directivo una hoja de ruta. Buena parte del trabajo es complejo y exige cantidades ingentes de concentración y energía, pero esta clase de mensajes son algo muy sencillo: aquí es adonde queremos llegar y así es como vamos a conseguirlo. En cuanto estas cosas se presentan de forma sencilla, muchas decisiones se vuelven más fáciles y se reduce la ansiedad general de toda la organización.

Después de mi reunión con Scott, definí rápidamente tres prioridades estratégicas claras, que han servido de guía a la empresa desde mi nombramiento como CEO:

1) Teníamos que dedicar la mayor parte de nuestro tiempo y capital a la creación de contenido de marca de alta calidad. En una época en la que cada vez se creaban y distribuían más y más «contenidos», debíamos apostar por el hecho de que la calidad era cada vez más importante. No bastaba con crear mucho contenido, ni siquiera con que fuera bueno. Con una explosión de opciones, los consumidores necesitaban desarrollar la capacidad de tomar decisiones sobre cómo gastar su tiempo y su dinero. Las grandes marcas se convertirían en herramientas aún más poderosas para guiar el comportamiento de los consumidores.

2) Teníamos que adoptar la tecnología al máximo, primero usándola para permitir la creación de productos de mayor calidad y luego para llegar a más consumidores de maneras más modernas y relevantes. Desde los primeros años de Disney bajo la batuta de Walt, la tecnología siempre se había considerado una poderosa herramienta para contar historias; ahora era el momento de redoblar nuestro compromiso en este sentido. También estaba claro que, aunque éramos y seguiríamos siendo, por encima de todo, creadores de contenidos, llegaría el día en que la distribución moderna sería un medio esencial para mantener la relevancia de la marca. A menos que los consumidores tuvieran la capacidad de consumir nuestro contenido de una forma más fácil de usar, más portátil y más digital, nuestra relevancia se vería amenazada. En resumen, teníamos que considerar la tecnología más como una oportunidad que como una amenaza, y debíamos hacerlo con entrega, entusiasmo y urgencia.

3) Teníamos que convertirnos en una empresa verdaderamente global. Llegábamos a muchos lugares, hacíamos negocios en numerosos mercados de todo el mundo, pero necesitábamos penetrar mejor en ciertos mercados, particularmente en los países más poblados del mundo, como China y la India. Si nuestro objetivo principal era crear un excelente contenido de marca, el siguiente paso era llevarlo a una audiencia global, para la cual había que arraigar con fuerza en esos mercados y crear una base sólida para crecer significativamente en escala. Seguir creando las mismas cosas para la misma clientela fiel suponía estancarse.

Esta era la visión. Se trataba del futuro, no del pasado, y consistía en organizar toda la misión de la empresa, todos nuestros negocios y todos y cada uno de nuestros ciento treinta mil empleados de entonces en torno a estas tres prioridades. Ahora solo necesitaba convencer a diez consejeros, la mayoría de los cuales tenían poca o ninguna fe en mí, de que este era el camino correcto para la empresa y yo era la persona indicada para el puesto.

Mi primera entrevista individual con el consejo de administración tuvo lugar un domingo por la noche en nuestra sala de juntas de Burbank. Me interrogaron durante dos horas y, aunque no se mostraron abiertamente hostiles, tampoco fueron demasiado cálidos ni amistosos. Habían estado bajo presión durante mucho tiempo y ahora esta era aún más fuerte. Por su actitud era evidente que estaban decididos a transmitir la gran seriedad con la que se tomaban el proceso. Estaba claro que el hecho de que yo hubiera sido consejero durante cinco años no iba a allanarme el camino lo más mínimo.

Dio la casualidad de que unos meses antes me había comprometido a participar en un triatlón en Malibú ese mismo día y no quería dejar a mi equipo en la estacada. Así que me desperté a las cuatro de la madrugada y fui en coche hasta Malibú en la oscuridad, recorrí en bicicleta los 25 kilómetros de la competición, luego regresé corriendo a casa, me duché, me cambié y fui a Burbank para mi entrevista con el consejo. En el último minuto, para evitar quedarme sin energías durante la entrevista, devoré una barra de proteínas justo antes de entrar por la puerta. Durante las siguientes dos horas, mi estómago no cesó de protestar ruidosamente y me preocupó que el consejo creyera que mi sistema gastrointestinal les indicaba que no gestionaba bien la presión.

La parte positiva fue que esta era la primera oportunidad que tenía de mostrarles mi plan. Presenté los tres principios básicos y luego respondí varias preguntas sobre el bajo estado anímico de la empresa. «La marca sigue despertando grandes pasiones —dije—. Pero mi objetivo es que Disney sea la empresa más admirada del mundo, tanto por nuestros consumidores y accionistas como por nuestros empleados. Esta última parte es clave. Jamás nos ganaremos la admiración o al público a menos que antes hagamos lo mismo con nuestra propia gente. Y la manera de conseguir que la gente que trabaja para nosotros admire la empresa y crea en su futuro es haciendo productos de los que se sientan orgullosos. Así de sencillo.»

Había otra cuestión, más práctica, que mencioné con respecto a la moral. Con el paso de los años nos habíamos convertido en una empresa en la que prácticamente todas las decisiones no creativas las tomaba el grupo central de planificación estratégica, del que ya he hablado. Este estaba integrado por unos sesenta y cinco analistas con MBA de las mejores escuelas de negocios del país. Ocupaban la cuarta planta de nuestra sede y, a medida que la empresa se había ido expandiendo, había aumentado la dependencia de Michael hacia planificación estratégica a la hora de analizar todas nuestras decisiones y dictar las estrategias de nuestros distintos negocios.

En muchos aspectos, esto era lógico. Eran muy buenos en lo que hacían, pero eso creaba dos problemas. Al primero ya me he referido antes: la toma de decisiones centralizada desmoralizaba a los altos cargos de nuestras empresas, ya que tenían la impresión de que quien mandaba de verdad en sus divisiones era planificación estratégica. El segundo problema era que sus procesos de toma de decisiones, excesivamente analíticos, podían ser laboriosos y lentos. «El mundo se mueve mucho más rápido que hace un par de años —dije al consejo—. Y la velocidad a la que ocurren las cosas no va a hacer sino aumentar. Nuestro proceso de toma de decisiones tiene que ser más directo y ágil, y necesito explorar formas de conseguir que esto sea así.»

Supuse que si los líderes de nuestras empresas se sentían más involucrados en la toma de decisiones, eso tendría un efecto positivo que repercutiría de arriba abajo en la moral de toda la compañía. En ese momento no tenía ni idea de lo drástico e inmediato que sería dicho efecto.

El proceso de seis meses que siguió a esa entrevista inicial con la junta me puso a prueba más que ninguna otra cosa en mi carrera. Jamás me había enfrentado a un desafío intelectual semejante en cuanto a conocimientos empresariales; jamás había reflexionado tan a fondo sobre el funcionamiento de nuestra empresa y sobre lo que había que corregir; jamás había procesado tanta información en tan poco tiempo. Y todo esto lo hacía sin dejar de ocuparme de las necesidades diarias de gestión de la empresa (Michael seguía allí, pero, como es comprensible, muchas veces tenía la cabeza en otra parte), y las largas y estresantes jornadas comenzaron a afectarme.

La tensión no se debía principalmente a la carga de trabajo. Siempre me he enorgullecido de mi capacidad y disposición a esforzarme más que nadie. Para mí, la prueba más difícil fue, con diferencia, sobrellevar el escrutinio público y las opiniones abiertamente contrarias a que yo fuera el próximo CEO. La sucesión al frente de Disney era un tema importante de la actualidad económica y aparecían sin cesar informaciones al respecto: ¿qué opinaba el consejo de administración? ¿Quiénes eran los candidatos? ¿Conseguiría enderezarse el rumbo de la empresa? El consenso entre los analistas de negocios y los comentaristas se hacía eco en buena parte de las opiniones de los consejeros que se oponían a mi nombramiento: Disney necesitaba sangre fresca, nuevas ideas. Elegir a Iger era como estampar un gigantesco sello de aprobación a Michael Eisner.

Pero no era solo la prensa. Al principio del proceso, Jeffrey Katzenberg quedó conmigo para desayunar cerca de la sede de Disney en Burbank.

—Tienes que irte —me dijo Jeffrey—. No van a darte el puesto. Tu reputación está empañada.

Sabía que marcar las distancias con Michael iba a ser difícil, pero hasta ese momento no se me había ocurrido que desde fuera creyeran que mi buen nombre estaba mancillado. Jeffrey sintió la necesidad de desengañarme. Me dijo que no podía disociarme del desastre de los últimos años.

—Deberías dedicarte a alguna causa benéfica para restaurar tu imagen.

¿Restaurar mi imagen? Lo escuché mientras intentaba mantener la calma, pero me quedé atónito y enojado por la seguridad con la que Jeffrey me consideraba acabado. Pero otra parte de mí se preguntaba si no tendría razón. Tal vez no acabara de comprender algo que todos los que me rodeaban veían con claridad: que no me iban a dar el puesto ni en broma. O tal vez no fuera más que rumorología de Hollywood y la tarea más importante que tenía ante mí era la de seguir defendiéndome lo mejor que pudiera y hacer caso omiso de todas las distracciones que no pudiera controlar.

Es facilísimo quedar atrapado en los mentideros, preocuparse por la percepción que tal o cual persona tiene de ti o de otro, por lo que alguien pueda decir o escribir sobre ti. Es fácil ponerte a la defensiva, picarte y querer atacar cuando crees que están tergiversando injustamente lo que dices o haces. Yo no creía que me mereciese el puesto; no pensaba que tuviera derecho a él, sino que me consideraba la persona más indicada para el mismo. Y para demostrar en parte esto, debía mantenerme firme ante tantas manifestaciones públicas de duda. Aún me acuerdo de un titular del *Orlando Sentinel* que decía: «El sucesor ilógico de Eisner». Muchos otros expresaron opiniones por el estilo y, durante un tiempo, parecía que cada día alguien escribía o decía que si el consejo de administración me nombraba CEO supondría una dejación de responsabilidades por su parte. En otra publicación citaron unas declaraciones de Stanley Gold en las que decía que yo era «todo un caballero y un ejecutivo muy trabajador, pero que la mayoría de los consejeros de Disney no tenían claro si [yo] debía suceder a Michael». Esas palabras parecían un mal presagio. Había un consejero, Gary Wilson, que no solo no creía que tuvieran que darme el cargo, sino que además estaba visiblemente convencido de que podía promover su propia candidatura provocándome e intentando humillarme en nuestras reuniones. Tenía que recordarme constantemente que Gary Wilson no era problema mío. Al igual que el proceso ponía a prueba mis ideas, también hacía lo mismo con mi temperamento, y no podía permitir que la negatividad expresada por individuos que apenas me conocían afectara la opinión que tenía de mí mismo.

Antes de que concluyera el proceso, ya me habían entrevistado quince veces: primero tuve una entrevista con el consejo de administración en pleno; luego, entrevistas individuales con cada consejero; más tarde, segundas entrevistas con los consejeros que las solicitaran; y después, una de las experiencias más insultantes de mi carrera, una entrevista con un cazatalentos llamado Gerry Roche, que dirigía una conocida empresa de recursos humanos llamada Heidrick and Struggles.

El consejo había contratado a Gerry para que me «comparara» con los candidatos externos y para ayudar a que se presentasen otros más que los consejeros no conocieran. Cuando me enteré, me quejé a George Mitchell de que aquello era ofensivo y que yo ya había respondido a todo lo que me podían preguntar. «Tú hazlo, y ya está —replicó George—. El consejo quiere tener todas las posibilidades cubiertas.»

Así que volé a Nueva York para una comida de trabajo en las oficinas de Gerry. Nos sentamos en una sala de conferencias, en cuya mesa solo había agua. Gerry tenía un ejemplar de *DisneyWar* de James Stewart, que acababa aparecer y que analizaba —en varios casos, con inexactitudes— los años de Michael como CEO y los míos como director de operaciones. El ejemplar tenía pósits en varias páginas para marcar los episodios que quería que discutiéramos. Gerry hojeó el libro y me hizo una serie de preguntas que poco o nada tenían que ver conmigo. A los treinta minutos de empezar la entrevista, la secretaria de Gerry se presentó con una bolsa de papel con la comida de este y le dijo que el jet privado que tenía que llevarlo a una boda en Florida estaba a punto de despegar, y que debía irse o no llegaría a tiempo. Tras eso, Gerry se levantó y se fue. Me quedé sin comer y salí de la entrevista furioso por la pérdida de tiempo y su falta de respeto.

Solo hubo una vez en que el estrés y la frustración me afectaron. Fue en enero de 2005, cuando el proceso ya estaba en marcha desde hacía varios meses, y yo había llevado a mi hijo de seis años, Max, a un partido de los Los Angeles Clippers en el Staples Center. En mitad del partido, sentí que la piel se me humedecía, el pecho se me tensaba y me faltaba el aire. Mis padres habían sufrido ataques de corazón a los cincuenta años. Yo tenía cincuenta y cuatro en ese momento y conocía los síntomas. De hecho, siempre había vivido con miedo a tener un infarto. Una parte de mí estaba segura de que se trataba de eso y la otra, de que era imposible. Comía bien, hacía ejercicio siete días a la semana, me hacía chequeos regulares. No era posible que estuviera sufriendo un ataque de corazón, ¿verdad? Me planteé la posibilidad de llamar al SAMU durante el partido, pero me preocupaba que Max se asustase.

En vez de eso, le dije que me encontraba mal de la tripa y nos fuimos a casa. Esa tarde diluviaba en Los Ángeles y apenas se veía la calzada. Sentía el corazón como si me lo oprimiera un puño dentro del pecho. Sabía que era una locura conducir con mi hijo en el asiento trasero y temí que hubiera cometido un terrible error. En ese momento, sin embargo, en lo único en lo que podía pensar era en volver a casa. Aparqué en la entrada, Max saltó del coche y llamé de inmediato a mi médico de cabecera, Dennis Evangelatos, y luego a un amigo que vino para llevarme a casa de Dennis. Este me conocía bien y era consciente del estrés que yo padecía en esos momentos. Comprobó mis constantes vitales, me miró a los ojos y me dijo: «Tienes un típico ataque de ansiedad, Bob. Necesitas descansar un poco».

Fue un alivio, pero también una preocupación. Siempre me había considerado prácticamente inmune al estrés, capaz de mantener la concentración y la calma en situaciones de tensión. El estrés del proceso me estaba pasando una factura mayor de lo que yo mismo reconocía, por no hablar de mi familia o amigos íntimos, y mucho más elevada de lo que debería. Salí de casa de Dennis y, tras llegar a la mía, dediqué unos minutos a observar en perspectiva todo lo que me estaba pasando. Se trataba de un cargo y un puesto muy importantes, pero aquello no era mi vida. Esta era con Willow y mis hijos, con mis hijas en Nueva York, con mis padres, mi hermana y mis amigos. Toda esa tensión, en el fondo, no era más que una simple cuestión de trabajo y me prometí que a partir de entonces procuraría observar toda la situación desde este punto de vista.

La única vez que no pude contenerme ante el consejo de administración fue durante mi entrevista final. Después de meses de entrevistas y presentaciones, pidieron una más, una reunión el domingo por la noche en la sala de conferencias de un hotel de Pasadena. Al llegar me enteré de que habían pasado la tarde en casa de uno de los consejeros entrevistando a Meg Whitman, la directora ejecutiva de eBay, que era la otra candidata principal en ese momento. (Los otros cuatro habían abandonado o los habían descartado.) A esas alturas, ya estaba harto de todo aquel proceso. No podía creer que quedara algo que no supieran, una pregunta a la que no hubiera respondido exhaustivamente varias veces. Quería que aquello acabara. Y para la empresa, que llevaba medio año enfrentándose a un futuro incierto —mucho más tiempo, si le añadimos los meses de agitación en torno al futuro de Michael—, era aún más necesario. Algunos consejeros no comprendían esto y yo había llegado al límite de mi paciencia.

Hacia el final de la última entrevista, Gary Wilson, el consejero que me había pinchado para que desacreditara a Michael durante todo el proceso, me preguntó una vez más:

—Dinos por qué debemos creer que tú eres diferente. ¿Qué cosas consideras que Michael hizo mal? ¿Qué harías tú de otro modo?

Aquello me tocó la fibra sensible y le devolví el golpe ante el resto de los consejeros.

—Me has hecho las mismas preguntas ya tres veces —respondí esforzándome por no gritar—. Me parece ofensivo y no pienso contestarte.

Todos los presentes se quedaron mudos y la entrevista concluyó de modo abrupto. Me levanté y me fui sin mirar a nadie a los ojos. No le estreché la mano a nadie. No les di las gracias por su tiempo. Había suspendido la prueba que me había impuesto de resistir ante cualquier provocación con paciencia y respeto. Esa noche, George Mitchell y otro consejero, Aylwin Lewis, me llamaron a casa.

—Seguramente no te ha perjudicado de forma irreparable —dijo George—, pero tampoco te ha beneficiado.

Aylwin se mostró más duro:

—Ese no era el momento para que todos te vieran acalorado, Bob.

No estaba contento de lo que había hecho, pero era humano. De todos modos, ya no podía retractarme y creía que mi ira estaba justificada. Al final de mi conversación con George, le dije:

—Por favor, tomad una decisión. Ya es hora. La empresa está sufriendo con todo esto.

Cuando reflexiono sobre esa época, la veo como una lección que me costó aprender sobre la importancia de la tenacidad y la perseverancia, pero también sobre la necesidad de mantener a raya la ira y la ansiedad hacia aquello que no se puede controlar. Nunca insistiré lo bastante en la importancia de impedir que las heridas en el amor propio, por reales que sean, ocupen un lugar demasiado grande en tu mente y absorban demasiadas energías. Es fácil ser optimista cuando todo el mundo te dice que eres genial. Es mucho más difícil, y mucho más necesario, serlo cuando te discuten la opinión que tienes sobre ti mismo y, encima, de una manera tan pública.

El proceso de sucesión fue la primera vez en mi carrera en la que tuve que enfrentarme a semejante nivel de ansiedad. Era imposible correr un tupido velo sobre los comentarios que se hacían acerca de mi persona o evitar que me afectaran las declaraciones muy públicas sobre lo poco adecuado que era para el cargo. Pero aprendí, gracias a una férrea autodisciplina y al amor de mi familia, que tenía que reconocer el proceso por lo que era —algo que no tenía nada que ver conmigo como persona— y situarlo en el lugar correcto mediante una perspectiva adecuada. Podía controlar lo que hacía y cómo me comportaba. Todo lo demás estaba fuera de mi alcance. No mantuve esa perspectiva en todo momento, pero en la medida en que pude hacerlo, impidió que la ansiedad me atenazara con demasiada fuerza.

Un sábado del mes de marzo de 2005, el consejo se reunió para tomar una decisión. La mayoría de los consejeros participaron por teléfono o videoconferencia; Michael y George Mitchell estaban juntos en una sala de conferencias de ABC en Nueva York.

Me desperté esa mañana pensando que quizá había convencido a un número suficiente de consejeros «indecisos» para que me dieran el puesto, pero cuando pensé en todo el drama y el escrutinio que se había generado en torno al proceso, me pareció que era igual de probable que ocurriera todo lo contrario, que algunos de los escépticos hubieran formulado un contundente alegato en favor de un cambio de relato y que nombraran a alguien de fuera.

Pasé el día con mis dos hijos tratando de distraerme. Max y yo jugamos al béisbol, fuimos a comer y pasamos una hora en su parque favorito del barrio. Le dije a Willow que si llegaban malas noticias, me subiría al coche y emprendería el viaje de costa a costa con el que durante tanto tiempo había soñado. Atravesar en solitario Estados Unidos me parecía el no va más.

En cuanto terminó la reunión, George Mitchell y Michael me llamaron a casa. Willow estaba conmigo en el despacho que compartíamos. Me habían dado el puesto de CEO, dijeron, y lo harían público al día siguiente. Le di las gracias a Michael por llamarme. Sabía que aquello tenía que haberle resultado muy doloroso. Estaba muy entregado a su trabajo y aún no se había hecho del todo a la idea de dejarlo, pero si alguien tenía que sucederle, creo que le alegró que esa persona fuera yo.

También le di las gracias a George por la forma en que me había tratado durante todo el proceso. De no haber sido por él, no creo que el resto del consejo hubiera considerado mi candidatura de manera justa.

Pero, sobre todo, le estaba agradecido a Willow. No podría haberlo conseguido sin su fe, su sabiduría y su apoyo. No solo me animó constantemente, por supuesto, sino que además una y otra vez me dijo que eso no era lo más importante de mi vida, de nuestras vidas. Sabía que tenía razón, pero tuve que esforzarme para asimilarlo y ella me ayudó a hacerlo. Después de la llamada, Willow y yo permanecimos sentados tranquilamente durante un rato, procurando disfrutar del momento. Tenía en la mente una lista de las personas a las que quería llamar de inmediato, y me debatía entre el afán de empezar a marcar números y el deseo de quedarme quieto, respirar un poco, abrir las puertas a la alegría y al alivio.

Al final, llamé a mis padres en Long Island. Estaban orgullosos, aunque no se acababan de creer que su hijo fuera a dirigir la empresa fundada por Walt Disney. Luego telefoneé a mis hijas en Nueva York y a mis antiguos jefes de Capital Cities, Dan Burke y Tom Murphy. Y luego telefoneé a Steve Jobs. Fue una llamada extraña, pero me pareció importante tender lazos, por si algún día cabía la posibilidad de salvar la relación con Pixar.

Apenas conocía a Steve en ese momento, pero quería que supiera que al día siguiente se haría público que yo iba a ser el próximo CEO de la empresa. Su respuesta fue básicamente:

—Muy bien, bueno, muy bien para ti.

Le dije que me encantaría que nos viéramos para tratar de convencerlo de que podíamos trabajar juntos, que las cosas podían ser distintas. Su respuesta fue típica de Steve:

—¿Cuánto tiempo llevabas trabajando para Michael?

—Diez años.

—Ya —dijo—. Bueno, no veo que las cosas vayan a cambiar mucho, pero, sí, claro, cuando haya pasado todo este jaleo, seguimos en contacto.

SEGUNDA PARTE

Liderazgo

8

El poder del respeto

Entre mi nombramiento y la marcha de Michael de Disney transcurrieron seis meses de espera. La dirección de la compañía absorbía mi atención todo el día, pero yo deseaba poder hacer una pausa y pasar algún tiempo ordenando mis ideas después del largo proceso de sucesión. Me imaginaba que mis «primeros cien días» empezarían cuando Michael se marchara y que, hasta entonces, la atención no estaría puesta en mí y podía ser paciente y metódico en mis planes.

Me equivocaba de cabo a rabo. Inmediatamente después del anuncio de mi nombramiento, todo el mundo —la prensa, la comunidad de inversores, el resto del sector, los empleados de Disney— se preguntaba lo mismo: ¿cuál es su estrategia para revitalizar la empresa y con qué rapidez tiene previsto aplicarla? Por su historia, y también por la radical transformación a la que la había sometido Michael, Disney siempre había sido una de las corporaciones más sometidas al escrutinio público del mundo. Las pugnas que habíamos soportado durante los últimos años y que habían trascendido fuera de la empresa solo habían aumentado la expectación sobre quién era yo y qué iba a hacer. Muchos escépticos aún me veían como un CEO provisional, un parche que duraría poco hasta que el consejo se decidiera por alguna estrella de fuera. Había mucha curiosidad y pocas expectativas, y enseguida me di cuenta de que tenía que definir nuestra dirección y poner en marcha algunas cosas cruciales antes de empezar a ocupar el cargo oficialmente.

En mi primera semana como CEO en funciones, convoqué a mis colaboradores más próximos —Tom Staggs, que ahora era director financiero; Alan Braveman, nuestro asesor jurídico, y Zenia Mucha, directora de comunicación— a mi despacho para repasar una lista de las cosas más cruciales que había que conseguir en los siguientes seis meses. «En primer lugar, tenemos que procurar enterrar el hacha de guerra con Roy», dije. Roy Disney sentía que haber obligado a Michael a marcharse demostraba en cierto modo que tenía razón, pero todavía estaba irritado con el consejo por no haber actuado antes y no compartía mi nombramiento, sobre todo después de que yo hubiera salido públicamente en defensa de Michael. A estas alturas yo no creía que Roy tuviera muchas posibilidades de debilitar mi posición, pero, en pro de la imagen de la compañía, me parecía importante cerrar esta disputa con un miembro de la familia Disney.

«En segundo lugar, tenemos que intentar salvar la asociación con Pixar y con Steve Jobs.» El final del vínculo con Pixar supuso un duro golpe para Disney, tanto desde el punto de vista financiero como de las relaciones públicas. En aquellos momentos Steve era una de las personas más respetadas del mundo —en los ámbitos tecnológico, empresarial y cultural— y su rechazo y sus devastadoras críticas a Disney eran tan públicos que cualquier mejora de la situación se consideraría un gran éxito. Además, ahora Pixar marcaba la pauta en la animación y, aunque yo todavía no tenía una imagen completa de lo mala que era la situación de Disney Animation, sabía que renovar aquella asociación sería positivo para nuestra empresa. También era consciente de que había pocas posibilidades de que alguien tan obstinado como Steve estuviera abierto a algo. Pero tenía que intentarlo.

Por último, había que empezar a modificar el proceso de toma de decisiones, lo que implicaba reestructurar planificación estratégica, introduciendo cambios en su tamaño, influencia y cometido. Si las dos primeras prioridades estaban relacionadas en buena medida con la forma en que el público nos veía, esta última buscaba transformar la percepción de la compañía desde dentro. Esto llevaría algún tiempo y, desde luego, había que contar con la resistencia y la obstinación de planificación estratégica, pero teníamos que empezar a reconfigurar el aparato y a devolver la responsabilidad estratégica a cada una de las empresas cuanto antes. Esperaba que si podíamos reducir el control de planificación estratégica sobre todas nuestras divisiones, poco a poco restableceríamos la moral de la compañía.

En cualquier caso, lo primero era el acercamiento de Roy Disney. Pero incluso antes de que pudiera contactar con él, las perspectivas de paz se volatilizaron. Unos días después del anuncio de mi nombramiento, Roy y Stanley Gold demandaron al consejo por lo que sostenían que había sido un «proceso de sucesión fraudulento». Se trataba de una acusación absurda —que había habido un amaño y todo estaba arreglado para que yo consiguiera el puesto—, pero también iba a ser una gran distracción. Ni siquiera había comenzado a ejercer mi cargo y ya me enfrentaba a mi primera crisis: una enojosa demanda pública sobre mi legitimidad como CEO.

Decidí llamar a Stanley en persona, no a través de un abogado, para ver si estaba dispuesto a sentarse y hablar. Hasta que él y Roy dimitieron en el otoño de 2003, Stanley y yo habíamos trabajado codo a codo en el consejo de administración. Por lo que había visto en aquellos pocos años, me resultaba evidente que Stanley no me respetaba, pero pensaba que, al menos, no se opondría a escucharme. Era menos emocional y más práctico que Roy, y yo sospechaba que podría hacerle ver que una larga batalla legal con Disney no beneficiaba a nadie. Él se mostró de acuerdo en hablar y nos reunimos en el club de campo del que era socio, que no está lejos de la sede de Disney.

Empecé describiendo a Stanley la prueba por la que acababa de pasar: las gran cantidad de entrevistas, la consultora de búsqueda de directivos, los numerosos candidatos que el consejo había considerado, los seis meses de incesante escrutinio público. «Ha sido un proceso exhaustivo —dije—. Han dedicado mucho tiempo a tomar la decisión.» Quería que Stanley se diera cuenta de que la demanda no tenía fundamento y de que era poco probable que prosperara.

Él volvió sobre los viejos agravios, remachando otra vez la letanía de críticas que él y Roy habían hecho a Michael y la forma en que se había dirigido la compañía durante los últimos años. Yo no le contradije, me limité a dejarle hablar y le reiteré que todo aquello pertenecía al pasado y que el proceso seguido por el consejo había sido legítimo. A medida que la conversación avanzaba, Stanley iba estando menos beligerante. Sugirió que gran parte de la animosidad se debía a que Roy estaba ofendido porque, a pesar de haberse adelantado y dimitido en señal de protesta, Michael había apelado a la edad obligatoria de jubilación del consejo para expulsarlo de este órgano, lo que había sido una falta de respeto. Stanley dijo que se había cortado la relación de Roy con el lugar que él consideraba su hogar. Roy reprochaba al consejo que no lo hubiera escuchado desde un principio cuando lanzó la campaña para expulsar de su cargo a Michael. Al final se habían librado de él, pero Roy creía que él también había pagado un precio injusto en todo el asunto.

Al final de nuestra conversación, Stanley dijo: «Si puedes ofrecerle alguna manera de volver a Roy, retiramos la demanda». No tenía ninguna esperanza de que dijera algo así en voz alta, pero llamé de inmediato a George Mitchell tras salir de la reunión. George también quería a toda costa cerrar este capítulo y me pidió encarecidamente que pensase en alguna forma de solucionarlo. Volví a llamar a Stanley y le dije que quería hablar con Roy directamente. No es que tuviera muchas esperanzas, pero estaba seguro de que la única forma de avanzar era explicándonos cara a cara.

Roy y yo nos encontramos en el mismo club de campo. Fue una conversación franca y no demasiado agradable. Le dije que era muy consciente de que me menospreciaba, pero le pedí que aceptase la realidad de que me habían nombrado CEO y de que el proceso no estaba amañado. «Roy —le dije—, si fracaso, la cola de gente que pedirá mi cabeza será mucho más larga que tú y Stanley.»

Él dejó claro que estaba dispuesto a continuar la guerra con la compañía si pensaba que esta no tomaba la dirección correcta, pero también mostró un lado vulnerable que yo no había visto hasta entonces. El hecho de encontrarse apartado de la compañía le resultaba doloroso y daba la impresión de que toda esta lucha le había dejado sin fuerzas. Había envejecido considerablemente en los dos años que habían pasado desde su salida del consejo y me pareció más endeble y frágil que nunca. Me pregunté si todo esto no formaba parte de un conflicto psíquico más profundo. Lo cierto es que

Michael no era el único que estaba enfrentado a Roy; aparte de Stanley, no había suficientes personas en Disney que le hubieran mostrado el respeto que él creía merecer, y eso incluía a su desaparecido tío Walt. Yo nunca había conectado realmente con Roy, pero ahora detectaba cierta vulnerabilidad en él. No se conseguía nada haciéndole sentir poco importante o insultado. Solo era alguien que buscaba respeto y nunca le había resultado demasiado fácil obtenerlo. Esta batalla que llevaba librando décadas era tan personal, y en ella había tanto orgullo y ego...

Una vez que vi a Roy bajo esta luz, empecé a pensar que quizá hubiera alguna forma de aplacarlo y poner término a este conflicto. Pero hiciera lo que hiciese, no quería permitirle que estuviera demasiado cerca de mí o de la compañía, porque temía que era inevitable que intentara organizar una rebelión desde dentro. Tampoco podía acceder a nada que pudiera considerarse irrespetuoso hacia Michael o que pareciera validar las críticas de Roy, así que era necesario un delicado equilibrio. Llamé a Michael para explicarle la situación y le pedí consejo. No se mostró muy contento al oír que iba a ofrecerle una rama de olivo a Roy, pero reconoció que era importante acordar una paz con él. «Confío en que harás lo correcto —dijo—. Pero no permitas que se introduzca demasiado en la compañía.»

Volví a ponerme en contacto con Stanley y le propuse lo siguiente: daría a Roy un cargo emérito en el consejo y le invitaría a los estrenos de las películas, las inauguraciones de los parques temáticos y los eventos especiales de la compañía. (Pero no asistiría a las reuniones del consejo.) También le asignaría unos modestos honorarios por asesoría y un despacho en la sede para que pudiera volver a sentirse en su casa en Disney y moverse por allí. A cambio, no habría demanda judicial ni proclamación pública de victoria ni tampoco más declaraciones críticas. Me quedé asombrado cuando Stanley me respondió que redactaría un acuerdo para que se ejecutase a las veinticuatro horas.

Y así, sin más, se resolvió una crisis que se cernía sobre mis primeros días como CEO. Hay quienes consideraron que firmar la paz con Roy y con Stanley era una especie de capitulación, pero yo sabía la verdad, y eso era mucho más valioso que cualquier percepción.

El drama con Roy reforzó un principio al que no se suele prestar la suficiente atención cuando se habla del éxito en los negocios, que es el siguiente: no permitas que tu ego te impida tomar la mejor decisión posible. Me sentí herido cuando Roy y Stanley demandaron al consejo por elegirme CEO y, desde luego, podría haberlos vencido si me hubiera enfrentado a ellos, pero el coste habría sido enorme para la compañía y la habría desviado mucho de lo que importaba de verdad. Mi cometido era dar un nuevo rumbo a la empresa y el primer paso consistió en apaciguar esta lucha innecesaria. La forma más fácil y más productiva de hacerlo fue reconocer que, en último término, lo que Roy necesitaba era sentirse respetado. Esto era muy valioso para él, y a la compañía y a mí nos costaba muy poco.

Con un poco de respeto se llega muy lejos y su ausencia suele costar muy cara. Durante los siguientes años, cuando hicimos las grandes adquisiciones que redefinieron y revitalizaron la compañía, esta idea tan sencilla y en apariencia tan trillada fue igual de importante que todo el análisis de datos del mundo: si tratas a la gente con respeto y empatía puede hacerse realidad lo que parece imposible.

Una vez que se firmó el acuerdo de paz con Roy, mi siguiente tarea fue explorar si había alguna posibilidad de recomponer la relación con Steve Jobs y Pixar. Dos meses después de que llamara a Steve para decirle que me habían nombrado CEO, volví a ponerme en contacto con él. Mi objetivo final era reconducir de alguna manera las cosas con Pixar, pero no podía plantearlo así de entrada. La animosidad de Steve hacia Disney era demasiado profunda. Las desavenencias entre Steve y Michael se debían a un choque entre dos personas obstinadas cuyas compañías corrían suertes muy dispares. Cuando Michael criticó a la industria tecnológica por no mostrar suficiente respeto al contenido, Steve se sintió insultado. Cuando Steve sugirió que Disney estaba en bancarrota creativa, Michael se sintió insultado. Michael había sido toda su vida un ejecutivo creativo. Steve creía que, al dirigir Pixar, que era el estudio de animación en alza, él sí sabía lo que había que hacer. Debido al creciente declive de Disney Animation, la actitud de Steve hacia Michael se volvió más arrogante, porque sentía que nosotros lo necesitábamos más que a la inversa, mientras que Michael odiaba que Steve estuviera en una posición de fuerza.

Yo no tenía nada que ver con todo esto, pero daba lo mismo. Mi petición a Steve de que simplemente cambiara de opinión, después de que él hubiera dado por terminada su relación con Disney y hubiera denigrado a la empresa de manera tan pública, sería algo demasiado sencillo para él. Aquello no iba a resultar fácil.

No obstante, yo tenía una idea que no estaba relacionada con Pixar y que pensé que podría interesarle. Le dije que era un gran amante de la música y que tenía toda mi música guardada en mi iPod, que utilizaba constantemente. Había estado pensando sobre el futuro de la televisión y se me ocurrió que solo era cuestión de tiempo que accediéramos a los programas y a las películas desde nuestros ordenadores. No era consciente de lo rápido que iba a evolucionar la tecnología móvil (el iPhone aparecería dos años después), así que lo que tenía en mente era una plataforma de iTunes para televisión.

—Imagina lo que sería tener acceso a toda la historia de la televisión desde tu ordenador —dije. Si quisieras ver el último episodio de *Perdidos*, o algo de la primera temporada de *Te quiero, Lucy*, ahí lo tendrías—. ¡Imagina lo que sería poder ver toda *La dimensión desconocida* siempre que quisieras!

Estaba seguro de que esto no tardaría en hacerse realidad y quería que Disney estuviera a la vanguardia de la innovación. Me imaginaba que la mejor forma de conseguirlo era convencer a Steve de la inevitabilidad de esta idea, «la iTV», como se la describí.

Steve permaneció en silencio durante un rato y, al cabo, dijo:

—Volveremos a hablar sobre esto. Estoy trabajando en algo que quiero enseñarte.

Unas semanas después, voló hasta Burbank y vino a mi despacho. La idea que tenía Steve de una conversación para romper el hielo era mirar por la ventana, hacer un comentario de pasada sobre el tiempo y empezar a hablar de inmediato sobre el objeto de la reunión, y eso es exactamente lo que hizo aquella mañana. «No puedes contarle a nadie nada de esto —dijo—. Pero lo que comentaste sobre los programas de televisión… eso es precisamente en lo que he estado pensando.» Y sacó muy despacio un dispositivo del bolsillo. A primera vista, parecía el mismo tipo de iPod que yo utilizaba.

«Este es nuestro nuevo iPod con reproductor de vídeo —dijo. Tenía una pantalla del tamaño de un par de sellos de correos, pero Steve hablaba de él como si fuera un cine IMAX—. Esto va a permitir a la gente ver vídeo en nuestros iPods, no solo escuchar música. Si lo lanzamos al mercado, ¿pondríais aquí vuestros programas de televisión?»

Dije que sí sin pensarlo dos veces.

Cualquier presentación de un producto por parte de Steve era impresionante, pero esta era personal. Podía percibir su entusiasmo mientras yo contemplaba el dispositivo y tenía la sensación de estar sujetando el futuro en la mano. Podría haber complicaciones si ofrecíamos nuestros programas en esta plataforma, pero en aquel momento supe instintivamente que era la decisión correcta.

A Steve le gustaba la audacia y yo quería darle a entender que de aquel momento en adelante podría haber una forma distinta de hacer negocios con Disney. Entre sus numerosas frustraciones sentía que con frecuencia era muy laborioso hacer algo con nosotros. Cada acuerdo tenía que ser valorado y analizado en todos sus pormenores, y él no trabajaba así. Yo quería que comprendiera que esa tampoco era mi forma de funcionar, que tenía poder para tomar decisiones y que estaba impaciente por trazar juntos este futuro, y además rápidamente. Pensaba que si él respetaba mi instinto y mi disposición a correr este riesgo, entonces quizá, solo quizá, la puerta de Pixar podría abrirse de nuevo.

Así que le volví a decir que sí, que contara con nosotros.

«De acuerdo —dijo—. Volveré a llamarte cuando tenga más que contarte.»

Aquel octubre, cinco meses después de nuestra primera conversación (y dos semanas después de que me convirtiera oficialmente en CEO), Steve y yo salimos juntos al escenario en la presentación de Apple y anunciamos que cinco programas de Disney —incluidas tres de las series televisivas más populares: *Mujeres desesperadas*,

Perdidos y *Anatomía de Grey*— podrían descargarse desde ese momento en iTunes y verse en el nuevo iPod con reproductor de vídeo.

Este acuerdo lo había negociado básicamente yo con la ayuda de Anne Sweeney, que dirigía ABC. La facilidad y la rapidez con las que se firmó, junto con el hecho de que reflejaba la admiración por Apple y sus productos, impresionaron profundamente a Steve. Me dijo que no conocía a nadie en el sector del entretenimiento que estuviera dispuesto a hacer algo que pudiera disrumpir el modelo de negocio de su propia empresa.

Cuando aquel día salí al escenario para anunciar nuestra colaboración con Apple, al principio el público se mostró confuso. Pensaban: «¿Qué está haciendo ahí el nuevo de Disney con Steve? Solo puede haber una razón». Yo no había preparado ningún guion para mi intervención, pero lo primero que dije fue: «Sé lo que estáis pensando, pero no estoy aquí por eso». Hubo carcajadas y quejidos. Nadie deseaba más que yo hacer aquel anuncio.

Unos días después de que asumiera mi cargo en marzo de 2005, en mi agenda apareció una reunión sobre el precio de las entradas en el parque temático que íbamos a abrir pronto en Hong Kong. La petición venía del despacho de Peter Murphy, jefe de planificación estratégica. Llamé a la persona encargada de parques y complejos turísticos en aquel momento y le pregunté quién había convocado la reunión.

—Peter —respondió.

—¿Que Peter ha convocado una reunión sobre el precio de las entradas en Hong Kong?

—Sí.

Llamé a Peter y le pregunté por qué.

—Tenemos que asegurarnos de que lo están haciendo bien.

—Si ellos no son capaces de determinar el precio adecuado, no deberían estar en esos puestos —dije—. Pero si creemos que deben ocuparlos, entonces la responsabilidad del precio es suya.

Cancelé la reunión y, aunque no fue un momento demasiado dramático, representó el principio del fin de planificación estratégica tal y como la conocíamos.

Peter tiene una inteligencia excepcional y una ética de trabajo casi sin igual y, como ya he mencionado, Michael llegó a apoyarse casi exclusivamente en él durante la expansión de la compañía. Peter consolidó y protegió su creciente poder. Su capacidad y su intelecto con frecuencia le hacían mostrarse despreciativo con otros altos directivos, por lo que muchos de ellos lo temían y detestaban. Era una dinámica tensa y cada vez más disfuncional.

Por lo que yo sabía, no siempre había sido así. Cuando Michael y Frank Wells se incorporaron a la compañía para dirigirla a mediados de los ochenta, crearon planificación estratégica para que los ayudara a identificar y analizar las nuevas oportunidades de negocio. Tras la muerte de Frank en 1994 y la adquisición de Cap Cities/ABC al año siguiente, Michael necesitaba ayuda para gestionar la empresa recién ampliada. A falta de un número dos claro, se apoyó mucho en planificación estratégica para tomar decisiones y dirigir los distintos negocios de Disney. Yo reconocía el valor de sus aportaciones, pero también me daba cuenta de que, con cada año que pasaba, se estaba haciendo demasiado grande y poderosa y que cuanto mayor era su influencia, más desempoderados estaban los directivos de cada negocio concreto. Cuando Michael me nombró director de operaciones, había unas sesenta y cinco personas trabajando en planificación estratégica y se habían hecho cargo de prácticamente todas las decisiones empresariales clave de la compañía.

Todos nuestros altos directivos sabían que las decisiones estratégicas sobre las divisiones que dirigían —parques y complejos turísticos, productos de consumo, Walt Disney Studios, etc.— en realidad no les correspondían a ellos. El poder estaba concentrado en una sola entidad en Burbank, y a Peter y su equipo se los veía más como una policía interna que como un socio de nuestro negocio.

En muchos sentidos Peter era futurista. Nuestros directivos le parecían gestores de la vieja escuela cuyas ideas eran, en el mejor de los casos, variaciones sobre el statu quo. En eso no se equivocaba. En aquellos momentos había muchas personas en la compañía que carecían de la capacidad analítica y la actitud agresiva que poseían Peter y su equipo. Pero no puedes estar demostrando continuamente que menosprecias a la gente. Lo que consigues así es acobardarla hasta someterla o hacerla caer en la indiferencia a base de frustración. En cualquier caso, les robas el orgullo por su trabajo. Con el tiempo, casi todo el mundo abdicó de su responsabilidad a favor de Peter y planificación estratégica, y a Michael le tranquilizaba el rigor analítico que aportaban.

No obstante, en mi opinión, con frecuencia eran demasiado deliberativos y filtraban cada decisión por un tamiz excesivamente analítico. Con independencia de lo que ganáramos por tener a este grupo de personas de talento examinando cada acuerdo para asegurarse de que resultaba ventajoso para nosotros, muchas veces lo perdíamos en el tiempo que tardábamos en actuar. Esto no significa que la investigación y la deliberación no sean importantes. Hay que hacer los deberes. Hay que estar preparado. Desde luego, es imposible plantearse una adquisición importante sin elaborar los modelos necesarios para ayudarte a decidir si el acuerdo es ventajoso, pero también hay que reconocer que nunca se puede estar seguro al cien por cien. Por muchos datos de los que dispongas, sigue siendo un riesgo en último término, y la decisión de correrlo o no depende del instinto de una persona.

Peter no veía ningún problema en un sistema en el que él y los analistas que estaban bajo su mando tomaban tantas decisiones de la compañía. Entretanto, a nuestro alrededor, las otras empresas se adaptaban a un mundo que se transformaba a una velocidad de vértigo. Nosotros teníamos que cambiar, ser más flexibles y, además, hacerlo pronto.

Una semana después de la conversación sobre el precio de las entradas en Hong Kong, llamé a Peter a mi despacho y le dije que estaba pensando en reestructurar planificación estratégica. Le dije que quería reducir drásticamente el tamaño del grupo y empezar a simplificar el proceso de toma de decisiones dejándolo más en manos de los directivos de la empresa. Los dos sabíamos que él no encajaba en mi visión del grupo y que no tenía sentido que se quedara.

Poco después de aquella conversación pedí que se redactara un comunicado de prensa en el que se anunciaba la marcha de Peter y la redefinición de planificación estratégica. Inmediatamente empecé a desmantelar el grupo, que reduje de sesenta y cinco a quince personas. Tom Staggs, mi director financiero, tuvo la idea de recuperar a Kevin Mayer, que había sido miembro del grupo pero se había marchado hacía unos años, para dirigir el nuevo equipo, ya reducido y con nuevas funciones. Kevin dependería de Tom, y él y su grupo se centrarían en las posibles adquisiciones, con un mandato claro de que cualquiera de ellas debía estar al servicio de nuestras tres prioridades centrales.

Rediseñar planificación estratégica resultó ser el avance más significativo de aquel período de seis meses antes de que me hiciera cargo oficialmente de la empresa. Yo sabía que las consecuencias prácticas serían inmediatas, pero el anuncio de que todos los aspectos del negocio ya no estarían bajo aquel control férreo tuvo un efecto rápido y poderoso sobre la moral. Era como si todas las ventanas se hubieran abierto y de repente empezara a entrar aire fresco. Como me dijo por aquellos días uno de nuestros altos ejecutivos: «Si en las torres que hay en Disney tuvieran campanas, ahora mismo estarían sonando».

9

Disney-Pixar y un nuevo camino hacia el futuro

Aquellos meses que pasé hablando con Steve sobre ofrecer nuestros programas televisivos en su nuevo iPod también empezaron —lenta y tentativamente— a fructificar en conversaciones sobre la posibilidad de un nuevo acuerdo Disney/Pixar. Steve se había ablandado, aunque solo un poco. Estaba dispuesto a hablar, pero su versión de cualquier nuevo acuerdo seguía siendo muy sesgada en favor de Pixar.

Discutimos unas cuantas veces sobre cómo podría ser ese acuerdo, pero no llegamos a nada. Le pedí a Tom Staggs que participara en las conversaciones por si él era capaz de realizar algún progreso. También trajimos a un intermediario de Goldman Sachs, Gene Sykes, en quien confiábamos y que conocía bien a Steve. Sugerimos algunas ideas a través de Gene, pero Steve no cedió en lo más mínimo. Su resistencia no era difícil de entender. Steve estaba muy encariñado con Pixar y no sentía ningún interés por Disney, así que cualquier acuerdo que se dignara a considerar sería muy ventajoso para ellos y tendría un coste elevado para nosotros.

En una de las propuestas cedíamos a Pixar los valiosos derechos de las secuelas de las películas que ya habíamos estrenado juntos, como *Toy Story*, *Monstruos, S. A.* y *Los increíbles*, a cambio de un 10 por ciento de su compañía. Obtendríamos puestos en el consejo de administración, el derecho de distribución de todas las nuevas películas de Pixar y un gran anuncio público ante la prensa de que Disney y Pixar seguían siendo socios. No obstante, desde el punto de vista del valor financiero, era muy favorable a Pixar. Harían películas y secuelas originales con su marca, que sería de su propiedad para siempre, y nuestro papel se reduciría básicamente al de distribuidores pasivos. Se presentaron varias propuestas similares, que rechacé. Tom y yo nos mirábamos después de cada ronda de negociaciones y nos preguntábamos si no estábamos locos por no firmar algún acuerdo con Steve, el que fuera, pero después concluíamos que cualquier trato debía tener valor a largo plazo y un anuncio no nos daba eso.

La realidad era que Steve tenía toda ventaja de su parte en la negociación. Para entonces Pixar se había convertido en el paradigma de la animación inventiva y sofisticada y, en ningún momento, pareció preocupado por separarse de nosotros. Nuestra única baza en la negociación era que en aquel momento teníamos los derechos para hacer secuelas sin ellos de aquellas primeras películas y, de hecho, habíamos comenzado a desarrollar algunas dos años antes, en la época de Michael, cuando las conversaciones habían fracasado. Pero Steve sabía que nos esforzaríamos por hacer algo verdaderamente grande, dado el estado de Disney Animation, y casi nos retó a intentarlo.

El 30 de septiembre de 2005 Michael pasó su último día como CEO de la compañía que había dirigido durante veintiún años. Fue un día triste e incómodo. Se marchaba sin conservar ninguna conexión con Disney, sin un puesto en el consejo de administración ni ningún rol consultivo o emérito. Era una salida sin «paños calientes». Se mostró amable conmigo, pero la tensión entre nosotros era palpable. Por duros que hubieran sido los últimos años, Michael no quería marcharse y yo no sabía muy bien qué decirle.

Me reuní brevemente con Zenia Mucha, Tom Staggs y Alan Braverman, y les dije que me parecía que lo mejor era «dejarle tranquilo», así que mantuvimos una distancia respetuosa y le concedimos intimidad para que se fuera como prefiriese. Jane, la esposa de Michael, y uno de sus hijos vinieron para comer con él y aquel día salió en su coche del aparcamiento por última vez. No puedo imaginarme cómo debió de sentirse. Había llegado hacía dos décadas a la empresa y la había salvado, y ahora se marchaba sabiendo que su era había acabado y que el lugar desde el que había convertido Disney en la compañía de entretenimiento más grande del mundo continuaría sin él. Me imagino que es uno de esos momentos en que es difícil saber quién eres exactamente sin el vínculo, el rol y el título que te han definido durante tanto tiempo. Yo lo sentía mucho por él, pero sabía que no podía hacer demasiado para facilitarle las cosas.

Tres días después, el lunes 3 de octubre, me convertí oficialmente en el sexto CEO de Walt Disney Company. Por primera vez en mi carrera, solo respondía ante el consejo de administración y, después del largo proceso de sucesión y del período de espera de seis meses, estaba a punto de presidir mi primer consejo. Antes de la mayoría de las reuniones del consejo había pedido a mis directivos informes sobre la situación de cada división para poder dar cuenta del comportamiento de los distintos negocios y de los problemas, desafíos y oportunidades importantes que se nos presentaba. Pero esta vez, para mi primera reunión, solo había un punto en el orden del día.

Antes de la reunión había pedido a Dick Cook, presidente de nuestro estudio, y a su número dos, Alan Bergman, que preparasen una presentación que cubriese los últimos diez años de Disney Animation: cada película que habíamos estrenado, su recaudación en taquilla, etc. Estaban preocupados.

—Va a ser desagradable —dijo Dick.

—Las cifras son horribles —añadió Alan—. Probablemente no sea la mejor manera de empezar para ti.

Le dije al equipo del estudio que, por deprimente o incluso incendiaria que fuera la presentación, no se preocupasen. Después pedí a Tom Staggs y a Kevin Mayer que investigaran cómo veía nuestro grupo demográfico más importante —madres con hijos menores de doce años— a Disney Animation en comparación con sus competidores. Kevin también dijo que la historia no iba a ser buena.

—No importa —respondí—. Solo quiero una valoración honesta de dónde nos encontramos.

Todo esto iba encaminado a apoyar una idea radical que solo había compartido con Tom. Una semana antes le había dicho:

—¿Qué te parece si compramos Pixar?

Al principio, pensó que estaba bromeando. Cuando le dije que iba en serio, respondió:

—Steve nunca nos lo venderá. Pero incluso si estuviera dispuesto a hacerlo, no será a un precio que podamos respaldar o que acepte el consejo.

Probablemente tenía razón, pero en cualquier caso yo quería presentar la idea en el consejo y, para ello, necesitaba una presentación pormenorizada y sin adornos del estado actual de Disney Animation. Tom dudaba, en parte para protegerme y en parte porque, como director financiero, tenía una responsabilidad ante el consejo y ante nuestros accionistas, lo que significa que no siempre debía estar de acuerdo con lo que se le ocurriese al consejero delegado.

Por la tarde se celebró mi primera reunión del consejo como CEO, y los diez miembros y yo ocupamos nuestros lugares alrededor de la larga mesa de la sala. Notaba la sensación de expectación en la atmósfera. En mi caso era una de las reuniones más trascendentales de mi vida. En el de ellos, iba a ser la primera vez que estaban con un nuevo CEO en más de dos décadas.

El consejo había pasado por momentos muy difíciles en la última década: la dolorosa decisión de poner fin al mandato de Michael, la prolongada disputa con Roy y Stanley, la OPA hostil de Comcast, la demanda de los accionistas por los cien millones de dólares más la indemnización por despido que había recibido Michael Ovitz, la batalla legal con Jeffrey Katzenberg sobre las condiciones de su salida en 1994. La lista no acababa ahí. Habían recibido muchas críticas y tanto ellos como yo habíamos estado sometidos a un estrecho escrutinio durante la transición y la sucesión. Era un entorno extremadamente tenso, porque no tardarían en juzgarlos por su decisión de darme a mí el puesto y eran conscientes de que había muchos escépticos. Algunos de ellos (dos o tres, aunque nunca estaré seguro de quiénes eran) se habían opuesto rotundamente a mi nombramiento hasta el final. Así que entré en aquella sala sabiendo que, aunque la última ronda de la votación había sido unánime, algunas personas sentadas a aquella mesa no esperaban ni deseaban que yo estuviera por allí mucho tiempo.

George Mitchell abrió la sesión con un comentario breve y emotivo sobre la significación del momento. Me felicitó por, literalmente, «soportar el proceso» y a continuación me cedió la palabra. Me sentía tan lleno de energía y del deseo de ir directamente a los problemas que me salté las formalidades y comencé diciendo: «Como todos sabéis, Disney Animation está en una situación lamentable».

Ya habían oído esto antes, pero yo sabía que la realidad era mucho peor de lo que ellos suponían. Antes de presentar los datos financieros y la investigación sobre la marca que habíamos preparado, recordé un momento de unas semanas antes, en la inauguración de Hong Kong Disneyland. Fue el último gran evento que Michael presidía como CEO y varios de nosotros viajamos a Hong Kong para la ceremonia de inauguración, que tuvo lugar una calurosa tarde a 35 °C. Tom Staggs, Dick Cook y yo nos encontrábamos juntos cuando el desfile inaugural llegó por Main Street y las carrozas fueron pasando por delante de nosotros. Algunas de ellas estaban dedicadas a personajes de películas legendarias de Walt: *Blancanieves*, *Cenicienta*, *Peter Pan*, etc. Y otras a personajes de los grandes éxitos de la primera década de Michael: *La sirenita*, *La bella y la bestia*, *Aladdin* y *El rey león*. Y también había otras carrozas con personajes de películas de Pixar: *Toy Story*, *Monstruos, S. A.* y *Buscando a Nemo*.

Me volví hacia Tom y Dick y les pregunté:

—¿Os llama la atención algo en este desfile?

No percibieron nada que lo hiciera.

—Que apenas hay personajes de Disney de los diez últimos años —dije.

Podíamos pasarnos meses analizando qué había salido mal, pero ahí estaba, delante de nosotros. Las películas no eran buenas, lo que significaba que los personajes no eran populares o memorables, y eso tenía ramificaciones importantes para nuestro negocio y nuestra marca. El fundamento de Disney era la creatividad, la inventiva en la narración de historias y una animación extraordinaria, y muy pocas de nuestras últimas películas estaban a la altura de nuestro célebre pasado.

Terminé describiendo esa escena al consejo y después apagué las luces. La sala permaneció en silencio mientras proyectábamos en la pantalla la lista de películas realizadas por Disney Animation durante la última década: *El jorobado de Notre Dame*, *Hércules*, *Mulan*, *Tarzán*, *Fantasía 2000*, *Dinosaurio*, *El emperador y sus locuras*, *Atlantis*, *Lilo y Stitch*, *El planeta del tesoro*, *Hermano oso* y *Zafarrancho en el rancho*. Algunas fueron modestos éxitos comerciales; varias, unas catástrofes. Ninguna había entusiasmado a la crítica. En ese período, Animation había perdido casi cuatrocientos millones de dólares. Habíamos gastado bastante más de mil millones de dólares en hacer esas películas y la comercialización había sido agresiva. Sin embargo, podíamos mostrar pocas cosas que justificaran esa inversión.

En ese mismo período, Pixar había producido un éxito tras otro, tanto desde el punto de vista creativo como comercial. Tecnológicamente, estaban haciendo cosas con la animación digital a las que nosotros —¡Disney!— solo nos aproximábamos, en el mejor de los casos. Y, en un nivel más profundo, habían logrado conectar de una forma muy potente con los niños y con los padres. Después de presentar ese sombrío cuadro financiero, le pedí a Tom que mostrara los resultados de nuestro estudio de marcas. Entre las mujeres con hijos de menos de doce años, Pixar había eclipsado a Disney como la marca que las madres consideraban «buena para su familia». En una comparación directa de las dos, Pixar era mucho más querida; Disney ni siquiera se acercaba. Noté que varios miembros del consejo murmuraban entre sí y que empezaba a incubarse cierta irritación entre ellos.

El consejo ya sabía que Animation iba mal y, por supuesto, conocía la racha de éxitos de Pixar, pero esa realidad nunca se les había presentado sin adornos. No eran conscientes de que las cifras fueran tan malas y en ningún momento se habían planteado realizar un estudio de marcas. Cuando terminé, dos de ellos saltaron. Gary Wilson, que había sido mi oponente durante el proceso de selección, dijo:

—Has sido director de operaciones durante cinco de esos años. ¿No eres responsable de esto?

No tenía sentido ponerse a la defensiva.

—Disney y Michael merecen buena parte del crédito, en primer lugar por haber establecido la relación con Pixar —dije—. No siempre fue una colaboración fácil, pero dio grandes resultados.

Añadí que, tras la adquisición de ABC, la gestión de la compañía se volvió más compleja y Animation recibió menos atención de la que debería. Este problema se vio exacerbado por la puerta giratoria de los altos ejecutivos de nuestro estudio, ninguno de los cuales había hecho un trabajo particularmente bueno en la dirección de la unidad. Entonces reiteré lo que habían dicho muchas veces en el proceso de sucesión:

—Esto no tiene que ver con el pasado. No podemos hacer nada con respecto a las malas decisiones creativas que se tomaron y a las decepcionantes películas que se estrenaron. Pero sí podemos hacer mucho para cambiar el futuro y tenemos que empezar ahora.

Señalé al consejo que «a la compañía le va según le va a Animation». En muchos sentidos, Disney Animation era la marca. Era el carburante que alimentaba muchos de nuestros negocios, incluidos los de productos de consumo, televisión y parques temáticos, y en los últimos diez años, la marca lo había pasado muy mal. La compañía era mucho más pequeña por aquel entonces, antes de la adquisición de Pixar, Marvel y Lucasfilm, por lo que la presión que recaía sobre Animation, no solo como buque insignia de la marca, sino también para impulsar casi todos nuestros negocios, era mucho más intensa.

—Siento una presión enorme para solucionar esto —dije.

Sabía que los accionistas y los analistas no iban a darme un período de gracia y que en primer lugar me juzgarían por mi capacidad para transformar Disney Animation.

—La cuenta atrás para resolver este problema ya ha comenzado.

Entonces enumeré los tres posibles caminos que, en mi opinión, se nos ofrecían. El primero era continuar con la dirección actual y ver si ellos podrían dar la vuelta a las cosas. Dado lo que habían hecho hasta el momento, inmediatamente expresé mis dudas sobre esta opción. El segundo era identificar nuevos talentos para dirigir la división, pero durante los seis meses que habían pasado desde mi nombramiento había estado rastreando el mundo de la animación y la realización cinematográfica en busca de personas que pudieran encargarse de la tarea al nivel necesario, y el resultado había sido nulo.

—O —terminé— podríamos comprar Pixar.

La respuesta a la idea fue tan explosiva que si hubiera tenido un mazo, debería haberlo utilizado para poner orden en la sala.

—No sé si está en venta —continué—. Y en caso afirmativo, seguro que será increíblemente cara.

Como compañía que cotizaba en bolsa, su capitalización bursátil estaba por encima de los seis mil millones de dólares, y la mitad de las acciones de la compañía eran propiedad de Steve Jobs.

—También es muy improbable que Steve quiera vender.

Todo esto pareció tranquilizar a algunos miembros del consejo, pero condujo a otros a una larga discusión sobre si las circunstancias justificaban que gastáramos miles de millones de dólares en comprarlos.

—Comprar Pixar nos permitiría traer a Disney a John Lasseter y a Ed Catmull —los visionarios líderes de Pixar, junto con Steve Jobs—. Podrían seguir dirigiendo Pixar al tiempo que revitalizarían Disney Animation —dije.

—¿Por qué no nos limitamos a contratarlos? —preguntó alguien.

—En primer lugar, John Lasseter tiene obligaciones contractuales con Pixar —respondí—. Pero también están unidos a Steve y a lo que han construido allí. Sienten una enorme lealtad hacia Pixar, su gente y su misión.

Otro miembro del consejo sugirió que solo teníamos que cargar un camión con el dinero suficiente y dejárselo en la puerta.

—A esta gente no se la puede comprar de esa forma. Son distintos —dije.

En cuanto terminó la reunión, quedé con Tom y con Dick para que me transmitieran sus impresiones sobre la presentación.

—No creíamos que fueras a poder salir de allí con el título intacto —dijo Tom.

Sonaba como si estuviera de broma, pero yo sabía que, en el fondo, lo decía en serio.

Cuando llegué a casa aquella noche, Willow me preguntó cómo había ido. Ni siquiera le había contado a ella mis planes.

—Les he dicho que pensaba que teníamos que comprar Pixar —le respondí.

Ella también me miró como si estuviera loco y después se sumó al coro con las siguientes palabras:

—Steve nunca os la venderá.

Y entonces me recordó algo que me había dicho poco después de que me nombraran consejero delegado:

—El mandato medio de un CEO de la lista Fortune 500 es de menos de cuatro años.

Por aquella época era una broma privada entre nosotros para asegurarnos de que mis expectativas fueran realistas. Sin embargo, ahora lo había dicho en un tono que implicaba que yo tenía poco que perder si actuaba rápidamente. En esencia su mensaje era: «Sé audaz».

En cuanto al consejo, algunos se oponían rotundamente a la idea y lo dejaron muy claro, pero hubo un número suficiente de miembros interesados que me dieron lo que describí como «luz ámbar»: adelante, explora la idea, pero actúa con cautela. En conjunto, pensaban que era tan improbable que aquello llegara a producirse que muy bien podían dejar que nos diéramos el gusto de tantear la situación.

A la mañana siguiente le dije a Tom que empezara a preparar un análisis en profundidad de los aspectos financieros de la operación, aunque también le precisé que no había prisa. Pensaba mencionarle a Steve esa idea durante aquel mismo día y había muchas posibilidades de que en cuestión de horas todo aquello fuera un ejercicio puramente teórico. Me pasé la mañana reuniendo valor para hacer la llamada y, por fin, la hice a primera hora de la tarde. Steve no estaba disponible, lo que supuso un alivio, pero cuando volvía conduciendo a mi casa, hacia las seis y media, me devolvió la llamada.

Faltaba más o menos una semana y media para nuestro anuncio sobre el iPod con reproductor de vídeo, así que durante un par de minutos hablamos sobre eso, antes de que le dijera:

—Oye, tengo otra idea loca. ¿Puedo ir a verte en un día o dos para hablar sobre ella?

Parecía que aún no era del todo consciente de cuánto le gustaban a Steve las propuestas radicales.

—Cuéntamela ahora —dijo.

Todavía al teléfono, llegué al camino de entrada de mi casa. Era una cálida tarde de octubre y apagué el motor. La combinación del calor y los nervios hizo que me pusiera a sudar. Me recordé a mí mismo el consejo de Willow: sé audaz. Con toda probabilidad, Steve diría que no de inmediato. Era posible que también viera arrogancia en la idea y se ofendiera. ¿Cómo me atrevía a pensar que Pixar era algo que Disney podía comprar sin más? Pero incluso si me decía lo que podía hacer con la idea, la llamada terminaría y yo seguiría estando exactamente en el mismo sitio que antes. No tenía nada que perder.

—He estado pensando en nuestros futuros respectivos —le dije—. ¿Qué te parecería que Disney comprara Pixar?

Me preparé para que me colgara o se echara a reír. El silencio que precedió a su respuesta se me hizo interminable.

—¿Sabes?, no es la idea más loca del mundo —dijo, por el contrario.

Estaba tan preparado para el rechazo que en aquel instante, aunque sabía racionalmente que había un millón más de obstáculos entre ese momento y la realización de la idea, sentí una descarga de adrenalina ante la mera posibilidad.

—De acuerdo —respondí—. Estupendo. ¿Cuándo podemos seguir hablando?

La gente a veces evita los grandes cambios porque valora las posibilidades y argumenta en su propia contra incluso antes de dar el primer paso. Una de las cosas que siempre he sentido de manera instintiva —y que ha reafirmado trabajar con personas como Roone y como Michael— es que las posibilidades remotas no son tan improbables como parecen. Tanto Roone como Michael creían en su poder y en la capacidad de sus organizaciones para hacer que las cosas tuvieran lugar: incluso las ideas más audaces podían ejecutarse con energía, reflexión y compromiso suficientes. Intenté adoptar esa mentalidad en mis posteriores conversaciones con Steve.

Una semana después de la conversación en el camino de entrada de mi casa, nos reunimos en la sala del consejo de Apple en Cupertino, California. Era una estancia larga, con una mesa de casi la misma longitud en el centro. Una pared era de cristal y daba a la entrada al campus de Apple y en la otra había una pizarra blanca, de unos ocho metros de longitud. Steve dijo que le encantaban los ejercicios en la pizarra, donde se podía trazar toda una visión —con las ideas, los esquemas y los cálculos— según capricho de quien blandiera el rotulador en ese momento.

Como cabía esperar, Steve era quien tenía el rotulador y me pareció que estaba acostumbrado a asumir ese papel. Estaba allí de pie, con el rotulador en la mano, y escribió PROS a un lado y CONTRAS al otro.

—Empiezas tú —me dijo—. ¿Tienes algún pro?

Yo estaba demasiado nervioso para comenzar, así que le cedí el primer servicio.

—De acuerdo —continuó—. Bien, yo tengo algunos contras.

Y escribió el primero con verdadero gusto: «¡La cultura de Disney destruirá Pixar!». No podía culparle por eso. Hasta entonces, su experiencia con Disney no le había proporcionado indicios de que fuera a ocurrir lo contrario. Siguió escribiendo sus contras en frases completas a todo lo largo de la pizarra. «Salvar Disney Animation llevará demasiado tiempo y el proceso quemará a John y a Ed.» «Hay muchas viejas heridas que tardarán años en cicatrizar.» «A Wall Street no le va a gustar nada.» «Tu consejo de administración no te va a permitir hacerlo.» «Pixar rechazará a Disney como propietaria, al igual que un cuerpo lo hace con un órgano donado.» Había muchas más, pero una estaba escrita toda en mayúsculas: «LA DISTRACCIÓN MATARÁ LA CREATIVIDAD DE PIXAR». Yo supuse que quería decir que el proceso de compra y la integración serían shocks demasiado fuertes para el sistema que habían creado. (Unos años más tarde, Steve propondría cerrar del todo Disney Animation y hacer todas las películas animadas en Pixar. Incluso a John Lasseter y a Ed Catmull les pareció una mala idea, y yo la rechacé.)

Me parecía que no tenía sentido que yo siguiera añadiendo puntos a su lista, así que pasamos a los pros. Intervine primero y dije:

—Pixar salvará a Disney y todos viviremos felices y comeremos perdices.

Steve sonrió, pero no lo escribió.

—¿Qué quieres decir?

—Dar la vuelta a la situación de Animation cambiará completamente la percepción de Disney y nuestra suerte cambiará —respondí—. Además, John y Ed dispondrán de un lienzo mucho más grande en el que pintar.

Dos horas después, los pros eran escasos y los contras, numerosos, aunque unos cuantos me parecían un tanto mezquinos. Yo estaba desanimado, pero debería haber esperado algo así.

—Vale —dije—, era una buena idea. Pero no veo cómo la podemos llevar a cabo.

—Unos pocos pros sólidos tienen más fuerza que decenas de contras —replicó Steve—. Así que, ¿qué es lo siguiente que deberíamos hacer?

Otra lección: Steve tenía talento para sopesar todos los aspectos de un problema y no permitir que los negativos ahogaran a los positivos, especialmente en las cosas que quería conseguir. Era una de sus poderosas cualidades.

Steve falleció seis años después. No mucho después de su muerte entré en el consejo de administración de Apple. Cada vez que asistía a una reunión y miraba aquella gigantesca pizarra, veía a Steve, apasionado, enérgico, comprometido y mucho más abierto a la posibilidad de hacer que esta idea (y sospecho que muchas otras) funcionara.

—Tengo que visitar Pixar —dije.

Yo nunca había estado allí y, hacia el final de nuestro contrato, las cosas estaban tan mal, había tan poca colaboración, que ni siquiera sabíamos en qué estaban trabajando. Teníamos que distribuir aún una última película, *Cars*, pero en Disney nadie la había visto. Habíamos oído que estaban trabajando en una película sobre ratas en un restaurante de París, una idea de la cual la gente de Disney se había burlado. Las dos compañías se estaban preparando para la separación definitiva y la comunicación se había interrumpido por completo.

Si yo quería presentar argumentos para comprarla, tenía que saber mucho más sobre cómo trabajaban. Quería conocer a las personas clave, que me hablaran de sus proyectos y captar la cultura de la compañía. ¿Cómo era trabajar allí? ¿Qué hacían distinto a nosotros que los llevaba a ser siempre tan brillantes?

Steve accedió inmediatamente a la visita. Explicó a John y a Ed lo que habíamos estado hablando y, aunque no se comprometió a nada, y tampoco lo haría sin ellos, pensó que merecía la pena enseñarme el lugar. A la semana siguiente me presenté solo en el campus de Pixar en Emeryville. El asistente de John me saludó en el vestíbulo y me condujo a su vasto atrio, en cuyo diseño había participado Steve. A ambos lados se extendían zonas de cafetería y al final se encontraba la entrada principal a su cine. Había gente andando por allí y reunida en grupitos de una forma que me recordaba más a un sindicato estudiantil que a una productora cinematográfica. El lugar vibraba con energía creativa. Todo el mundo parecía contento de estar allí.

Si tuviera que elegir los diez mejores días que he pasado en el cargo, esa primera visita al campus de Pixar estaría entre ellos. John y Ed me dieron una bienvenida calurosa y me explicaron que pasaría la primera mitad del día con cada uno de los directores y que me mostrarían elementos de las películas en las que estaban trabajando: primeros montajes de algunas escenas, storyboards, concepción artística, bandas sonoras originales y repartos. Luego me enseñarían sus nuevos desarrollos tecnológicos para que viera cómo trabajaban juntos el lado creativo y el técnico.

John fue el primero. Me mostró una escena prácticamente terminada de *Cars* y yo, sentado en el cine, me quedé fascinado por la calidad de la animación y por lo mucho que había avanzado la tecnología desde su último estreno. Por ejemplo, recuerdo que me impresionó la forma en que la luz se reflejaba en la pintura metálica de los coches de carreras. Nunca había visto imágenes como esas en animaciones generadas por ordenador. Más tarde, Brad Bird me mostró la obra en la que estaba trabajando, *Ratatouille*, la «película de ratas» de la que se burlaban en Disney. Me pareció una de las películas más sofisticadas temáticamente y de mayor originalidad narrativa que Pixar había hecho. Andrew Stanton, que acababa de terminar *Buscando a Nemo*, presentó una parte de *Wall-E*, una distopía sobre un robot solitario que se enamora de otro robot, con un vigoroso mensaje sobre los peligros sociales y medioambientales del consumismo desenfrenado. Fue seguida por la presentación de Pete Docter de *Up*, una historia de amor que trata del dolor y la mortalidad con el asombroso trasfondo visual de Sudamérica. (Después de *Up*, Pete dirigiría *Del revés*.) Y Gary Rydstrom presentó una historia sobre la extinción de especies, contada a través de una aventura con dos tritones de patas azules. Pixar abandonó más tarde ese proyecto, pero me encantó la imaginación y la inteligencia de la presentación de Gary. Brenda Chapman me mostró *Brave (Indomable)*. Lee Unkrich, que dirigiría *Toy Story 3* y *Coco*, presentó una película sobre mascotas en un edificio de apartamentos en el Upper West Side de Manhattan. (*Ratatouille*, *Wall-E*, *Up*, *Toy Story 3*, *Brave (Indomable)*, *Del revés* y *Coco* ganarían el Oscar a la mejor película de animación.)

Luego pasé unas horas con Ed Catmull y los ingenieros de la vertiente técnica, que describieron en detalle la plataforma tecnológica que respaldaba toda la actividad creativa. Vi en persona lo que John había descrito cuando me dio la bienvenida al edificio aquella mañana. Dijo que animadores y directores desafiaban constantemente a los ingenieros para que les proporcionaran las herramientas con las que hacer realidad sus sueños creativos: por ejemplo, que París diera la impresión de ser París. Y Ed y su equipo de ingenieros siempre estaban creando por su cuenta herramientas que después llevaban a los artistas para inspirarles formas de pensar que no se les habían ocurrido antes. «¡Mira cómo podemos hacer nieve, agua o niebla!» Ed me mostró las herramientas de animación más sofisticadas creadas hasta el momento, el ingenio tecnológico que permitía la creatividad en su máxima expresión. Este yin y yang era el alma de Pixar. Todo fluía de ahí.

Al final de aquel día me metí en mi coche en el aparcamiento de Pixar y, de inmediato, me puse a anotar cosas. Luego llamé a Tom Staggs y le dije que tenía que verle en cuanto aterrizara en Los Ángeles. No sabía si el consejo lo aprobaría, pero sí que tenía claro que

Steve podía cambiar de idea en cualquier momento. Pero describí a Tom con enorme entusiasmo el nivel de talento y ambición creativa, el compromiso con la calidad, el ingenio narrativo, la tecnología, la estructura de liderazgo y la atmósfera de colaboración entusiasta... Hasta el edificio, la propia arquitectura. Era una cultura a la que cualquiera aspiraría en una empresa creativa, en una empresa de cualquier tipo. Y estaba tan lejos de lo que éramos, de lo que éramos capaces de alcanzar nosotros solos, que pensaba que teníamos que hacer todo lo posible para conseguirla.

En cuanto regresé a mi oficina en Burbank, me reuní con mi equipo. Decir que no compartían mi entusiasmo es quedarse corto. Yo había sido el único que había visto en persona lo que constituía la esencia de Pixar y, para ellos, la idea seguía siendo demasiado impracticable. Decían que había demasiados riesgos. El coste sería excesivo. Les preocupaba que, apenas comenzado mi mandato como CEO, ya estuviera poniendo mi futuro —por no decir el de la empresa— en peligro con este empeño.

Este sería un tema recurrente en casi cada discusión que mantuve sobre Pixar. Me dijeron una y otra vez que era demasiado arriesgado e imprudente. Muchas personas creían que Steve sería inmanejable y que trataría de dirigir la compañía. También me dijeron que un nuevo CEO no debería intentar hacer adquisiciones de esa envergadura. Yo estaba «loco», como dijo uno de nuestros banqueros de inversión, porque las cifras nunca llegarían a cuadrar y era imposible «vender» a la calle esta operación.

El banquero tenía algo de razón. Es cierto que, sobre el papel, la compra no tenía una lógica evidente. Pero yo estaba seguro de que este nivel de genio creativo tenía más valor de lo que cualquiera de nosotros comprendía o podía calcular en aquellos momentos. Quizá no sea el consejo más responsable posible en un libro como este decir que los líderes deben salir ahí fuera y confiar en su instinto, porque se puede interpretar esto como fomentar la impulsividad por encima de la reflexión, la apuesta por encima del estudio atento. Como en todo, la clave es ser consciente de cada factor y sopesarlo: tus propias motivaciones, lo que te transmiten las personas en quienes confías, lo que te dice el análisis y un estudio atento y, después, aquello que el análisis no puede explicarte. Consideras cuidadosamente todos esos factores, teniendo presente que no hay dos circunstancias iguales, y más tarde, si tú tienes la responsabilidad, en último término todo depende de tu instinto. ¿Es correcto o no lo es? Nunca hay nada seguro pero, como mínimo, tienes que estar dispuesto a asumir grandes riesgos. Sin ellos no puede haber grandes ganancias.

Mi instinto sobre Pixar era muy potente. Estaba convencido de que esta adquisición podía transformarnos. Podía revitalizar a Disney Animation; podía llevar a Steve Jobs —seguramente la voz de más autoridad en cuestiones de tecnología— al consejo de Disney; podía traernos una cultura de excelencia y ambición que reverberaría de formas muy necesarias por toda la empresa. En último término, el consejo podría negarse, pero yo no iba a dejar pasar algo así por temor. Le dije a mi equipo que respetaba sus opiniones y que sabía que se preocupaban por mí, cosa que apreciaba, pero que pensaba que teníamos que seguir adelante. Como mínimo, tenía que agotar todas las posibilidades antes de abandonar.

Al día siguiente de mi visita a Emeryville llamé a Steve. Antes de marcar, me dije que debía intentar refrenar mi entusiasmo. No podía omitir por completo los elogios porque Steve estaba muy orgulloso de Pixar, pero esto podía ser el comienzo de una negociación real y no quería darle la impresión de que estaba tan desesperado por lo que tenían que podía pedir un precio desorbitado. Sin embargo, en el mismo momento en que Steve se puso al teléfono, se derrumbó todo intento por mi parte de poner cara de póquer. No podía fingir que sentía algo que no fuera puro entusiasmo. Le describí el día de principio a fin y esperé que, en último término, mi honestidad me resultara más útil que cualquier simulación «astuta». Podría haber parecido una debilidad —si muestras que deseas algo con tantas ganas, te harán pagar por ello—, pero, en este caso, el entusiasmo genuino funcionó. Acabé diciendo, como si no estuviese ya claro, que realmente quería intentar que esta operación se hiciera realidad.

Steve me dijo que lo consideraría seriamente solo si John y Ed estaban de acuerdo. Después de nuestra conversación se puso en contacto con ellos para decirles que estaba abierto a una negociación y para prometerles que nunca habría ningún acuerdo sin su bendición. Decidimos que yo volvería a reunirme con cada uno de ellos, para así explicarles en más detalle lo que tenía en mente y responder a las preguntas que tuvieran. Después de esto tomarían la decisión de si estaban interesados en comenzar la negociación.

Unos días después volé a la Bay Area, la zona de la bahía de San Francisco, para cenar con John y su esposa, Nancy, en su casa de Sonoma. Mantuvimos una larga y agradable conversación y la química fue inmediata. Les hice un resumen de mi carrera, empezando por la etapa de *Wide World of Sports* y la experiencia de nuestra adquisición por Capital Cities, siguiendo por los años en que decidía la programación en horario de máxima audiencia de ABC y, por último, la compra por parte de Disney y el largo camino hasta convertirme en CEO. John habló de cuando trabajaba en Disney Animation, hacía más de dos décadas, antes de la época de Michael. (¡Lo despidieron cuando los poderes del momento consideraron que la animación por ordenador no tenía futuro!)

—Sé lo que es que te compre otra compañía —le dije—. Incluso en el mejor de los casos, el proceso de fusión es delicado. No puedes forzar la integración. Y, desde luego, es imposible tratándose de una compañía como la vuestra.

Continué transmitiéndole que, incluso sin tener la intención de hacerlo, el comprador destruye con frecuencia la cultura de la compañía que ha adquirido y, con ello, reduce el valor.

Muchas compañías adquieren otras empresas sin demasiada sensibilidad hacia lo que realmente están comprando. Piensan que están obteniendo activos físicos o industriales o propiedad intelectual (y, en algunos sectores, esto es más cierto en otros). En la mayoría de los casos, de hecho, están adquiriendo personas. Y en un negocio creativo ahí es donde reside el valor.

Me esforcé por asegurarle a John que para Disney solo tenía sentido comprar Pixar si protegíamos aquello que hacía su cultura tan única. Traer Pixar a nuestra compañía supondría una transfusión mastodóntica de liderazgo y talento, y debíamos hacerlo bien.

—Pixar tiene que ser Pixar —dije—. Si no protegemos la cultura que habéis creado, estaremos destruyendo aquello que os hace valiosos.

John dijo que le alegraba escuchar eso y entonces dejé caer mi gran plan para él:

—Quiero que tú y Ed también dirijáis Disney Animation.

John dijo que, incluso después de tantos años, aún le dolía que le hubieran despedido de Disney, pero que sentía un gran respeto por la herencia de Disney Animation. Del mismo modo que a mí me resultó imposible ocultar mi entusiasmo a Steve, John no pudo ocultar el suyo ante la idea de dirigir Disney Animation.

—Bueno, eso sería un sueño —dijo.

Unos días después, Ed Catmull voló para reunirse conmigo en Burbank. (Cenamos en un asador cerca de la sede de Disney, aunque ninguno de los dos comió carne.) Al igual que había hecho con John, me esforcé por explicar a Ed mi filosofía de las adquisiciones: el hecho de que la cultura que habían construido era crucial para la magia que podían crear y que yo no tenía ningún interés en obligarlos a ser una cosa distinta de lo que ya eran. También hablé acerca de la otra oportunidad que estaba sobre la mesa: quería que John y él revitalizaran Disney Animation.

Si John es todo emoción y extroversión, Ed es su negativo fotográfico. Es un introvertido doctor en informática, callado y pensativo, que había inventado buena parte de la tecnología que hacía posible la animación digital de Pixar. Estábamos muy por detrás de ellos en cuanto a tecnología, pero en otras unidades de Disney había recursos tecnológicos con los que a Ed le encantaría trabajar. Con su estilo circunspecto, dijo:

—Sería interesante ver qué podríamos hacer aquí.

Steve me llamó al día siguiente para comunicarme que John y Ed le habían dado su aprobación para negociar conmigo y, al poco tiempo, mantuve mi segunda reunión con el consejo de Disney, esta vez en Nueva York. Les informé de mi visita a Pixar y de las reuniones con John y con Ed, así como de la disposición de Steve a negociar. Tom Staggs, que aún sentía cierto recelo, mostró una presentación sobre la vertiente económica de la adquisición, incluida la cuestión de emitir más valores y la posible dilución de las acciones de Disney, así como su impresión de la reacción más probable de la comunidad inversora, que sería, según él, entre desigual y más bien negativa en el mejor de los casos. El consejo escuchó todo con atención y, aunque al término de la reunión seguían siendo bastante escépticos, nos dieron permiso para negociar con Steve y volver con algo más concreto para que lo estudiaran.

Inmediatamente después de la reunión del consejo, Tom y yo volamos a San José para visitar a Steve en la sede de Apple al día siguiente. De camino hacia allí yo sabía que no quería que el proceso fuera prolongado. Steve era constitucionalmente incapaz de un largo y complicado tira y afloja (aún tenía muy frescas en mi recuerdo las largas y enconadas negociaciones con Michael). Él ya sentía aversión hacia la forma de negociar de Disney y yo temía que si nos atascábamos en algún punto, se hartara de todo el asunto y lo dejara.

En cuanto nos sentamos, le dije: «Voy a ser sincero contigo. Estoy convencido de que esto es algo que tenemos que hacer». Steve se mostró de acuerdo y, al contrario que en el pasado, no utilizó su posición de fuerza para exigir una cifra imposible. La cantidad a la que llegáramos iba a ser muy buena para ellos, pero él sabía que también tenía que estar dentro de lo factible para nosotros y creo que apreció mi franqueza.

A lo largo del mes siguiente, Tom y Steve elaboraron la posible estructura financiera en gran detalle y llegaron a un precio: 7.400 millones de dólares. (Sería una adquisición con intercambio de acciones: 2,3 acciones de Disney por cada acción de Pixar y la cantidad resultante serían 6.400 millones de dólares, porque Pixar recibiría otros 1.000 millones en efectivo.) Aunque Steve no había llevado la negociación hasta el límite, seguía siendo un precio altísimo e iba a ser difícil vendérselo a nuestro consejo de administración y a los inversores.

También negociamos lo que llamamos un «acuerdo social», una lista de dos páginas de cuestiones y aspectos culturalmente significativos que prometimos mantener. Querían seguir sintiéndose Pixar y todo lo relacionado con proteger esta impresión era importante. Sus direcciones de correo electrónico seguirían siendo de Pixar; los símbolos en sus edificios continuarían poniendo Pixar. Podrían preservar sus rituales de bienvenida a los nuevos empleados y su tradición de las grandes fiestas de cerveza mensuales. Una negociación mucho más delicada fue la del branding en las películas, la mercadotecnia y las atracciones en parques temáticos. Nuestra investigación mostraba que Pixar había eclipsado a Disney como marca —un hecho del que ellos eran muy conscientes—, pero yo creía que, con el tiempo, el branding más potente para las películas de Pixar, en especial dado que John y Ed iban a dirigir Disney Animation, sería Disney-Pixar. Al final, eso fue lo que acordamos. Sus películas seguirían comenzando con la famosa animación de «Luxo Junior» de Pixar, pero iría precedida de la animación del castillo de Disney.

El desafío que tenía ante mí en aquel momento era convencer a nuestro consejo. Me di cuenta de que mi mejor movimiento era reunirlos con Steve, John y Ed para que los escucharan directamente. Nadie podía vender esto mejor que ellos tres. Así que, un fin de semana de enero de 2006, acudimos todos a una sala de reuniones de Goldman Sachs en Los Ángeles. Varios miembros del consejo todavía se oponían al acuerdo, pero en el momento en que Steve, John y Ed comenzaron a hablar, todo los asistentes quedaron deslumbrados. No tenían notas, ni presentación alguna ni apoyos visuales. Simplemente hablaron: sobre la filosofía de Pixar y cómo trabajaban, sobre lo que ya soñaban con que hiciéramos juntos y sobre quiénes eran como personas.

John habló con pasión de su amor de siempre por Disney y de su deseo de devolver a Disney Animation a su antigua gloria. Ed dio una fascinante y cerebral disertación sobre hacia dónde se dirigía la tecnología y qué sería posible que Disney y Pixar hicieran. En cuanto a Steve, es difícil imaginar a un vendedor mejor para algo tan ambicioso. Habló de la necesidad de que las grandes compañías asumieran grandes riesgos. Habló de dónde había estado Disney y de lo que tenía que hacer para cambiar radicalmente de rumbo. Habló de mí y del vínculo que ya habíamos establecido —con el acuerdo de iTunes, pero también con las discusiones que manteníamos para preservar la cultura de Pixar— y de su deseo de trabajar juntos para convertir esta idea loca en todo un éxito. Viéndole hablar, por primera vez me sentí optimista y pensé que lo conseguiríamos.

La votación definitiva del consejo estaba programada para el 24 de enero, pero la posibilidad del acuerdo no tardó en filtrarse. De repente empecé a recibir llamadas de gente instándome a que no lo hiciéramos. Entre ellas la de Michael Eisner. «Bob, no puedes hacer esto —dijo—. Es la idea más estúpida del mundo.» Tenía las mismas preocupaciones. Era demasiado caro y arriesgado. Traer a Steve a la compañía sería un desastre. «Tú puedes salvar Animation —me dijo Michael—. No los necesitas para eso. Sus resultados solo están a un fracaso de distancia de considerarse medianos.» Incluso llamó a Warren Buffett, pensando que si este lo consideraba una inversión absurda, podría convencer a la gente que conocía en el consejo de Disney. Warren no intervino, así que Michael llamó a Tom Murphy para ver si decía algo y al final pidió a George Mitchell si podía dirigirse él mismo al consejo.

George me llamó para comentarme la petición.

—George —le dije—, no vas a permitir que lo haga ¿verdad? ¿A estas alturas?

Michael llevaba fuera de la compañía cuatro meses. Su conexión con Disney había finalizado en su último día de trabajo. Yo era consciente de que aquello era difícil para Michael, pero su injerencia me ofendía. Él nunca habría tolerado algo así cuando era CEO.

—No cuesta nada —replicó George—. Déjalo. Le mostramos respeto, le escuchamos y después tú expones tus argumentos.

Esto era típico de George. Después de muchos años en el Senado, incluido un período como líder de la mayoría demócrata, y de haber participado en el proceso de paz de Irlanda del Norte, era un estadista consumado. Estaba convencido de que Michael merecía respeto, pero también sabía que podía ser un elemento incontrolable que influyera en el consejo desde fuera, por lo que era mejor permitirle que viniera y hablara, algo que me daba la oportunidad de responderle acto seguido en la misma sala. Es la única cosa que George hizo durante toda su etapa como presidente del consejo de administración que me irritó, pero no había nada que yo pudiera hacer salvo confiar en su instinto.

El día en que el consejo debía votar, Michael se presentó y expuso su planteamiento. Era lo mismo que ya me había dicho a mí:

el precio era demasiado alto, y Steve era complicado e imperioso y exigiría control, Animation no estaba perdida, más allá de cualquier solución.

—Bob puede salvar Animation —dijo tras mirarme.

—Michael, ¿tú no pudiste hacerlo y me estás diciendo que yo sí seré capaz? —respondí

Antes de la reunión, George había venido a mi despacho y me había dicho:

—Mira, creo que lo vas a conseguir, pero todavía no está hecho. Debes entrar ahí y dejarte la piel. Tienes que hacer el equivalente de golpear la mesa con los puños. Muestra pasión. Pídeles su apoyo.

—Pensaba que ya había hecho todo eso.

—Pues tienes que hacerlo una vez más.

Entré en la sala del consejo con una misión. Incluso me detuve un momento antes de entrar para mirar de nuevo el discurso «El hombre en la arena» de Theodore Roosevelt, que es una fuente de inspiración desde hace mucho: «No es el crítico el que cuenta; ni el hombre que señala cómo el fuerte tropieza o qué podría haber hecho mejor el que hizo algo. El mérito pertenece al hombre que está en la arena, con el rostro manchado de polvo, sudor y sangre». Mi rostro no estaba exactamente manchado de polvo, sudor y sangre, y la sala del consejo de Disney no era la más implacable de las arenas. Pero tenía que entrar allí y luchar por algo que sabía que estaba en peligro. Si decían que sí, y funcionaba, yo sería un héroe por cambiar la suerte de la compañía. Si decían que sí, y no funcionaba, no duraría mucho tiempo en mi trabajo.

Hablé con toda la pasión que pude.

—El futuro de la compañía está aquí y ahora —dije—. Se encuentra en vuestras manos. —Repetí algo que ya había dicho en octubre, durante mi primera reunión del consejo como CEO—: A la compañía le va según le va a Disney Animation. Eso era cierto en 1937, con *Blancanieves y los siete enanitos*, y en 1994, con *El rey león*, y no es menos cierto ahora. Cuando Animation triunfa, Disney triunfa. Nuestro camino hacia el futuro empieza aquí, esta noche.

Después de mi intervención, George comenzó el proceso de votación, para lo que llamó a cada miembro por orden alfabético para que votara en voz alta mientras le ofrecía la oportunidad de hablar si lo deseaba. La sala permaneció en un silencio absoluto. Recuerdo que Tom Staggs, Alan Braverman y yo nos miramos brevemente. Ellos estaban seguros de que ganaríamos la votación, pero yo no. Después de todo por lo que había pasado el consejo durante los últimos años, parecía probable que la aversión al riesgo determinara la decisión. Los primeros cuatro miembros votaron «sí» y el quinto también, pero añadió que solo lo hacía para apoyarme. De los cinco restantes, dos votaron en contra, por lo que el resultado final fue de nueve a favor y dos en contra. El acuerdo estaba aprobado.

Hubo un breve debate sobre si se debía realizar otra votación para llegar a la unanimidad, pero George lo cortó de inmediato argumentando que el proceso tenía que ser transparente. A alguien le preocupaba la percepción pública de una votación no unánime, pero yo dije que no me importaba. Todo lo que tenía que saberse era que el consejo de administración de Disney lo había aprobado. El resultado de la votación no tenía que hacerse público y, si alguien preguntaba si había sido unánime, responderíamos la verdad. (Años más tarde, Michael me reconoció que se había equivocado con Pixar, lo que fue todo un detalle por su parte.)

El día del anuncio, Alan Braverman, Tom Staggs, Zenia Mucha y yo viajamos a la sede de Pixar en Emeryville. Steve, John y Ed ya se encontraban allí, y el plan era hacer el anuncio en cuanto el mercado de valores cerrara a la una de la tarde, hora del Pacífico. Después celebraríamos una conferencia de prensa y una asamblea general con los empleados de Pixar.

Poco después de mediodía, Steve vino a verme y me llevó a un lado para hacer un aparte.

—Vamos a dar un paseo —dijo.

Yo sabía que a Steve le gustaban los paseos largos, muchas veces con amigos o colegas, pero me sorprendió el momento y su petición me hizo recelar. Me volví hacia Tom para preguntarle de qué podía tratarse, y los dos supusimos que Steve deseaba retirarse del acuerdo o quería algo más.

Miré el reloj cuando Steve y yo salimos del edificio. Eran las doce y cuarto. Caminamos durante un rato y nos sentamos en un banco en medio del maravilloso y cuidado parque de Pixar. Steve me rodeó la espalda con el brazo, lo que me pareció un amable e inesperado gesto.

—Te voy a contar algo que solo saben Laurene [su esposa] y mis médicos —empezó.

Me pidió confidencialidad absoluta y entonces me dijo que su cáncer había regresado. Unos años antes se le había diagnosticado una rara forma de cáncer de páncreas y después de una operación Steve declaró que estaba completamente curado. Pero había vuelto.

—Steve, ¿por qué me cuentas esto? —pregunté—. ¿Y por qué precisamente ahora?

—Estoy a punto de convertirme en vuestro mayor accionista y en miembro del consejo. Y creo que, dado que ahora sé esto, os debo el derecho de que os retiréis del acuerdo.

Volví a mirar el reloj. Eran las doce y media, solo faltaban treinta minutos para el anuncio del acuerdo. No estaba seguro de cómo responder y trataba de procesar lo que me acababa de decir. También me preguntaba si, en un caso así, ese conocimiento por mi parte implicaba obligaciones de revelación aplicables. ¿Tenía que informar al consejo de ello? ¿Podía preguntárselo a nuestro asesor jurídico? Él quería completa confidencialidad, por lo que sería imposible hacer nada excepto aceptar su oferta y retirarnos de un acuerdo que yo deseaba tanto y que, a la vez, necesitábamos tanto.

—Steve, en menos de treinta minutos tenemos que anunciar un acuerdo de más de 7.000 millones de dólares —le respondí al final—. ¿Qué podría decirle a nuestro consejo? ¿Que me he desilusionado?

Me replicó que le echara la culpa a él.

—¿Hay algo más que necesite saber sobre esto? —le pregunté entonces—. Ayúdame a tomar la decisión.

Me contó que el cáncer le había llegado ahora al hígado y detalló las posibilidades que tenía de superarlo. Iba a hacer todo lo que fuera necesario para asistir a la graduación en el instituto de su hijo Reed. Cuando me dijo que faltaban cuatro años para eso, me quedé destrozado. Era imposible mantener esas dos conversaciones —sobre Steve enfrentándose a su muerte inminente y sobre el acuerdo que supuestamente debíamos cerrar en unos minutos— al mismo tiempo.

Decidí rechazar su oferta de cancelar el acuerdo. Incluso si le tomaba la palabra, no habría podido explicar la razón a nuestro consejo, que no solo lo había aprobado, sino que además había soportado meses de presión por mi parte para llegar a esta decisión. Faltaban diez minutos para que el anuncio se hiciera público. Yo no sabía si estaba haciendo lo correcto, pero rápidamente calculé que Steve no era relevante para el acuerdo, aunque sin duda lo fuera para mí. Volvimos en silencio al atrio. Más tarde, ese mismo día hablé con Alan Braverman, en quien confiaba como en un hermano, y le revelé lo que Steve me había contado. Él apoyó la decisión que había tomado, lo que supuso un gran alivio. Esa noche también se lo confié a Willow. Ella conocía a Steve desde hacía años, mucho antes que yo, y en vez de brindar por lo que había sido un día trascendental al comienzo de mi mandato como CEO, lloramos juntos por la noticia. Pese a lo que me había contado y a su resolución de luchar contra el cáncer, temíamos lo que le aguardaba.

El acuerdo con Pixar se anunció a la una y cinco de la tarde, hora del Pacífico. Después de que Steve y yo hubiéramos atendido a la prensa, nos encontramos en el vasto atrio de Pixar, con John y Ed a nuestro lado, ante casi mil empleados de Pixar. Entonces alguien me regaló una lámpara Luxo para conmemorar el momento. Improvisé parte de mi intervención y agradecí el gesto al grupo, asegurándoles que la iba a utilizar para iluminar nuestro castillo. Así ha sido desde entonces.

10

Marvel y los grandes riesgos que tienen todo el sentido del mundo

La adquisición de Pixar venía motivada por nuestra urgente necesidad de revitalizar Disney Animation, pero también fue el primer paso en una estrategia más amplia de crecimiento: impulsar la creación por nuestra parte de más contenidos de marca de alta calidad; avanzar tecnológicamente, en nuestra capacidad tanto para crear más productos apasionantes como para ponerlos a disposición de los consumidores, y crecer globalmente.

Tom Staggs, Kevin Mayer y yo teníamos una lista de «objetivos de adquisición» que creíamos que nos ayudarían a cumplir esas prioridades y decidimos centrarnos primero en la propiedad intelectual. ¿Quién poseía una propiedad intelectual excelente que podría tener aplicaciones en toda la gama de nuestros negocios? Dos compañías venían de inmediato a la mente: Marvel Entertainment y Lucasfilm. No sabíamos si alguna de ellas estaría en venta, pero por distintas razones (entre ellas, mi convencimiento de que sería muy difícil persuadir a George Lucas de vender la compañía que había creado y renunciar al control del legado de «Star Wars»), pusimos a Marvel la primera de la lista. Yo no era ningún experto en el universo Marvel, pero no tienes que ser un lector empedernido de cómics para saber que estaba lleno de personajes e historias apasionantes que podrían incorporarse fácilmente a nuestras divisiones de cine, televisión, parques temáticos y productos de consumo. Había otras empresas en nuestra lista, pero ninguna de ellas eran tan valiosas como Marvel y «Star Wars».

El proyecto no estaba exento de complicaciones. Para empezar, Marvel ya estaba vinculada contractualmente a otros estudios. Tenían un acuerdo de distribución con Paramount para varias películas de estreno próximo. Habían vendido los derechos de Spider-Man a Columbia Pictures (que se convertiría en Sony). Universal controlaba el increíble Hulk. X-Men y los 4 Fantásticos pertenecían a Fox. Así que, incluso si podíamos adquirir todo lo que no estuviera en manos de otros estudios, no era una compra de propiedad intelectual tan redonda como habríamos deseado idealmente. No tendríamos todos los personajes bajo un mismo paraguas creativo, algo que más adelante podría causar cierta confusión de marca y complicaciones con las licencias.

No obstante, el mayor obstáculo era que la persona que dirigía Marvel, Ike Perlmutter, era un misterio para nosotros. Ike era un personaje legendario, duro, solitario, un antiguo militar israelí que nunca había aparecido en público ni permitido que se le hicieran fotografías. Había hecho una fortuna comprando la deuda de compañías en dificultades y utilizándola para controlarlas. Y tenía reputación de ser extremadamente cicatero. (Según se rumoreaba, le habían visto sacando clips de las papeleras.) Aparte de eso, sabíamos muy poco sobre él. No teníamos ni idea de cómo respondería a nuestras propuestas e incluso si llegaría a hacerlo.

La relación de Ike con Marvel Comics se remontaba a mediados de los años ochenta, cuando el dueño por aquel entonces de Marvel, Ron Perelman, adquirió parte de ToyBiz, una compañía que era propiedad de Ike y de un socio suyo llamado Avi Arad. Durante todo el auge de coleccionismo de cómics de finales de los ochenta y principios de los noventa, Marvel fue extremadamente rentable. Cuando el boom terminó, las pérdidas empezaron a acumularse. Hubo reestructuraciones financieras y una declaración de bancarrota, además de una larga lucha de poder final entre Perelman, el inversor Carl Icahn, que se había convertido en presidente de Marvel, y Ike y Avi Arad. En 1997, Ike y Arad arrebataron el control de la compañía a Perelman y a Icahn. Y al año siguiente fusionaron ToyBiz y Marvel para formar Marvel Enterprises, que acabó convirtiéndose en Marvel Entertainment.

En 2008, cuando empezamos a planteárnoslo en serio, Marvel era una empresa que cotizaba en bolsa, cuyo CEO y accionista mayoritario era Ike. Pasamos unos seis meses tratando de concertar una reunión con él, pero no llegamos a ningún sitio. Cabría pensar que al CEO de una compañía no le resultaría tan difícil reunirse con un homólogo suyo, pero Ike no hacía nada que no quisiera y, como era tan reservado, no había canales para llegar a él directamente.

Solo se dignaría a prestarnos atención y concedernos su tiempo si alguien de su confianza respondía de nosotros. Y nosotros teníamos una conexión. Un antiguo ejecutivo de Disney llamado David Maisel había entrado en Marvel para impulsar su entrada en el sector cinematográfico. David y yo siempre nos habíamos llevado bien, y él llamaba de vez en cuando para ver si podíamos hacer algo juntos. En varias ocasiones me había animado a que nos convirtiéramos en distribuidores de las películas en las que Marvel se estaba embarcando, pero a mí no me interesaba ocupar solo este rol. Le dije a David que quería reunirme con Ike y le pregunté si podía darme algún consejo . Respondió que trataría de organizar algo y que pensaba que era una gran idea, pero no quería prometernos nada y nos pedía paciencia.

Entretanto, Kevin Mayer no dejaba de fantasear sobre lo que haría Disney si contáramos con Marvel. Kevin es una de las personas más vehementes y obsesivas con las que he trabajado y, cuando pone su mira en algo de valor, le resulta muy difícil aceptar mi consejo de «ten paciencia», así que cada día me arengaba para que buscara alguna forma de llegar a Ike, y yo le decía que teníamos que esperar y ver qué podía hacer David.

Pasaron varios meses. Cada cierto tiempo David mandaba el mismo mensaje: «Todavía nada, hay que seguir esperando». Hasta que, por fin, me llamó un día de enero de 2009 y me dijo que Ike estaba dispuesto a reunirse. David nunca explicó por qué habían cambiado las cosas, pero sospecho que le dijo a Ike que tal vez estábamos interesados en comprar Marvel y eso le intrigó.

Unos días después de tener noticias de David, me reuní con Ike en las oficinas de Marvel en el centro de Manhattan. Como en el caso de John y Ed en Pixar, quería que sintiera que yo estaba ahí para mostrarle mi respeto, así que fui a Nueva York expresamente para reunirme con él y me presenté solo, sin un equipo de ejecutivos de Disney. Las oficinas de Marvel confirmaban la reputación de Ike. Eran espartanas. Su propio despacho era pequeño y estaba totalmente desprovisto de adornos: una mesa modesta, unas sillas, varias mesitas y lámparas. No había muebles caros ni una vista impresionante, apenas nada en las paredes. Nunca habrías imaginado que pertenecía a un CEO de una empresa dedicada al entretenimiento.

Era evidente que Ike desconfiaba de mí, pero no fue frío ni antipático. Era muy delgado y tenía un fuerte apretón de manos. Cuando me senté me ofreció un vaso de agua y un plátano. «De Costco —dijo—. Mi esposa y yo compramos allí los fines de semana.» Yo no sabía qué le había contado David sobre mí o el tema que quería hablar con él, pero no puedes conocer a alguien e, inmediatamente después de las formalidades de la presentación, decirle que quieres comprar su empresa. Así que, aunque yo sospechaba que Ike sabía que solo había una razón probable de mi presencia en su oficina, primero charlamos un poco sobre nuestros lugares de origen y nuestras respectivas empresas. Me preguntó específicamente sobre la compra de Pixar y yo le hablé sobre su integración en Disney de tal manera que les había permitido preservar su cultura única. En aquel preciso momento le expliqué por qué estaba allí y saqué a colación la idea de hacer algo parecido con Marvel.

Ike no hizo ningún comentario, ni positivo ni negativo. Hablamos otra media hora y sugirió que volviéramos a vernos por la noche, en Post House, un asador que le gustaba en la zona de las East Sixties. La conversación durante la cena fue larga y variada. Me habló sobre los distintos negocios que había dirigido, sobre su vida en Israel antes de venir a Estados Unidos. Era tan duro y orgulloso como se decía de él, y yo no insistí demasiado en la idea de una posible compra, solo lo suficiente para exponerle mi visión de cómo Marvel podría formar parte de un futuro prometedor en Disney. Hacia el final de la cena me dijo: «Tengo que pensar sobre ello», y yo le dije que le llamaría mañana.

Cuando hablé con él al día siguiente, me dijo que aún tenía dudas, pero que estaba interesado. Ike es un hombre de negocios astuto y quería conseguir una buena cifra en una venta a Disney, pero también había empezado a dirigir Marvel cuando la empresa estaba en dificultades y la había reflotado. Tenía la impresión de que le costaba asimilar la idea de que otro CEO llegara y la intentara comprar sin más, aunque supiera que ganaría una fortuna con la operación.

Ike y yo somos muy diferentes y, a lo largo de los años, hemos tenido nuestros desacuerdos desde la adquisición de Marvel, pero yo sentía un respeto genuino por su trayectoria. Había llegado a Estados Unidos prácticamente sin nada y, gracias a su inteligencia y tenacidad, había conseguido un éxito extraordinario. Yo quería que comprendiera que apreciaba quién era y lo que había hecho, y que él y su compañía estarían en buenas manos. No obstante, Ike nunca encajaría fácilmente en una estructura corporativa ni respondería bien a lo que percibía como la hipocresía de Hollywood, así que para que no tuviera reservas ante una venta a Disney debía sentir que estaba tratando con alguien que era auténtico y sincero con él y que hablaba un lenguaje que comprendía.

Por suerte para mí, esa semana Willow se encontraba en Nueva York en un viaje de negocios, así que sugerí a Ike que él y su esposa cenaran con nosotros. Willow no suele asistir a las cenas de negocios conmigo, pero sus conocimientos empresariales, su cualificación profesional y su facilidad de trato con la gente la convierten en un arma secreta. Volvimos a quedar en el Post House, a la misma mesa que Ike y yo nos habíamos sentado unas noches antes. Laurie, la esposa de Ike, es una persona inteligente y enérgica (y además es una buena jugadora de bridge), y ella y Willow hicieron que la conversación fuera fluida y relajada. No se habló de negocios; solo fue una oportunidad para que supieran cómo éramos y qué considerábamos importante, y para que nosotros también los conociéramos. Ike no lo dijo abiertamente, pero al acabar la velada yo tenía la sensación de que la idea empezaba a gustarle.

No era la primera vez que Marvel había estado en el radar de Disney. Cuando empecé a trabajar para Michael, asistí a una comida con sus colaboradores más cercanos en la que él lanzó la idea de comprarla. Varios de los ejecutivos presentes se opusieron. Marvel era demasiado atrevida, dijeron. Empañaría la marca Disney. En aquella época se daba por supuesto —internamente y entre los miembros del consejo de administración— que éramos una sola marca monolítica y que todo nuestro negocio estaba bajo el paraguas Disney. Yo tenía la impresión de que Michael se daba cuenta de que las cosas no eran así, pero se tomaba como algo personal cualquier reacción negativa a la marca o sugerencia de que la gestión no era la correcta.

Entre otras cosas, Disney tenía una asociación fructífera, aunque muchas veces tensa, con Miramax, dirigida por Bob y Harvey Weinstein, y que Michael había adquirido en 1993. (La asociación se disolvió en 2005, cuando Michael todavía era CEO, y siete años después vendimos la productora.) Miramax estrenó en torno a trescientas películas en aquellos años. Muchas fueron rentables, además de éxitos de crítica, pero un buen número de ellas perdieron dinero. Hubo intensas peleas con los Weinstein respecto a los presupuestos y el contenido de las películas, en particular sobre el documental de Michael Moore *Farenheit 11/9*, que Michael Eisner no quería que Disney distribuyera. Los problemas se sucedieron y, aunque algunas de las películas obtuvieron Oscars, nunca fue fácil trabajar con ellos. Una situación de este estilo se produjo en 1999, cuando Miramax lanzó la revista *Talk*, que perdió dinero a espuertas. Antes de que Michael tuviera ocasión de aprobar el nombramiento, ya habían puesto al frente a Tina Brown y aquello fue una catástrofe desde el principio. Nunca tuve nada que ver con la relación con Miramax, pero veía que estaba teniendo consecuencias negativas para Michael, tanto interna como públicamente. Las discusiones con Harvey y Bob Weinstein eran una fuente constante de estrés; además, Michael tenía que hacer frente a la opinión del consejo de que Miramax era fiscalmente irresponsable. A medida que la presión aumentaba durante los últimos años, veía a Michael cada vez más harto y receloso. Así que, cuando algunos ejecutivos se mostraron contrarios a la operación con Marvel, su reacción natural fue no forzar las cosas. Después de todo, el acuerdo con ABC era relativamente reciente, por lo que no había ninguna urgencia en comprar otra compañía.

Cuando asumí el cargo de CEO, mi mayor prioridad había sido revitalizar la marca Disney revitalizando Animation. Ahora que habían llegado John y Ed, el problema estaba bien encarrilado para su resolución. Una vez que Disney Animation se hubiera recuperado, yo estaba abierto a otras adquisiciones, aunque obviamente no fueran «Disney». De hecho, yo era mucho más consciente de no querer jugar sobre seguro. Habíamos corrido un gran riesgo con la adquisición de Pixar y habría sido fácil esperar un tiempo en vez de intentar seguir creciendo. No obstante, tres años después de que Pixar se convirtiera en parte de Disney, aún había más arenas movedizas por debajo de todo el sector del entretenimiento, y era importante que siguiéramos pensando con ambición para capitalizar el impulso y ampliar la cartera de historias de nuestra marca.

De cualquier manera, en el caso de Marvel lo que me preocupaba no era adquirir una compañía que era mucho más atrevida que Disney, sino lo contrario: no lo que Marvel haría a Disney, sino cómo reaccionarían los fans más leales de Marvel a la asociación con nosotros. ¿Destruiríamos parte de su valor al adquirirla? El equipo de Kevin Mayer investigó esa cuestión y, después de varias conversaciones con él, me quedé más tranquilo con la idea de que podríamos gestionar las ramas por separado de forma respetuosa, que podrían coexistir sin problemas y ninguna se vería afectada negativamente por la otra.

Algunos creativos clave de Ike también estaban comprensiblemente inquietos ante una posible adquisición. Invité a varios a Burbank y me reuní con ellos para describirles mis propias experiencias con las adquisiciones de Capital Cities y de Disney, asegurándoles que yo sabía lo que se sentía al ser engullido por otra empresa. Les dije la misma frase que había repetido en múltiples ocasiones durante mis negociaciones con Steve, John y Ed: «No tiene sentido que os compremos por lo que sois y que luego os convirtamos en otra cosa».

Una vez que Ike manifestó que estaba dispuesto a entrar en una negociación más seria, Tom Staggs, Kevin Mayer y sus equipos comenzaron el proceso exhaustivo de evaluar el valor actual y potencial de Marvel como compañía independiente y como parte de Disney, a fin de realizar una oferta realista. Este proceso implicaba tomar en consideración todos sus activos y pasivos y los obstáculos contractuales, así como su plantilla y los problemas para integrarla en nuestra compañía. Nuestro equipo elaboró un escenario a varios años vista de posibles estrenos cinematográficos con proyecciones de recaudación de taquilla. Asimismo, incorporaron al modelo lo que podríamos hacer para desarrollar el negocio dentro de Disney: tanto en nuestros parques temáticos como en las divisiones de productos de consumo y publicaciones.

Desde la adquisición de Pixar, con Steve como miembro del consejo de administración y accionista mayoritario de la empresa, siempre que quería hacer algo grande lo hablaba con él para que me diera su consejo y su apoyo antes de llevar la propuesta al consejo. La voz de Steve era importante en nuestra sala de juntas; se le tenía un gran respeto. Antes de continuar con las negociaciones fui a Cupertino y, mientras comía con Steve, le describí pormenorizadamente el negocio de Marvel. Él me dijo que no había leído un cómic en su vida («Los odio incluso más que a los videojuegos», fueron sus palabras), así que yo llevaba conmigo una enciclopedia de personajes de Marvel para explicarle el universo y que viera lo que íbamos a comprar. Después de mirarla durante unos diez segundos, la apartó a un lado y dijo: «¿Esto es importante para ti? ¿Lo quieres de verdad? ¿Es otro Pixar?».

Steve y yo nos habíamos hecho buenos amigos desde el acuerdo con Pixar. Nos veíamos de vez en cuando y hablábamos un par de veces a la semana. En varias ocasiones pasamos las vacaciones en hoteles contiguos en Hawái y quedábamos para dar largos paseos por la playa, mientras hablábamos sobre nuestras esposas e hijos, la música, Apple y Disney y las cosas que todavía podríamos hacer juntos.

Nuestra conexión era mucho mayor que una mera relación de negocios. Disfrutábamos inmensamente estando juntos y sentíamos que podíamos decirnos cualquier cosa, que nuestra amistad era lo bastante fuerte para que no se viera amenazada por la sinceridad. Normalmente no esperas entablar amistades tan estrechas en la madurez pero, cuando pienso en mis años de CEO —en las cosas que más me han sorprendido y que más agradezco—, mi relación con Steve es una de ellas. Él podía criticarme, yo podía no estar de acuerdo con él, pero ninguno de los dos se lo tomaba de manera demasiado personal. Mucha gente me había advertido de que lo peor que podía hacer era dejar que Steve entrara en la compañía, que me intimidaría a mí y a todo el mundo. Yo siempre respondía lo mismo: «¿Cómo puede no ser algo bueno que Steve Jobs venga a nuestra compañía? Incluso si es a mi costa. ¿Quién no querría que Steve Jobs influyera sobre la gestión de una compañía?». No me preocupaba su comportamiento y confiaba en que, si hacía algo inadecuado, podría decírselo. Era rápido a la hora de juzgar a la gente y, cuando criticaba a alguien, solía ser duro. Dicho esto, Steve asistía a todas las reuniones del consejo y participaba activamente en ellas, ofreciendo la clase de crítica objetiva que esperarías de cualquier miembro del consejo. Me creó problemas muy pocas veces. No digo «nunca», sino muy pocas veces.

En una ocasión le hice una visita por un hotel de Orlando que se llamaba El Arte de la Animación. Es un hotel enorme, de tres mil habitaciones, con un precio más asequible que el de muchos de nuestros hoteles. Yo estaba orgulloso de su relación calidad-precio y, cuando Steve acudió a un retiro del consejo poco después de la inauguración, lo llevé a verlo. Entramos, Steve miró a su alrededor y proclamó:

—Esto es una mierda. No estáis engañando a nadie.

—Steve —le dije—, es para gente que quiere venir a Disney World con los niños y no puede permitirse pagar cientos de dólares la noche en una habitación. Son noventa pavos y es un lugar decente, agradable, limpio y bonito.

—¡No lo pillo! —gritó bruscamente.

La mayoría de la gente habría apreciado la calidad y el cuidado que habíamos tenido en el diseño, pero Steve era distinto. Él miraba las cosas a través de su propia lente.

—No es para ti —respondí—. Siento habértelo enseñado.

Yo estaba un poco enfadado por su esnobismo, pero también sabía que él era simplemente así. Construía cosas de la máxima calidad, no necesariamente asequibles para todo el mundo, pero nunca sacrificó la calidad en aras de la asequibilidad. No volví a mostrarle nada como aquel hotel nunca más.

Cuando se estrenó *Iron Man 2*, Steve llevó a su hijo a verla y me llamó al día siguiente.

—Anoche llevé a Reed a ver *Iron Man 2* —me dijo—. Es un tostón.

—Muchas gracias. Lleva recaudados unos setenta y cinco millones de dólares. Las cifras de taquilla este fin de semana van a ser espectaculares. No me tomo tus críticas a la ligera, Steve, pero es un éxito y tú no eres el público al que va dirigida.

(Yo sabía que *Iron Man 2* no era lo que suele considerarse una candidata a los Oscar, pero no podía dejar que creyera que siempre tenía razón.)

Poco después de aquello, en la junta de accionistas de Disney de 2010, Alan Braverman, nuestro asesor jurídico, se me acercó para decirme:

—Tenemos muchísimos votos negativos contra cuatro miembros del consejo.

—¿Qué quieres decir con muchísimos?

—Mas de cien millones de acciones —dijo.

Me quedé atónito. Normalmente puede haber entre un 2 y un 4 por ciento de votos negativos como mucho. Más de cien millones de acciones era mucho más que eso. Era muy extraño.

—¿Cien millones de acciones? —repetí.

La compañía iba muy bien y se respetaba a los miembros del consejo. Que yo supiera, no había habido críticas públicas, ni advertencias de que pudiera ocurrir algo así. No tenía sentido. Al cabo de un minuto, Alan dijo:

—Creo que puede ser Steve.

Él poseía ese número de acciones y había votado en contra de cuatro miembros del consejo. Esto tenía lugar un día antes de que hiciéramos públicos los resultados de la votación. Anunciar que cuatro miembros del consejo habían recibido todos esos votos negativos sería una pesadilla de relaciones públicas. Llamé a Steve.

—¿Eres tú el que has votado contra cuatro miembros del consejo?

—Sí.

—En primer lugar, ¿cómo puedes hacer algo así sin hablarlo primero conmigo? Esto no va a pasar precisamente inadvertido. No sé cómo voy a explicarlo en público ni tampoco de qué manera voy a explicárselo a ellos. Al final se sabrá que es cosa tuya. Además ¡estos cuatro miembros son gente válida! ¿Por qué votas en contra de ellos?

—Me parece que son un despilfarro de espacio —respondió—. No me gustan.

Yo empecé a defenderlos, pero enseguida me di cuenta de que eso no iba a funcionar con Steve. No iba a convencerle de que se equivocaba.

—¿Qué quieres que haga? —me dijo finalmente.

—Que cambies tu voto.

—¿Puedo hacerlo?

—Sí.

—De acuerdo, voy a cambiarlo porque es importante para ti. Pero te advierto que el año que viene volveré a votar en contra.

Nunca llegó a hacerlo. Cuando se celebró la siguiente junta de accionistas, él estaba muy enfermo y centrado en otras cosas. Con estas pocas excepciones, Steve era un socio y un consejero de negocios magnífico y generoso.

Cuando hablamos sobre la cuestión de Marvel, le dije que no estaba seguro de si era otro Pixar, pero que en esa compañía tenían mucho talento y un contenido tan rico que, si pasábamos a controlar la propiedad intelectual, eso nos distanciaría considerablemente de los demás. Le pregunté si estaría dispuesto a ponerse en contacto con Ike y responder de mí.

«De acuerdo —dijo Steve—. Si crees que es lo correcto, haré esa llamada.» Él nunca habría invertido en una compañía así, pero confiaba en mí y quería ayudarme más de lo que odiaba los cómics y las películas de superhéroes. Al día siguiente, llamó a Ike y habló con él un buen rato. Creo que incluso Ike estaba impresionado —y halagado— por recibir una llamada de Steve Jobs. Este le dijo que la compra de Pixar había excedido con mucho sus expectativas, porque yo había cumplido mi palabra y había respetado la marca y a las personas.

Más adelante, después de haber cerrado el acuerdo, Ike me dijo que aún tenía dudas por aquel entonces, pero que la llamada de Steve había sido decisiva para él: «Dijo que cumplías tu palabra». Yo estaba muy agradecido de que Steve hubiera estado dispuesto a hacerlo más porque era mi amigo que por su rol como miembro más influyente del consejo. Cada cierto tiempo, le decía:

—Tengo que pedirte esto, tú eres nuestro accionista mayoritario.

—No puedes verme así —respondía siempre—. Es insultante. Solo soy un buen amigo.

El 31 de agosto de 2009, unos meses después de mi primera reunión con Ike, anunciamos la compra de Marvel por 4.000 millones de dólares. No hubo ninguna filtración anticipada ni especulaciones en la prensa sobre una posible adquisición. Nos limitamos a hacer el anuncio y nos preparamos para las reacciones adversas: ¡Marvel va a perder su osadía! ¡Disney va a perder su inocencia! ¡Han gastado 4.000 millones y no han conseguido Spider-Man! Nuestras acciones cayeron un 3 por ciento el día que anunciamos el acuerdo.

No mucho después del anuncio, el presidente Obama celebró una comida con un grupo de líderes empresariales en el Jardín de las Rosas. Brian Roberts, de Comcast, estaba allí, al igual que Alan Mulally, de Ford, y un puñado de gente más. Comimos y charlamos sobre nuestros diversos negocios y el presidente mencionó que era un gran fan de Marvel. Después, Brian y yo compartimos el coche para volver de la Casa Blanca.

—¿Dónde le ves el valor a Marvel? —me preguntó durante el trayecto.

Le respondí que era una fuente inagotable de propiedad intelectual.

—Pero ¿no está ya todo cedido?

Le dije que algunos de los personajes lo estaban, pero que había muchos más que no. Entonces Brian me comentó que había hablado con Jeff Immelt, el CEO de General Electric, propietaria de NBC-Universal en aquellos momentos. (Poco tiempo después, Comcast les compraría NBC.) Al parecer, Jeff había dicho a Brian que no entendía nuestro acuerdo con Marvel. «¿Por qué iba a querer comprar alguien una biblioteca de personajes de cómic por 4.000 millones de dólares? —había dicho—. Cosas como esta hacen que me entren ganas de abandonar el negocio.»

Yo sonreí y me encogí de hombros.

—Ya veremos… —dije.

No me preocupaba lo que pudiera comentar otro CEO. Nosotros habíamos hecho nuestros deberes. Sabíamos que el tiempo demostraría que las marcas podían coexistir fácilmente y que el universo Marvel tenía una profundidad de la que la mayoría de la gente no era consciente. En el curso de nuestra investigación habíamos elaborado un dossier de unos siete mil personajes de Marvel. Incluso si no podíamos obtener Spider-Man o los derechos que ya controlaban otros estudios, aún había más que suficiente material utilizable. El contenido y el talento estaban allí. (De hecho, el talento de Marvel Studios, dirigido por Kevin Feige, describía su visión a largo plazo de lo que sería el Marvel Cinematic Universe, o MCU. Tenían mucho trabajo por delante, pero el plan que diseñó Kevin —que incluía la interconexión de personajes a través de múltiples películas hasta bien entrada la década siguiente— me parecía una idea brillante.)

Integramos Marvel con rapidez y facilidad. Ike siguió dirigiendo el negocio (que comprendía las divisiones cinematográfica y televisiva, además de la editorial, entre otras cosas) desde Nueva York. Kevin Feige trabajaba desde Manhattan Beach y seguía dependiendo de Ike. Al principio, esta estructura dio la impresión de que funcionaba, al menos en apariencia. Las películas tenían éxito y, ya al poco tiempo de la adquisición, se vio claramente que, a no ser que cometiéramos errores de bulto o nos perjudicara algún acontecimiento exterior imprevisto, Marvel iba a ser mucho más valiosa de lo que habíamos previsto.

Pero había otras preocupaciones. La principal era que la relación entre Ike y Kevin —o, por decirlo con más precisión, la forma en que Ike trataba a Kevin— no dejaba de empeorar con cada película que producía Marvel. El negocio cinematográfico puede ser apasionante y, a la vez, sacarte de quicio. No funciona como otros negocios tradicionales. Exige de ti que hagas una apuesta tras otra basándote solo en tu instinto. Todo es un riesgo. Puedes tener lo que te parece una gran idea y haber reunido el equipo adecuado y, sin embargo, las cosas se pueden torcer por infinidad de razones que muchas veces están fuera de tu control. El guion no funciona, el director no tiene buena química con su equipo o su visión de la película es contraria a la tuya, se estrena un filme de la competencia que echa por tierra tus expectativas. Es fácil contagiarse del glamour de Hollywood y perder toda la perspectiva; y es igual de fácil despreciarlo y perder toda la perspectiva. He visto las dos cosas muchas veces.

Ike lo despreciaba. Él gestionaba el presupuesto de Marvel y le inquietaban los costes y riesgos cada vez más crecientes, pero no formaba parte de la cultura de Hollywood y no le interesaba el lado creativo de la realización de películas. Simplemente no era lo suyo. No leía los guiones ni veía los primeros montajes. No hablaba de las ideas con los directores, los productores o los guionistas. Durante todos los años en que Marvel ha estado produciendo cine solo ha asistido a un estreno, el primer *Iron Man*, y acudió camuflado. Las películas funcionaban bien, pero cada vez eran más caras y Ike empezó a tratar a su gente con desconfianza y desprecio, como si estuvieran confabulados para aprovecharse de él. Esta desconfianza —a veces incluso paranoia— se veía amplificada por el hecho de que él se encontraba a cinco mil kilómetros de distancia.

Kevin es uno de los ejecutivos cinematográficos de más talento en la historia del cine, pero Ike lo trataba como si fuera un adversario en vez de un socio o empleado. Esto se ponía de manifiesto de formas sutiles y no sutiles. Ike no le daba a Kevin los presupuestos que necesitaba para conseguir los actores que quería o los niveles de producción que buscaba. Se dirigía a él con un desprecio absoluto y le discutía todo: los contratos de los actores, los costes de producción, las posibilidades de que hubiera de productos de consumo o su inexistencia. Todo esto estaba cobrándose un precio terrible en la salud de Kevin. Perdió peso y enfermó de estrés. Al cabo, comunicó a Alan Horn, presidente de Walt Disney Studios, lo mal que estaban las cosas y que no podía permanecer en la empresa, quizá ni siquiera en el sector.

Alan me informó de cómo había empeorado la situación y al final él y yo volamos a Nueva York para plantearle a Ike la situación y decirle que no podía seguir dirigiendo el estudio. Ike me había insinuado con anterioridad que había perdido la confianza en Kevin y quería sustituirle, pero cada vez que yo le preguntaba por sus planes, me decía que aún no había encontrado a la persona adecuada y que tenía que pensarlo un poco más. Alan y yo cenamos con Ike y le dije:

—Kevin está enfermando por la forma en que lo tratas. Vas a conseguir que se marche de la compañía y no puedo permitir algo así.

Ike estaba furioso de que nos enfrentáramos a él por esto.

—Se volverá contra vosotros —dijo—. Kevin solo es leal a sí mismo.

Yo no estaba de acuerdo con él, pero le pregunté cuál era su alternativa si las cosas eran como decía. Reconoció que no tenía ninguna.

—Entonces no hace falta que te diga más —respondí.

Teníamos que hacer un cambio.

Le explicamos que Kevin dependería ahora de Alan, y que Ike seguiría dirigiendo Marvel TV y la división de publicaciones, pero que ya no tendría control alguno sobre el estudio. Ike se enfureció. Odiaba Hollywood; no le interesaban las películas en sí, pero para él suponía un golpe terrible que le quitaran la autoridad sobre el núcleo del negocio de Marvel. Acabó aceptando la decisión —no había otra alternativa—, pero mi relación con él no volvió a ser la misma después de aquello.

Es posible que despedir a gente o despojarle de responsabilidades sea lo más difícil que tienes que hacer como jefe. Ha habido varias veces en que me he visto obligado a comunicar malas noticias a personas válidas, algunas de las cuales eran amigas mías y algunas de las cuales no habían podido demostrar su talento en el puesto en el que yo las había colocado. No hay un buen método para despedir a alguien, pero yo tengo mis propias reglas internas. Tienes que hacerlo en persona, no por teléfono y, desde luego, no a través de un correo electrónico o de un mensaje de texto. Tienes que mirar a esa persona a los ojos. No puedes utilizar a terceros como excusa. Eres tú el que está tomando esa decisión sobre ella, no como persona, sino por la forma en que ha desempeñado su trabajo, y tiene que saber —y merece conocerlo— que esa decisión viene de ti. No puedes charlar informalmente con alguien cuando lo llamas para comunicarle ese tipo de noticias. Normalmente, digo algo así: «Te he pedido que vengas por una razón delicada». Y luego intento ser tan directo como sea posible, explicando clara y concisamente qué es lo que no está funcionando y por qué no creo que las cosas vayan a cambiar. Subrayo que ha sido una decisión difícil de tomar y que entiendo que aún lo es mucho más para esa persona. Hay un lenguaje corporativo lleno de eufemismos que se emplea con frecuencia en esas situaciones y que siempre me ha parecido ofensivo. No hay forma de evitar que la conversación sea dolorosa, pero al menos puede ser honesta y, de esta forma, al menos hay una posibilidad de que la otra persona comprenda por qué ha ocurrido y pueda avanzar, aunque salga del despacho enfadada y llena de rabia.

De hecho, Alan Horn era por aquel entonces presidente de Disney Studios después de que yo hubiera despedido a su predecesor, Rich Ross, a quien había colocado en ese puesto inmediatamente después de la compra de Marvel. En aquel momento yo pensaba que estaba tomando una decisión valiente y poco convencional. Rich carecía de experiencia cinematográfica, pero había tenido un éxito extraordinario en la dirección de Disney Channel. Había estrenado varios programas con franquicias y coordinado el éxito de esas marcas en todas nuestras divisiones. Había expandido nuestro negocio de televisión infantil por mercados de todo el mundo, pero había subestimado lo difícil que sería dar el salto al estudio, en parte porque yo todavía no era del todo consciente de las complejidades del negocio cinematográfico. Estaba deseoso de tomar una decisión audaz y, aunque Rich no tenía experiencia a la hora de navegar por la corporativista cultura de Hollywood, yo pensaba que podría aportar unas capacidades distintas y necesarias a ese trabajo.

He cometido grandes errores personales a lo largo de los años, y este fue uno de ellos. Siempre he agradecido a Tom Murphy y a

Dan Burke que confiaran en mi capacidad para alcanzar el éxito en un negocio porque lo había tenido en otro distinto. Yo hice la misma apuesta con Rich, pero la transición fue demasiado dura para él y, en cuanto perdió pie, nunca se recuperó. Al cabo de un par de años teníamos demasiadas pocas películas en proyecto. Varios socios importantes, dentro y fuera de Disney, habían perdido la confianza en Rich y decían abiertamente que no querían trabajar con él. (Ike era uno de sus detractores más vehementes.) Al estudiar la situación del estudio vi que había muy pocas cosas que fueran bien y que estaba claro que mi instinto había fallado. En vez de asignar más esfuerzos para que aquello funcionara o adoptar una actitud defensiva sobre mi decisión, tenía que controlar los daños, aprender de mis errores y pasar página rápidamente.

En algún momento del breve mandato de Rich como presidente de Disney Studios, me llamó Bob Daly, quien por entonces era copresidente de Warner Bros., y me dijo que tenía que hablar con Alan Horn para que actuara como consejero de Rich. Alan había sido destituido como presidente y director de operaciones de Warner Bros. Tenía sesenta y ocho años y, aunque era responsable de algunas de las películas de más éxito de la última década, como la franquicia de Harry Potter, Jeff Bewkes, el CEO de Time Warner, quería a alguien más joven para dirigir su estudio.

Alan seguía ligado contractualmente a Warner Bros. cuando Bob me planteó la posibilidad de que fuera mentor de Rich, pero, un año después, cuando en el sector todo el mundo tenía claro que Rich no iba a durar en ese puesto, Bob me llamó otra vez y me animó a que considerase la propuesta. Yo no conocía bien a Alan, pero respetaba su trabajo y lo que él representaba, tanto dentro como fuera del sector. También era consciente de que su jubilación forzada le había resultado humillante. Desayunamos juntos un día y le expliqué que tenía que sustituir a Rich pronto. En el transcurso de aquel encuentro y de otros dos posteriores se vio claramente que Alan quería demostrar que aún podía empezar un nuevo capítulo, pero que también le preocupaba intentar algo y que no funcionara, y añadir así otra nota amarga a su carrera. Lo último que necesitaba, me dijo, era ir a otro sitio y fracasar.

«Yo tampoco puedo permitirme otro error», le dije. Durante los meses siguientes, Alan yo hablamos sobre la posibilidad de que se convirtiera en el nuevo presidente de nuestro estudio. Una de las cuestiones era cuál iba a ser el nivel de mi intervención en su trabajo. Le dije que ningún ejecutivo de la compañía podía aprobar proyectos de envergadura sin mí: «El jefe de parques y complejos turísticos no puede meterse en una operación de doscientos millones de dólares sin mi aprobación. Y lo mismo vale para las películas». Aunque las cosas habían acabado mal en Warner Bros., Alan estaba acostumbrado a tener una autonomía prácticamente absoluta. Incluso si quería intervenir en la división cinematográfica, Jeff Bewkes se encontraba a cinco mil kilómetros, en Nueva York. «Yo estoy a diez metros —añadí—. Y me ocupo de esto, mucho. Antes de que tomes una decisión tienes que saber que voy a implicarme en tu negocio. El noventa y nueve por ciento de las veces podrás hacer lo que quieras, pero no te puedo dar una libertad absoluta.»

Al final, Alan se mostró de acuerdo y en el verano de 2012 se convirtió en presidente de Disney Studios. Yo veía en él no solo a alguien que, en esta etapa tardía de su carrera, poseía la experiencia necesaria para restablecer buenas relaciones con la comunidad cinematográfica. También tenía que demostrar algo. Estaba electrizado, y su energía y concentración transformaron Disney Studios en cuanto tomó posesión de su cargo. En el momento en que escribo esto, tiene más de setenta y cinco años y es tan vital y tan sagaz como el que más en el sector. Ha llevado a cabo su cometido con un éxito que ha superado todas mis expectativas. (De las casi dos docenas de películas Disney que han recaudado en taquilla más de 1.000 millones de dólares, casi tres cuartas partes de ellas se estrenaron bajo el mando de Alan.) Y es decente, directo, amable y colaborador con todos los que trabajan con él. Otra lección que se desprende de ese nombramiento: rodéate de personas que sean buenas, además de ser buenas en lo que hacen. No siempre puedes prever quién va a fallar desde el punto de vista ético o a mostrar una faceta de sí mismo que no sospechabas que existiera. En los casos más graves deberás tomar medidas ante actos que tienen una repercusión negativa en la compañía y no se pueden pasar por alto sin más. Esa es una parte ineludible del trabajo, pero tienes que exigir honestidad e integridad a todos, y cuando hay alguna desviación, es necesario actuar rápidamente.

La adquisición de Marvel ha resultado ser mucho más exitosa de lo previsto incluso por nuestros modelos más optimistas. En el momento de escribir esto, *Vengadores: Endgame*, nuestra vigésima película Marvel, ha batido el récord de recaudación en taquilla de un filme durante sus primeras semanas. En conjunto, las películas han generado más de 1.000 millones de dólares de media en ingresos brutos de taquilla y su popularidad ha tenido una repercusión inesperada en muchos sentidos en nuestras divisiones de parques temáticos, televisión y productos de consumo.

Pero su impacto sobre la compañía y la cultura popular ha ido mucho más allá de la taquilla. Desde 2009, Kevin, Alan, yo y algunos más nos reunimos trimestralmente para planear nuestros futuros estrenos de Marvel. Hablamos sobre proyectos que ya están en una fase avanzada de producción y acerca de otros que no son más que atisbos de una idea. Reflexionamos sobre los personajes que podríamos introducir, consideramos qué secuelas y franquicias podríamos sumar al siempre en expansión Marvel Cinematic Universe. Sopesamos actores y directores y pensamos cómo podrían relacionarse y enriquecerse recíprocamente las distintas historias.

Con frecuencia recurro a mi útil enciclopedia Marvel antes de esas reuniones para sumergirme en las profundidades de los personajes y ver si alguno despierta mi curiosidad lo suficiente como para plantear su desarrollo. En la época en la que Kevin todavía dependía de Ike y las decisiones del estudio las tomaba el equipo Marvel en Nueva York, abordé la cuestión de la diversidad en una de esas reuniones. Hasta entonces las películas Marvel se habían construido en buena medida en torno a personajes que eran varones blancos. Cuando dije que me parecía que debíamos cambiar eso, Kevin se mostró de acuerdo, pero le preocupaba que los miembros del equipo Marvel de Nueva York fueran escépticos con respecto a la propuesta. Llamé al equipo para exponerle mis ideas. Uno de ellos me respondió: «Las superheroínas nunca funcionan bien en taquilla». Su otro supuesto era que al público del resto del mundo no le gustarían los superhéroes negros.

Yo no creía que esos viejos tópicos fueran realmente ciertos, así que empezamos a hablar sobre qué personajes podríamos introducir en nuestras películas. Kevin mencionó a Black Panther, que estaba a punto de ser incorporado al guion de *Capitán América: Civil War*, y que despertó tanto el interés de Alan como el mío. Chadwick Boseman, cuya interpretación de Jackie Robinson en *42* había sido muy elogiada, interpretaría a Black Panther. Era un actor tan magnético y convincente que lo veía perfecto como protagonista de una película de Marvel.

Por esas fechas, Dan Buckley, que dirige las divisiones de televisión y cómics de Marvel, me dijo que el escritor Ta-Nehisi Coates, a quien considero una de las voces más importantes de la literatura estadounidense contemporánea, estaba escribiendo un cómic de Black Panther para nosotros. Le pedí a Dan que me lo enviara y me impresionaron la elegancia de la narración y la profundidad con que Ta-Nehisi había tratado al personaje. Devoré el cómic e, incluso antes de haberlo terminado, ya tenía *Black Panther* en mi lista mental de proyectos Marvel que no podíamos dejar de hacer.

Los escépticos de Marvel en Nueva York no eran los únicos que pensaban que una película de superhéroes negros no funcionaría en taquilla. En Hollywood existe la opinión arraigada de que las películas con protagonistas negros o un reparto mayoritario de actores negros tienen dificultades en muchos mercados internacionales. Ese supuesto ha limitado el número de películas producidas con protagonistas negros y repartos mayoritarios de actores negros y, en muchas de las que se han hecho, se ha reducido el presupuesto para mitigar el riesgo en taquilla.

Yo llevo en este negocio el tiempo suficiente para haber oído el repertorio completo de viejos argumentos y he aprendido que solo son eso: antiguos y desfasados respecto a tal y como es el mundo y también a tal como debería ser. Teníamos la oportunidad de hacer una gran película y dar visibilidad a un segmento infrarrepresentado de nuestro país, y esos objetivos no eran mutuamente excluyentes.

Llamé a Ike y le dije que quería que su equipo dejara de poner obstáculos y le ordené que comenzáramos a producir *Black Panther* y *Capitana Marvel*.

Ike cumplió mis peticiones. De inmediato empezamos a desarrollar *Black Panther*, que fue seguida al poco tiempo por *Capitana Marvel*. Ambas películas desafiaban todas las nociones preconcebidas de cómo debían funcionar en taquilla. Cuando escribo esto, *Black Panther* es la cuarta película de superhéroes que más ingresos brutos ha generado de todos los tiempos y *Capitana Marvel* la décima. Los ingresos de ambas han superado con mucho los 1.000 millones de dólares. No obstante, lo que han logrado culturalmente es incluso más significativo.

La experiencia de ver *Black Panther* con toda la multitud que llenaba el Dolby Theatre el día del estreno será uno de los momentos más memorables de mi carrera. Hasta entonces solo la había visto en proyecciones en mi casa o con pequeños grupos en el estudio. Sabía que teníamos algo especial, pero nunca estás completamente seguro de cómo va a ser recibido. No obstante, estaba impaciente por compartirla con el mundo y ver y sentir su reacción. Aquella noche, la energía en la sala era electrizante mucho antes de que las luces se apagaran. Podías sentir por anticipado de que estaba a punto de ocurrir algo sin precedentes, algo histórico, y la película excedió con mucho esas expectativas.

Después del estreno recibí más llamadas y mensajes que sobre cualquier otra cosa que haya hecho en mi carrera. Spike Lee, Denzel Washington y Gayle King se pusieron en contacto conmigo. Hice llegar una copia de la película al presidente Obama a través de un ayudante de producción y, cuando hablé con él después, me dijo lo importante que consideraba la película. Oprah envió una nota en la que la describía como «un fenómeno en todos los sentidos». Luego añadía: «Se me empañan los ojos al pensar que los niños negros van a crecer con ella en su memoria para siempre».

Quizá *Black Panther* sea el producto que hemos creado del que estoy más orgulloso. Después de su primera semana sentía la necesidad de compartir mi orgullo por la película y envié este mensaje a todos los empleados de la compañía:

Querido/a amigo/a:

¡Es difícil no empezar con «Wakanda para siempre» cuando compartimos grandes noticias sobre *Black Panther*!

La película *Black Panther* de Marvel es una obra maestra del cine, un éxito a muchos niveles, que llega a los corazones y abre las mentes... al tiempo que entretiene a millones de personas y supera con mucho las proyecciones más optimistas de recaudación de taquilla. Esta innovadora película registró, en el primer fin de semana, un récord de 242 millones de dólares en la taquilla nacional y alcanzó la segunda máxima recaudación de la historia del cine en los primeros cuatro días. Hasta el momento, la taquilla en todo el mundo supera los 426 millones de dólares y todavía tiene que estrenarse en varios grandes mercados.

Black Panther también se ha convertido instantáneamente en un fenómeno cultural suscitando el debate, moviendo a la reflexión, motivando a jóvenes y a mayores y refutando mitos tan antiguos como el propio sector cinematográfico.

Como CEO de esta extraordinaria compañía, recibo muchas reacciones sobre nuestras creaciones. En los doce años que llevo en este puesto nunca he visto manifestaciones tan abrumadoras y genuinas de entusiasmo, respeto, gratitud y elogios como las que ha producido *Black Panther*... Testimonian la importancia de dar visibilidad a voces y perspectivas diversas, y lo impactante que es que todos los sectores de nuestra sociedad sean vistos y representados en nuestro arte y entretenimiento. El éxito de la película también atestigua el deseo de nuestra compañía de ser adalides de empresas audaces e iniciativas creativas, nuestra capacidad para hacer realidad a la perfección una visión innovadora y nuestro compromiso de llevar extraordinarias obras de entretenimiento a un mundo que está hambriento de héroes, modelos de roles y narraciones increíblemente grandes.

11

«Star Wars»

Me habría gustado que Steve hubiera visto en qué se convirtió nuestra inversión en Marvel. Probablemente no le habrían interesado mucho las películas (aunque me parece que habría disfrutado viendo cómo *Black Panther* y *Capitana Marvel* triunfaban contradiciendo los dogmas del sector), pero habría estado orgulloso de su papel para persuadir a Ike y de que la marca hubiera prosperado de tal manera con Disney.

En cada éxito de la compañía desde la muerte de Steve siempre hay un momento en medio de todo el entusiasmo en el que pienso «Me gustaría que Steve pudiera estar aquí para ver esto». No puedo evitar que se produzca en mi cabeza la conversación que me gustaría estar manteniendo con él en la realidad.

En el verano de 2011, Steve y su esposa, Laurene, vinieron a nuestra casa en Los Ángeles para cenar con Willow y conmigo. Para entonces se encontraba en las últimas fases del cáncer, estaba muy delgado y era evidente que sufría mucho dolor. Apenas le quedaba energía y su voz era ronca y débil. Pero quería pasar una velada con nosotros, en parte para brindar por lo que habíamos hecho hacía unos años. Estábamos en la sala de estar y levantamos las copas de vino para brindar antes de la cena. «Mira lo que hicimos —dijo—. Salvamos dos compañías.»

A todos se nos empañaron los ojos de lágrimas. Este era el Steve más afectivo y más sincero. Estaba convencido de que Pixar había prosperado de formas a las que nunca habría llegado si no se hubiera convertido en parte de Disney y que, a su vez, Disney se había revitalizado con la llegada de Pixar. No pude evitar recordar nuestras primeras conversaciones y lo nervioso que estaba cuando me puse en contacto con él. Solo habían pasado seis años, pero parecía otra vida. Desde entonces él se había vuelto muy importante para mí, tanto profesional como personalmente. Cuando brindamos, apenas pude mirar a Willow. Ella conocía a Steve desde 1982, mucho antes que yo, cuando él era uno de los jóvenes, brillantes e impetuosos fundadores de Apple. Ahora estaba demacrado y frágil, en los últimos meses de su vida, y yo sabía cuánto la apenaba verlo así.

Steve murió el 5 de octubre de 2011. A su entierro en Palo Alto asistimos unas veinticinco personas. Nos congregamos muy juntas en torno al ataúd y Laurene preguntó si alguien quería decir algo. Yo no me había preparado para hablar, pero me vino a la mente el recuerdo de aquel paseo por el campus de Pixar unos años antes.

Nunca se lo había contado a nadie más que a Alan Braverman, nuestro asesor jurídico, y a Willow, porque necesitaba compartir la intensidad emocional de aquel día con mi esposa. No obstante, pensé que aquel momento captaba el carácter de Steve, así que lo recordé allí, en el cementerio: Steve llevándome a un lado para un aparte; el paseo por el campus; la forma en que me rodeó con el brazo y me comunicó la noticia; su preocupación que le había llevado a darme a conocer este hecho tan íntimo y terrible, porque podría afectarnos a Disney y a mí, y él quería ser completamente transparente; la emoción con la que habló sobre su hijo y la necesidad de vivir lo suficiente para verlo graduarse en el instituto y empezar su vida de adulto.

Después del funeral, Laurene se acercó y me dijo: «Yo nunca he contado mi vertiente de esa historia». Me relató la vuelta de Steve a casa aquella noche. «Cenamos y, después de que los niños se hubieran levantado de la mesa, le pregunté: "¿Así que se lo has contado?". "Sí", respondió. Y yo le pregunté: "¿Podemos confiar en él?".»

Estábamos allí de pie, con la tumba de Steve detrás de nosotros, y Laurene, que acababa de enterrar a su marido, me regaló algo en lo que he pensado casi cada día desde entonces. Desde luego, he pensado en Steve cada día. «Le pregunté si podíamos confiar en ti —dijo Laurene—. Y Steve contestó: "Adoro a ese tío".»

El sentimiento era mutuo.

Cuando fui a Cupertino a hablar con Steve sobre Marvel, me preguntó si estaba mirando alguna otra cosa. Le mencioné Lucasfilm y dijo: «Deberías llamar a George. —Steve había comprado Pixar a George Lucas, y ambos eran amigos desde hacía años—. Nunca se sabe. Podría estar interesado. Deberíamos ir los dos a su rancho y comer con él algún día».

Aquella comida nunca tuvo lugar. Poco tiempo después, Steve ya se encontraba muy enfermo y su participación en los asuntos de Disney fue disminuyendo. Pero Lucas había encabezado nuestra lista de posibles adquisiciones desde que firmamos el acuerdo de Marvel y yo había estado pensando en cómo aproximarme a George de tal forma que no le ofendiera la sugerencia de que nos vendiera los maravillosos mundos que había creado.

A mediados de los ochenta Michael Eisner había firmado un acuerdo de licencia con George para construir atracciones basadas en «Star Wars» —y en «Indiana Jones»— en nuestros parques. Y en mayo de 2011 estábamos reabriendo las atracciones de «Star Wars» (se llaman Star Tours) en Disney World y en Disneyland después de un año entero de renovación. Sabía que George iba a acudir a Orlando para volver a inaugurar la atracción como favor a la compañía y a sus amigos de Imagineering, y decidí unirme a él. Con alguna excepción, suelo dejar las inauguraciones de las nuevas atracciones al jefe de parques y complejos turísticos, pero me pareció que esta ocasión podría darme la oportunidad de sondear a George para ver si, al menos, tomaría en consideración la posibilidad de la venta.

Nuestra relación se remontaba a los días en que yo dirigía ABC Entertainment. Después del éxito de *Twin Peaks*, algunos de los directores más respetados de Hollywood expresaron su interés en hacer series televisivas con nosotros. Me reuní con George y él me presentó la idea de un programa que seguiría a un joven Indiana Jones en sus viajes por el mundo. «Cada episodio sería una clase de historia», dijo. Indy interaccionaría con figuras históricas como Churchill, Freud, Degas o Mata Hari. Le di un sí muy rápido y en 1992 lanzamos *Las aventuras del joven Indiana Jones* los lunes por la noche, justo antes de *Monday Night Football*. La serie tuvo unos buenos índices de audiencia al principio pero, al cabo de un tiempo, el público perdió interés por las clases de historia y las cifras cayeron. No obstante, George había realizado la serie tal como nos la había propuesto y me pareció que por eso, y porque se trataba de George Lucas, merecía una segunda temporada y otra oportunidad de atraer a los televidentes. Esto último nunca ocurrió, pero George agradeció que hubiera dado a la serie esa oportunidad.

El día de la reinauguración de Star Tours en Orlando quedé para desayunar con él en el Brown Derby, que estaba cerca de la atracción en nuestro Hollywood Studios Park. Normalmente el restaurante no abre antes de mediodía, pero les pedí que prepararan una mesa solo para nosotros, de manera que pudiéramos hablar en privado. Cuando llegaron George y su prometida, Mellody Hobson, se sorprendieron de que allí solo estuviera yo. Nos sentamos y disfrutamos de un desayuno muy agradable y, hacia la mitad, le pregunté a George si alguna vez había pensado vender su compañía. Intenté ser claro y directo sin ofenderle. En aquellos momentos tenía sesenta y ocho años y dije:

—No quiero sonar fatalista, George, y te ruego que me interrumpas si prefieres que no hablemos de esto, pero creo que es algo que merece la pena plantearse. ¿Qué va a ocurrir en el futuro? No tienes herederos que vayan a dirigir la compañía en tu nombre. Quizá puedan controlarla, pero no dirigirla. ¿No deberías decidir quién protege o continúa tu legado?

George asentía con la cabeza mientras yo hablaba.

—Todavía no estoy preparado para vender la empresa —replicó—. Pero tienes razón. Si me decido a hacerlo, tú eres el único al que se la vendería.

Entonces recordó *Las aventuras del joven Indiana Jones* y lo agradecido que estaba porque yo le hubiera dado a la serie una oportunidad, incluso cuando los índices de audiencia no eran buenos. Y entonces se refirió a lo que habíamos hecho con Pixar, algo sobre lo que Steve debió de haberle hablado en algún momento.

—Hicisteis lo correcto —continuó—. Cuidasteis de ellos. Si por fin me animo a vender, tú serás el único al que llame.

Y dijo otra cosa que tuve presente en todas las conversaciones que mantuvimos posteriormente:

—Cuando muera, la primera línea de mi necrológica será «George Lucas, creador de "Star Wars"...».

La saga formaba parte hasta ese punto de quién era él como persona, algo que desde luego yo ya sabía, pero oírselo decir así, mientras me miraba a los ojos, ponía de relieve cuál sería el factor más importante en las conversaciones. No se trataba de negociar la adquisición de una empresa, sino de negociar quiénes iban a ser los custodios del legado de George, y yo tenía que ser especialmente sensible a este hecho en todo momento.

Con gran preocupación por parte de Kevin Mayer y de algunos más en Disney, que tenían Lucasfilm en el punto de mira porque, al igual que Marvel y Pixar con anterioridad, encajaba tan perfectamente en nuestra estrategia, decidí no ponerme en contacto con George después de nuestra conversación en Florida. Si esta tenía continuidad, debía ser porque él había decidido que así lo quería. Yo sentía mucho respeto y afecto por George, y quería que supiera que esto estaba en sus manos. Así que esperamos. Unos siete meses después de aquel desayuno, George me llamó y dijo: «Me gustaría comer contigo y volver a hablar sobre lo que comentamos en Orlando».

Quedamos para comer en Disney, en Burbank, y dejé que George llevara la iniciativa en la conversación. Enseguida fue al grano y dijo que había estado pensando en lo que hablamos y que estaba dispuesto a plantearse en serio la venta. Entonces añadió que quería «el acuerdo de Pixar». Yo estaba entusiasmado de que se mostrara abierto a explorar una adquisición, pero comprendía lo que quería decir con «el acuerdo de Pixar», y vi claro de inmediato que la negociación no iba a ser fácil. Éramos conscientes de que Lucasfilm podía ser muy valiosa para nosotros, pero no valía 7.400 millones de dólares, al menos basándonos en nuestro análisis en aquellos momentos. Mientras estábamos negociado con Pixar, ya tenían seis películas en distintas fases de producción y una idea general de cuándo se estrenarían. Eso significaba que generarían ingresos y beneficios rápidamente. Pixar también venía con un gran equipo de ingenieros de primera fila, directores, artistas y guionistas experimentados, y una infraestructura de producción real. Lucas tenía muchos empleados de talento, particularmente en el lado técnico, pero George era el único director y, por lo que sabíamos, carecía de una cartera de proyectos en desarrollo o producción. Ya habíamos empezado a hacer algunos cálculos para tratar de determinar su valor, y Kevin y yo habíamos discutido sobre cuánto podríamos pagar, pero como era una empresa que no cotizaba en bolsa, su información financiera no era accesible, y había muchas cosas que no sabíamos o no podíamos ver. Nuestro análisis se basaba en una serie de hipótesis y, a partir de ahí, intentamos elaborar un modelo financiero valorando su biblioteca de películas y programas de televisión; sus activos en publicaciones y licencias; su marca, que estaba dominada por «Star Wars», y su firma de efectos especiales, Industrial Light and Magic, que George había fundado unos años antes para que realizaran los asombrosos efectos especiales de sus películas.

Luego realizamos una proyección de lo que podríamos llegar a hacer si fueran nuestros, lo cual era una pura conjetura. Supusimos que podríamos producir y estrenar una película de «Star Wars» cada dos años durante los seis primeros años después de la adquisición, pero tardaríamos un tiempo en arrancar, pues no detectábamos que hubiera nada en desarrollo. Este análisis se realizó a principios de 2012, por lo que estimamos que nuestro primer estreno de «Star Wars» sería en mayo de 2015 si el proceso de adquisición era rápido. A esta película le seguirían otras en 2017 y 2019. Más tarde estimamos cuánto recaudarían esas películas en la taquilla global, lo cual era más hipotético todavía, dado que la última película de «Star Wars», *La venganza de los Sith*, se había estrenado en 2005, hacía siete años. Kevin me dio una colección de críticas de todas las películas anteriores y un resumen de lo que habían recaudado, y calculamos un mínimo de 1.000 millones de dólares de taquilla global para las tres primeras películas.

A continuación abordamos el negocio de las licencias. «Star Wars» seguía siendo muy popular entre los niños, especialmente entre los chicos jóvenes, que todavía construían *Halcones Milenarios* de Lego y jugaban con sables de luz. La incorporación de esas licencias a nuestra división de productos de consumo sería muy valiosa, pero no teníamos acceso a los ingresos reales que generaban dichas licencias. Por último, consideramos lo que podríamos hacer en nuestros parques temáticos, dado que ya estábamos pagando a Lucasfilm por los derechos de las atracciones de Star Tours en tres de nuestras localizaciones. Yo tenía grandes sueños sobre lo que podríamos construir, pero decidimos asignarles poco o ningún valor, pues había demasiadas incógnitas sobre ello.

Para George, Lucasfilm valía lo mismo que Pixar, pero incluso un análisis relativamente poco informado indicaba que no era así. Podría llegar a serlo algún día, pero se tardarían años en conseguirlo y aún teníamos que hacer grandes películas. No quería ofenderlo, pero tampoco quería darle falsas esperanzas. Lo peor que puedes hacer cuando entras en una negociación es sugerir o prometer algo porque sabes que es lo que la otra persona quiere oír, para tener que desdecirte de ello más adelante. Tu postura tiene que ser clara desde el principio. Sabía que, si daba a entender a George algo que no era cierto simplemente para empezar la negociación o para continuar con la conversación, al final me saldría el tiro por la culata.

Así que le respondí de inmediato:

—Esto no puede ser un acuerdo como el de Pixar, George.

Y le expliqué por qué: recordé mi visita a Pixar al comienzo de todo y la increíble creatividad que había descubierto allí.

Durante un momento se quedó desconcertado y yo pensé que la negociación iba a acabarse aquí. Pero, en vez de eso, dijo:

—Bien, entonces ¿qué hacemos?

Le dije que debíamos estudiar de cerca Lucasfilm y que necesitábamos su cooperación. Firmaríamos un acuerdo de confidencialidad y lo haríamos de forma que no suscitase muchas preguntas dentro de su compañía.

—Solo necesitamos a tu director financiero o a alguien que conozca la estructura económica para que nos guíe —dije—. Tenemos un pequeño equipo que se trasladará allí y acabará rápidamente. Lo haremos con total discreción. Aparte de unas pocas personas, tus empleados no sabrán que estamos husmeando por allí.

Lo más habitual es que el precio que pagamos por los activos no diste mucho del valor que pensamos que tiene al inicio. En general se puede empezar bajo con la esperanza de pagar mucho menos del valor que estás asignando a un activo, pero con ello te arriesgas a malquistarte con la persona con la que estás negociando.

—Yo no me ando con rodeos en estas cosas —le confesé a George.

Llegaríamos pronto a una cifra que, según nuestros cálculos, se ajustaba al valor que pensábamos que tenía su empresa —y que yo creía que podría vender al consejo, a nuestros accionistas y a Wall Street— y, fuera la que fuese, le dije:

—No voy a empezar con una cifra baja y negociar para quedarnos en una cifra intermedia. Voy a hacer lo mismo que con Steve.

George nos permitió el acceso que necesitábamos y al final del proceso todavía estábamos dudosos, sin decidirnos por una valoración firme. Gran parte de la dificultad tenía que ver con cómo evaluar nuestra propia capacidad para empezar a hacer buenas películas, y además rápidamente. No habíamos empezado a elaborar una visión creativa a largo plazo, porque no teníamos creativos asignados a esta tarea. En realidad, no teníamos nada, lo que significaba que correríamos un gran riesgo en el lado creativo y que cumplir el calendario que nos habíamos impuesto —y en el que se basaba nuestro análisis financiero— sería una tarea abrumadora y acaso imposible.

Al cabo, llamé a George y le dije que habíamos estrechado nuestra oferta a una horquilla de precios y que todavía necesitábamos tiempo para concretar una cifra concreta. Estaría entre los 3.500 y los 3.750 millones de dólares. George ya no se hacía ilusiones de un «precio Pixar», pero era evidente que no iba a aceptar nada por debajo de lo que habíamos pagado por Marvel. Me reuní con Kevin y su equipo y repasamos nuestros análisis. No queríamos hinchar artificialmente nuestras expectativas de recaudación, pero incluso en el extremo superior de la horquilla que había mencionado a George nos quedaba cierto margen para pagar más, aunque eso aumentaría mucho la presión sobre el calendario y la recaudación de las películas. ¿Podríamos hacer tres filmes en seis años? Eran películas de «Star Wars» y tendríamos que ser muy cuidadosos. En último término, Kevin y yo decidimos que podíamos permitirnos 4.050 millones de dólares, ligeramente por encima de lo que habíamos pagado por Marvel, y George accedió de inmediato.

Entonces comenzaron las negociaciones, más difíciles, sobre cuál iba a ser la participación creativa de George. En el caso de Pixar, toda la adquisición había dependido de que de John y Ed no solo siguiesen trabajando en Pixar, sino que también se involucrasen en Disney Animation. John se convirtió en director creativo, pero seguía dependiendo de mí. En el caso de Marvel me había reunido con Kevin Feige y el resto de su equipo para saber en qué estaban trabajando y habíamos empezado a colaborar estrechamente para definir el futuro de las películas Marvel. En Lucas, el control creativo solo lo ejercía una persona: George. Él quería conservar ese control sin convertirse en un empleado. Habría sido una irresponsabilidad por mi parte gastar más de 4.000 millones de dólares y después decirle lo que hubiera equivalido a: «Esto sigue siendo tuyo. Adelante, haz las películas que quieras con el calendario que te sea posible».

En el mundo del cine hay pocas personas tan respetadas como George. «Star Wars» siempre ha sido solo suya. Por mucho que él comprendiera intelectualmente que estaba vendiendo la compañía y que no tenía sentido que conservara el control creativo, toda su personalidad estaba imbuida del hecho de que era responsable de la que quizá fuera la mayor mitología de nuestro tiempo. Es muy duro desligarse de algo así y yo era profundamente sensible a ese hecho. Lo último que quería era insultarle.

También sabía que no podíamos gastar ese dinero y hacer lo que George quería, y que decírselo así pondría en peligro toda la operación. Eso es exactamente lo que ocurrió. Acordamos el precio rápidamente, pero después negociamos durante varios meses sobre cuál habría de ser su papel. Le resultaba difícil ceder el control de la saga de «Star Wars» y para nosotros habría sido absurdo no tenerlo. Debatimos una y otra vez los mismos argumentos: George decía que no podía entregar su legado sin más, y yo respondía que no podíamos comprarla y no controlarla. En dos ocasiones nos levantamos de la mesa y cancelamos el acuerdo. (Nosotros lo hicimos la primera vez y George, la segunda.)

En un momento determinado del proceso George me dijo que había completado los borradores de tres nuevas películas. Accedió a enviarnos tres copias de ellos: una para mí, otra para Alan Braverman y una tercera para Alan Horn, al que acabábamos de contratar para que dirigiera nuestro estudio. Alan Horn y yo leímos los borradores de George y decidimos que teníamos que comprarlos, aunque en el contrato de adquisición consignamos que no estábamos obligados a seguir la trama que había trazado.

Fue un inminente cambio en el impuesto sobre las ganancias de capital lo que, en último término, salvó las negociaciones. Si no cerrábamos el acuerdo antes del final de 2012, George, que poseía Lucasfilm en su totalidad, iba a perder unos 500 millones de dólares en la operación. Si quería vendernos la empresa, había cierta urgencia financiera en llegar rápidamente a un acuerdo. Él sabía que yo me mantendría firme en la cuestión del control creativo, pero no le resultaba fácil aceptarlo. Así que, aunque a regañadientes, accedió a que le consultáramos cuando lo viéramos necesario. Le prometí que estaríamos abiertos a sus ideas (algo que no era difícil de hacer; por supuesto que escucharíamos las ideas de George Lucas), pero, como en los borradores, no estaríamos sujetos a ninguna clase de obligación.

El 30 de octubre de 2012, George vino a mi oficina, nos sentamos en mi despacho y firmamos el acuerdo de compra de Lucasfilm por parte de Disney. Él se esforzaba en no demostrarlo, pero por el sonido de su voz y su mirada, me di cuenta de lo emotiva que era la situación para él. A fin de cuentas, se estaba despidiendo de «Star Wars».

Unos meses antes de cerrar el acuerdo, George había contratado a la productora Kathy Kennedy para dirigir Lucasfilm. Kathy era una de las cofundadoras de Amblin Entertainment junto con su marido, Frank Marshall, y Steven Spielberg, y había producido *E. T.* y la franquicia de «Parque Jurásico», así como docenas de éxitos comerciales y de crítica. Fue una decisión interesante por parte de George. Estábamos a punto de comprar la compañía, pero, de repente, él decidió quién iba a dirigirla y, en último término, producir las siguientes películas. Aunque no nos molestó, fue una sorpresa para nosotros, lo mismo que lo fue para Kathy enterarse de que la empresa que había aceptado dirigir estaba a punto de ser vendida. Kathy es una productora legendaria y ha sido una gran colaboradora, y su nombramiento fue una última precaución por parte de George para que su legado estuviera en manos de gente de su confianza.

En cuanto cerramos el acuerdo a finales de 2012, Kathy, Alan y yo empezamos a buscar un equipo creativo. Pudimos convencer a J. J. Abrams para que dirigiera nuestra primera película de «Star Wars» y encargamos el guion a Michael Arndt, que había escrito *Toy Story 3* y *Little Miss Sunshine*. J. J. y yo cenamos juntos poco después de que decidiera aceptar el proyecto. Nos conocíamos de los tiempos de ABC —él había hecho *Alias* y *Perdidos* para nosotros, entre otras cosas— y para mí era importante que nos sentáramos juntos y reconociéramos lo que ambos sabíamos: que en este proyecto nos jugábamos más que nunca. En un momento de la cena le dije bromeando que esta era una «película de 4.000 millones de dólares» —refiriéndome a que toda la adquisición dependía de su éxito—; más adelante, J. J. me dijo que no le había hecho la más mínima gracia.

De todas formas, sé que valoraba que yo arriesgara en esto tanto como él y que pudiéramos compartir la carga de lo que significaba ser responsable de la primera película de «Star Wars» que no era de George Lucas. En todos nuestros contactos, desde las primeras conversaciones sobre cómo debía desarrollarse el mito hasta las visitas al plató y la sala de montaje, intenté comunicarle a J. J. que yo era un socio en el proyecto, no simplemente un CEO que le presionaba para que realizara una gran película que además fuera un gran éxito de taquilla. Ya había presión más que suficiente a nuestro alrededor y yo quería que supiera que podía llamarme en todo momento para hablar de cualquier problema que tuviera que afrontar y que yo le telefonearía para comentarle las ideas que se me fueran ocurriendo. Yo era un recurso para él, un socio, no alguien que tenía que poner su sello en esta película por vanidad, por el cargo o por mera obligación. Por suerte, tenemos sensibilidades y gustos parecidos, y casi siempre coincidíamos en lo que era problemático y en lo que funcionaba. Durante el largo proceso de desarrollo y producción en Los Ángeles y después en los Pinewood Studios de Londres, Islandia, Escocia y Abu Dhabi, J. J. demostró ser un gran colaborador y nunca perdió de vista la enormidad del proyecto ni la tremenda carga que representaba, con respecto a George, los fans de «Star Wars», la prensa y nuestros inversores.

No existe un conjunto de reglas establecidas para afrontar un desafío así, pero, en general, tienes que intentar reconocer que cuando hay mucho en juego en un proyecto, no sirve de nada presionar más aún a las personas que están trabajando en él. Es contraproducente proyectar tu ansiedad en tu equipo. Hay una diferencia, sutil pero importante, entre comunicar que compartes su estrés —que estás en esto con ellos— y comunicar que necesitas que hagan bien su trabajo para aliviar tu estrés. En este proyecto no había nadie a quien fuera necesario recordar lo que nos jugábamos. Mi misión era que no perdiéramos de vista nuestra ambición cuando nos enfrentáramos a obstáculos creativos y prácticos, y contribuir a solucionar las cosas de la mejor manera posible. Unas veces, eso significaba asignar más recursos; otras, discutir nuevos borradores de un guion o ver copiones interminables y numerosos montajes de la película. Con frecuencia, solo significaba recordar a J. J., Kathy Kennedy y Alan Horn que creía en ellos y que la película estaba en las mejores manos posibles.

Esto no significa que las cosas fueran fluidas desde el principio. Al comienzo, Kathy llevó a J. J. y a Michael Arndt al rancho de George en el norte de California para reunirse con él y hablar acerca de sus ideas sobre la película. George se disgustó al momento cuando empezaron a describir la trama y se dio cuenta de que no estaban usando ninguno de los borradores de las historias que había presentado durante las negociaciones.

Lo cierto es que Kathy, J. J., Alan y yo habíamos hablado sobre la dirección que debía tomar la saga y todos estábamos de acuerdo en que no sería la que George había esbozado. Él era consciente de que no estábamos vinculados a nada contractualmente, pero pensaba que el hecho de que hubiéramos comprado aquellos tratamientos era una promesa tácita de que los seguiríamos y le decepcionó que su historia hubiera sido descartada. Desde nuestra primera conversación yo me había esforzado por no darle falsas esperanzas en ningún sentido, y pensaba que había sido así, pero quizá podría haber manejado mejor la situación. Debería haberle preparado para la reunión con J. J. y Michael, y haberle recordado nuestras conversaciones, pero nos pareció que era mejor no hacerlo. Podría haber hablado de esto con él y seguramente habría evitado su enojo al no sorprenderlo. Ahora, en la primera reunión con él sobre el futuro de «Star Wars», George se sentía traicionado y, aunque todo el proceso no iba a ser fácil para él en ningún caso, el comienzo había sido innecesariamente malo.

Además de los sentimientos de George hacia la película, había otros problemas. Michael luchó con el guion durante meses y, al final, J. J. y Kathy tomaron la decisión de sustituirle por Larry Kasdan, que había escrito *El Imperio contraataca* y *El retorno del jedi* junto con George (así como *En busca del arca perdida* y *Reencuentro*, entre muchas otras). Larry y J. J. completaron un boceto con bastante rapidez y empezamos a filmar en la primavera de 2014.

Originalmente habíamos previsto estrenar la película en mayo de 2015, pero debido a los retrasos iniciales con el guion y a otras complicaciones posteriores, no lo hicimos hasta diciembre, por lo que salió de nuestro año fiscal 2015 y pasó a 2016. Esto significaba que mi presentación al consejo previa a la compra y nuestras comunicaciones a los inversores, donde les asegurábamos que empezaríamos a recuperar la inversión en 2015, no se ajustaban a la realidad. Cientos de millones de dólares salieron de un año fiscal y entraron en el siguiente. No era un problema terrible, pero había que darle solución.

Uno de los mayores errores que cometen los estudios cinematográficos es empeñarse en una fecha de estreno y dejar que eso influya en las decisiones creativas, algo que con frecuencia significa comenzar apresuradamente la producción de las películas antes de que estén listas. Yo me he esforzado por no ceder a las presiones del calendario. Es mejor cambiar una fecha de estreno y seguir trabajando para hacer una película mejor, y siempre hemos intentado poner la calidad por encima de todo lo demás, incluso cuando eso tiene un reflejo negativo a corto plazo en el balance de nuestra cuenta de resultados. En este caso, lo último que queríamos era estrenar una película que no estuviera a la altura de las expectativas de los fans de «Star Wars». Sus seguidores son muy apasionados, y era crucial que les diéramos algo que les encantara y les pareciera digno de su entusiasmo. Si no lo conseguíamos en nuestra primera película de «Star Wars», perderíamos la confianza de nuestro público y sería muy difícil recuperarla.

Poco antes del estreno mundial, Kathy organizó un pase de *El despertar de la fuerza* para George, que no ocultó su decepción. «No hay nada nuevo», dijo. En cada una de las películas de la trilogía original había sido importante para él presentar nuevos mundos, nuevas historias, nuevos personajes y nuevas tecnologías. En esta dijo que «no había suficientes saltos adelante visuales o técnicos». No se equivocaba, pero tampoco tenía en cuenta la presión que estábamos sufriendo para dar a los apasionados fans una película que reconocieran como prototípicamente «Star Wars». Habíamos creado de forma intencionada un mundo que estaba conectado con los anteriores tanto en lo visual como en el tono; habíamos buscado no apartarnos demasiado de lo que la gente amaba y esperaba, y George nos criticaba precisamente por eso mismo. Mirando atrás con la perspectiva de varios años y unas cuantas entregas más de «Star Wars», creo que J. J. logró algo casi imposible: crear un puente perfecto entre lo que había sido y lo que iba a venir en el futuro.

Además de la reacción de George, hubo muchas especulaciones en la prensa y de fans acérrimos sobre si íbamos a «disneyficar» «Star Wars». Al igual que con Marvel, tomé la decisión de que «Disney» no apareciera en ningún lugar en los créditos de la película ni tampoco en las campañas de marketing, y de no modificar de ninguna manera el logo de «Star Wars». «Disney-Pixar» tenía sentido desde la perspectiva de la marca de animación, pero teníamos que dejar claro a los fans de Lucas que nosotros también éramos, antes que nada, fans respetuosos con el creador y que buscábamos expandir su legado, no usurparlo.

Aunque tenía sus reservas en relación a la película, me pareció importante que George asistiera al estreno de *El despertar de la fuerza*. Al principio no quería venir, pero Kathy, con la ayuda de Mellody Hobson, la esposa de George, le convenció de que tenía que hacerlo. Entre las últimas cosas que negociamos antes de cerrar el acuerdo había una cláusula de no descrédito. Le pedí a George que aceptara no criticar públicamente ninguna de las películas de «Star Wars» que hiciéramos. Cuando se lo planteé, dijo: «Voy a ser un gran accionista de Walt Disney Company. ¿Por qué iba desacreditaros a vosotros o lo que hagáis? Tienes que confiar en mí». Acepté su palabra.

Ahora la cuestión era cómo presentar el estreno. Yo quería que el mundo supiera que esta película era de J. J. y de Kathy, además de nuestro primer filme de «Star Wars». Desde luego era, con diferencia, la película más ambiciosa que habíamos estrenado desde que yo era CEO. Organizamos un estreno gigantesco en el Dolby Theatre, donde se celebra la ceremonia de los Oscar. Yo salí al escenario en primer lugar y, antes de que J. J. y Kathy subieran a acompañarme, dije: «Estamos aquí gracias a una persona que creó la mitología más poderosa de nuestro tiempo y se la confió a Walt Disney Company». George estaba en su asiento. Recibió una larga y entusiasta ovación del público, que se levantó de sus asientos. Willow se encontraba en la fila detrás de él y le hizo una foto preciosa, rodeado de miles de personas en pie. Me alegró mucho verla después y observar lo agradecido y satisfecho que estaba ante aquella muestra de admiración.

La película se estrenó y rompió varios récords de taquilla, así que todos respiramos aliviados. Habíamos hecho nuestra primera película de «Star Wars» y parecía que a los fieles seguidores de la saga les había encantado. No obstante, poco después del estreno se emitió una entrevista que George había concedido unas semanas antes a Charlie Rose. George hablaba de su frustración por el hecho de que no hubiéramos seguido sus borradores y declaró que la adquisición por parte de Disney había sido como vender a su hijo a unos «esclavistas blancos». Era una expresión desafortunada y problemática para describir la sensación de haber vendido lo que consideraba sus hijos. Decidí guardar silencio y dejarlo pasar. No íbamos a ganar nada con ninguna declaración pública o defensiva. Mellody me envió un correo electrónico de disculpa en el que me explicaba lo difícil que había sido para él. Luego me llamó George: «Me pasé mucho de la raya. No debería haber dicho algo así. Estaba intentando explicar lo difícil que me resulta desprenderme de esto».

Le dije que lo comprendía. Cuatro años y medio antes, había desayunado con George y había procurado transmitirle que sabía lo difícil que esto iba a ser para él, pero que cuando estuviera preparado, podría confiar en mí. Todas las negociaciones —sobre el dinero y después sobre su deseo de seguir interviniendo en «Star Wars»— fueron un ejercicio de equilibrio entre mi respeto por lo que George había hecho y lo profundamente personal que yo sabía que esto era para él, por un lado, y mi responsabilidad con respecto a la compañía, por otro. Podía simpatizar con George, pero no podía darle lo que pedía. En cada fase fue necesario aclarar cuál era mi posición, sin dejar de mostrar sensibilidad por lo emotivo que había sido todo el proceso para él.

Considerando en perspectiva las adquisiciones de Pixar, Marvel y Lucasfilm, el hilo que las une (aparte de que, en conjunto, transformaron Disney) es que cada acuerdo se basó en establecer una relación de confianza con la entidad individual que las controlaba. En todos los acuerdos hubo temas cuya negociación fue complicada y nuestros respectivos equipos pasaron largos días y semanas para alcanzar un acuerdo sobre ellos. Pero el componente personal fue decisivo para el éxito o el fracaso de cada operación; la autenticidad resultó crucial. Steve tenía que creer en mi promesa de que respetaríamos la esencia de Pixar. Ike debía saber que se valoraba al equipo de Marvel y se le daría la oportunidad de desarrollarse y prosperar en su nueva compañía. Y George tenía que confiar en que su legado, su «hijo», estaría en buenas manos en Disney.

12

Innovar o morir

Cuando se calmó el revuelo causado por nuestras tres grandes adquisiciones, empezamos a centrarnos aún más en los trascendentales cambios que estábamos experimentando en las empresas del sector de los medios y en la profunda disrupción que estábamos sufriendo. El futuro de aquellas compañías había comenzado a preocuparnos seriamente y concluimos que había llegado el momento de ofrecer nuestros contenidos de formas nuevas y modernas, y de hacerlo sin intermediarios, en nuestra propia plataforma tecnológica.

Para nosotros, las cuestiones eran: ¿podíamos disponer de la tecnología que necesitábamos para estar en la vanguardia del cambio en vez de dejar que este nos pasara por encima? ¿Tendríamos el valor de empezar a canibalizar nuestro negocio, todavía rentable, para empezar a construir un nuevo modelo? ¿Podríamos disrumpir nuestro funcionamiento mientras Wall Street toleraba las pérdidas en las que incurriríamos inevitablemente al intentar modernizar y transformar la empresa?

Teníamos que hacerlo, estaba seguro de ello. Era, una vez más, la vieja lección sobre la necesidad de innovar constantemente. Así que la siguiente pregunta era: ¿creamos nuestra propia plataforma tecnológica o la compramos? Kevin Mayer me advirtió que construirla nos llevaría cinco años y requeriría una inversión ingente. Comprarla nos permitiría empezar a funcionar de inmediato y la velocidad a la que todo estaba cambiando indicaba que la paciencia no era una opción. Cuando estudiamos posibles adquisiciones, Google, Apple, Amazon y Facebook obviamente estaban descartadas debido a su tamaño y, por lo que yo sabía, ninguna de ellas estaba planteándose comprarnos. (Aunque sí creía que, si Steve siguiera vivo, habríamos unido nuestras compañías o, al menos, examinado esa posibilidad seriamente.)

Lo que quedaba era Snapchat, Spotify y Twitter. En términos de tamaño eran digeribles, pero ¿qué estaba potencialmente a la venta y podía proporcionarnos las cualidades que necesitábamos para llegar a nuestros consumidores con más eficacia y rapidez? Acabamos en Twitter. Nos interesaba menos como red social que como nueva plataforma de distribución con alcance global, a través de la cual podríamos ofrecer películas, televisión, deportes y noticias.

En el verano de 2016 expresamos nuestro interés a Twitter. Ellos estaban interesados, pero les pareció que tenían la obligación de tantear el mercado, así que, aunque con reparos, entramos en una subasta para comprarlos. A principios del otoño, el acuerdo estaba prácticamente cerrado. El consejo de administración de Twitter apoyó la venta y, un viernes por la tarde de octubre, el nuestro dio su aprobación para cerrar la compra. Entonces, aquel mismo fin de semana, decidí no seguir adelante con la operación. Si en las adquisiciones anteriores, especialmente en la de Pixar, había seguido mi instinto de lo que era mejor para la compañía, la de Twitter iba en sentido contrario. En mi fuero interno había algo de lo que no estaba convencido. Volví a oír en mi cabeza una frase que Tom Murphy me había dicho dos años antes: «Si algo no te parece apropiado, entonces probablemente no es adecuado para ti». Para mí estaba claro cómo esa plataforma podría facilitar nuestros objetivos, pero había cuestiones relacionadas con la marca que me preocupaban.

Twitter tenía el potencial para proporcionarnos una plataforma poderosa, pero yo no podía dejar de pensar en los desafíos que traería consigo. Estos retos y controversias eran casi demasiado numerosos para mencionarlos todos, pero entre ellos estaban desde cómo gestionar los discursos de odio y tomar decisiones complejas respecto a la libertad de expresión, hasta qué hacer sobre las cuentas falsas que lanzaban algorítmicamente «mensajes» políticos para influir en elecciones, además de la ira y la falta general de civismo que a veces son evidentes en la plataforma. Estos problemas pasarían a ser nuestros. Eran completamente distintos de todos los que habíamos tenido hasta el momento y me parecía que serían corrosivos para la marca Disney. El domingo después de que el consejo me hubiera dado su aprobación para la adquisición de Twitter, envié una nota a todos sus miembros en la que les decía que no estaba convencido y les explicaba mis razones para la retirada. Luego llamé a Jack Dorsey, CEO de Twitter, que también era miembro del consejo de Disney. Jack se quedó de piedra, pero se mostró muy cortés. Le deseé suerte y colgué aliviado.

Más o menos por las mismas fechas en las que empezamos las negociaciones con Twitter, invertimos también en una compañía llamada BAMTech, cuyo principal propietario eran las Grandes Ligas de Béisbol y que había perfeccionado una tecnología de streaming que permitía a los aficionados suscribirse a un servicio online para ver en directo todos los partidos de sus equipos favoritos. (Después de que HBO no hubiera logrado crear un servicio propio de streaming, también se le había encargado, con un plazo extremadamente ajustado, construir HBO Now a tiempo para el lanzamiento de la quinta temporada de *Juego de Tronos.*)

En agosto de 2016 acordamos pagar en torno a 1.000 millones de dólares por el 33 por ciento de las acciones de la compañía, con la opción de adquirir una participación de control en 2020. El plan inicial era afrontar las amenazas al negocio de ESPN creando un servicio de suscripción que coexistiera junto con la programación en sus canales, pero como las compañías tecnológicas invertían cada vez más en sus servicios de suscripción de entretenimiento, para nosotros se intensificó la urgencia de crear paquetes que ofreciéramos directos al consumidor, sin intermediarios, no solo de deportes, sino también de televisión y películas.

Diez meses después, en junio de 2017, celebramos nuestro retiro anual del consejo en Walt Disney World en Orlando. Este consiste en una reunión prolongada del consejo, en la que presentamos nuestro plan quinquenal, incluidas las proyecciones financieras, y analizamos problemas y desafíos estratégicos concretos. Decidimos dedicar toda la sesión de 2017 a hablar sobre la disrupción y pedí a cada uno de nuestros directivos que presentara al consejo el grado de esta que veían y qué impacto esperaban que tuviera sobre la salud de sus divisiones.

Yo sabía que el consejo pediría soluciones y, por regla general, no me gusta exponer problemas sin ofrecer un plan para abordarlos. (Esto es algo que también animo a mi equipo que haga: está muy bien acudir a mí con problemas, pero además hay que ofrecer posibles soluciones.) Así que después de examinar los cambios que estábamos experimentando y que preveíamos, presentamos al consejo una solución audaz, agresiva y exhaustiva: aceleraríamos nuestra opción de adquirir una participación de control de BAMTech y utilizaríamos esa plataforma para lanzar un servicio de streaming de Disney y de ESPN, directo al consumidor.

El consejo no solo apoyó el plan, sino que además me instó a actuar cuanto antes, diciendo «la rapidez es esencial». (Esto también dice mucho a favor de los consejos integrados por personas que no solo son juiciosas y seguras en sus opiniones, sino que también tienen una experiencia directa y relevante de la dinámica actual del mercado. En nuestro caso, Mark Parker, de Nike, y Mary Barra, de General Motors, son dos ejemplos perfectos. Ambos han presenciado una profunda disrupción en sus sectores y son muy conscientes de los peligros que entraña no adaptarse a los cambios con rapidez.) Inmediatamente después del retiro del consejo me reuní con mi equipo y les informé de la reacción a mi propuesta; indiqué a Kevin que actuara con rapidez para adquirir el control de BAMTech y les dije a los demás que se prepararan para un cambio estratégico significativo en el segmento del streaming.

En nuestra teleconferencia de resultados de agosto de 2017 —exactamente dos años después de aquella conferencia fatídica en la que habíamos visto que nuestras acciones bajaban mientras yo hablaba con franqueza sobre la disrupción— anunciamos que estábamos acelerando la adquisición del control completo de BAMTech y nuestros planes de lanzar dos servicios de streaming: uno para ESPN en 2018 y otro para Disney en 2019. Esta vez nuestras acciones se dispararon. Los inversores comprendieron nuestra estrategia y reconocieron tanto la necesidad de cambio como la oportunidad que se presentaba.

Ese anuncio marcó el comienzo de la reinvención de Walt Disney Company. Mientras generasen unos beneficios decentes, seguiríamos apoyando nuestras cadenas de televisión en el espacio tradicional y presentando nuestras películas en la gran pantalla en los cines de todo el mundo, pero ahora estábamos resueltos a convertirnos también en distribuidores de nuestros contenidos, directamente a los consumidores, sin intermediarios. En esencia, estábamos acelerando la disrupción de nuestro negocio y las pérdidas a corto plazo iban a ser significativas. (Por ejemplo, sacar todas nuestras series de televisión y películas —incluidas las de Pixar, Marvel y «Star Wars»— de la plataforma de Netflix y reunirlas en nuestro propio servicio de suscripción supondría sacrificar cientos de millones de dólares en licencias.)

En algún momento a lo largo de los años he utilizado un concepto que denominé «gestión a golpe de comunicado de prensa», refiriéndome a que si digo algo con total convicción al mundo exterior, tiende a resonar con fuerza en el seno de la compañía. La reacción de la comunidad de inversores en 2015 fue completamente negativa, pero hablar con franqueza acabó con nuestra negación de la realidad y motivó a la gente en Disney a concluir lo siguiente: «Va en serio con esto, así que más vale que nosotros hagamos lo mismo». La decisión de 2017 tuvo un efecto parecido de llamada a rebato. El equipo sabía que iba en serio, pero oír que se comunicaba esto de forma general, en particular a los inversores, y ver las reacciones que provocaba, tuvo el efecto de llenar a todo el mundo de energía y determinación para avanzar.

Antes de hacer el anuncio, daba por sentado que la transición al nuevo modelo sería gradual, que poco a poco crearíamos las aplicaciones y determinaríamos qué contenidos albergarían. Ahora bien, como la respuesta fue tan positiva, toda la estrategia cobró una urgencia mayor. Ahora había expectativas que teníamos que cumplir. Eso significaba una presión mayor, pero también me proporcionaba una poderosa herramienta de comunicaciones dentro de la compañía, donde naturalmente habría cierta resistencia a cambiar tanto y tan rápido.

La decisión de disrumpir negocios que están funcionando bien en lo esencial, pero cuyo futuro está en entredicho —aceptando de forma intencionada pérdidas a corto plazo con la esperanza de generar crecimiento a largo plazo—, exige no poco valor. Las rutinas y las prioridades se trastocan, los cometidos cambian, las responsabilidades se reasignan. Las personas pueden desconcertarse fácilmente cuando se erosionan sus formas tradicionales de hacer las cosas y surge un nuevo modelo. Desde la perspectiva del personal hay mucho que gestionar y la necesidad de estar ahí para tu gente —una cualidad vital del liderazgo en cualquier circunstancia— cobra incluso mayor relieve. Los líderes tienden a dar a entender que sus agendas ya están demasiado llenas y que su tiempo es demasiado valioso para atender a problemas y preocupaciones individuales. Pero estar ahí para tu gente —y asegurarte de que saben que pueden acudir a ti— es muy importante para la moral y la eficacia de una empresa. En una compañía del tamaño de Disney esto puede significar viajar por todo el mundo y celebrar asambleas informales con nuestras distintas unidades de negocio para comunicar mis ideas y dar respuesta a sus preocupaciones, pero también significa considerar con atención y contestar oportunamente a las cuestiones que se me plantean en los informes directos, devolver llamadas y responder correos electrónicos, sacar tiempo para hablar sobre problemas concretos, sensibilizarme a las presiones que sufren las personas. Todo esto se convirtió en una parte aún más significativa de mis tareas cuando nos embarcamos en este rumbo nuevo e incierto.

Tras nuestro anuncio de agosto nos pusimos de inmediato a trabajar en dos frentes. En el lado técnico, el equipo de BAMTech, junto con un grupo que ya estaba formado en Disney, empezaron a crear las interfaces de nuestros nuevos servicios, ESPN+ y Disney+. Durante los meses siguientes, Kevin y yo nos reunimos en Nueva York y Los Ángeles con el equipo de BAMTech para probar las iteraciones de la aplicación: analizar el tamaño, el color y la disposición de las *tiles*; pulir la aplicación para hacerla más intuitiva y fácil de usar, y determinar el funcionamiento de los algoritmos y recogida de datos, así como la presentación de nuestro contenido y marcas.

Al mismo tiempo, en Los Ángeles estábamos formando un equipo para desarrollar y producir los contenidos que estarían disponibles en Disney+. Disponíamos de una gran biblioteca de películas y series de televisión (aunque tuvimos que recuperar algunos derechos que a lo largo de los años habíamos cedido a terceros), pero el gran interrogante era: ¿Qué contenido original crearíamos para esos nuevos servicios? Me reuní con los presidentes de nuestros estudios cinematográficos y cadenas de televisión para determinar qué proyectos de los que teníamos en producción se estrenarían en cines o en nuestros canales de televisión y cuáles irían a la aplicación. ¿Qué nuevos proyectos produciríamos expresamente para ese servicio, entre ellos historias originales de «Star Wars», Marvel y Pixar, que resultaran tan ambiciosos como todo lo que hacemos? Reuní a los directivos de todos nuestros estudios y les dije: «No quiero crear un nuevo estudio que se encargue de hacer productos para Disney+. Quiero que sea cosa vuestra».

A lo largo de los años, a aquellos ejecutivos se les había pedido que desarrollaran sus divisiones y se los compensaba de acuerdo con su rentabilidad. De la noche a la mañana básicamente les estaba diciendo: «Quiero que prestes menos atención al negocio en el que has tenido tanto éxito y que empieces a ocuparte más de este otro. Y, por cierto, en este asunto tienes que trabajar con otras personas que son muy competitivas y pertenecen a otros equipos, y cuyos intereses no coinciden necesariamente con los tuyos. Y, una cosa más, esto no va a dar dinero durante un tiempo».

Para conseguir la colaboración de todos, no solo tenía que explicarles por qué eran necesarios estos cambios, sino también crear una estructura de incentivos completamente nueva para recompensarlos por su trabajo. No podía penalizarlos por la erosión y disrupción consciente de su actividad y, sin embargo, inicialmente no había ninguna forma de medir en el balance de resultados el «éxito» en el nuevo negocio. Estábamos pidiéndoles que trabajaran más, considerablemente más, y si empleábamos los métodos de compensación tradicionales, que aceptaran ganar menos. Eso no iba a funcionar así.

Acudí al comité de compensación del consejo y les expliqué el dilema. Cuando innovas, hay que cambiarlo todo, no solo la forma en que creas o distribuyes un producto. Muchas de las prácticas y estructuras de la empresa también tenían que adaptarse, lo que en este caso incluía cómo recompensábamos a nuestros ejecutivos. Propuse una idea radical: en esencia, yo determinaría la compensación basándome en qué medida hubieran contribuido a la nueva estrategia, aunque a falta de resultados económicos fácilmente medibles, el proceso iba a ser mucho más subjetivo que nuestras gratificaciones habituales. Propuse entregas de acciones que se harían efectivas o no de acuerdo con mi valoración de si los ejecutivos estaban implicándose para que esta iniciativa tuviera éxito. Al principio, el comité se mostró escéptico; nunca habíamos hecho nada parecido. «Ya sé por qué las compañías son incapaces de innovar —les dije en un momento determinado—. Es la tradición. La tradición genera enormes fricciones a cada paso.» Hablé sobre la comunidad de inversores, que con tanta frecuencia castiga a compañías sólidas por reducir los beneficios en cualquier circunstancia, algo que suele conducir a las empresas a jugar sobre seguro y a seguir haciendo las cosas igual que siempre, en vez de gastar capital para generar crecimiento a largo plazo o adaptarse al cambio. «Y ahí estáis vosotros —dije—, un consejo que no sabe cómo conceder acciones, porque solo lo hemos hecho de una forma hasta ahora.» En cada fase nadábamos contracorriente. «Tenéis que tomar una decisión —concluí—. ¿Queréis ser presa del "dilema del innovador" o combatirlo?»

Es muy probable que hubieran llegado a convencerse incluso sin la arenga (mi relación con el consejo ha sido excelente y han apoyado prácticamente todas mis propuestas), pero, mientras terminaba mi invectiva, un miembro del comité dijo: «Yo estoy a favor» y otro le siguió de inmediato, de forma que, al final, se aprobó mi plan. Entonces volví a hablar con nuestros ejecutivos y les expliqué cómo funcionaría el nuevo plan de acciones. Yo decidiría al término de cada año cuántas se concederían, basándome no en los beneficios sino en su capacidad para trabajar juntos. «No quiero política —les advertí—. Esto es demasiado importante. Será positivo para la compañía y también para vosotros. Necesito que hagáis un esfuerzo.»

Menos de dos semanas después de la conferencia de resultados de agosto y de nuestro anuncio sobre BAMTech, recibí una llamada de Rupert Murdoch para que fuera a su casa una tarde para tomar una copa de vino. Rupert vive en Bel Air, en una preciosa casa de los años cuarenta desde la que se ven sus viñedos, Moraga Vineyards. Él y yo procedemos de mundos muy diferentes; somos de generaciones distintas; tenemos distintas opiniones políticas, pero siempre hemos respetado el instinto para los negocios de cada uno, y a mí siempre me ha impresionado cómo construyó desde cero su imperio de medios de comunicación y entretenimiento.

Desde 2005, cuando fui nombrado CEO, Rupert y yo nos veíamos de vez en cuando para comer o beber algo. Éramos socios en Hulu, por lo que a veces teníamos negocios concretos que tratar. Lo más habitual era que charláramos sobre los cambios que se estaban produciendo en el entorno de los medios y nos pusiéramos al día.

No obstante, cuando me invitó a su casa, sospeché que estaba tanteando si me había planteado presentarme en 2020 a las elecciones a la Casa Blanca. Ya circulaban muchos rumores sobre mi interés en la política y la posibilidad de que presentase mi candidatura a la presidencia. Varios miembros de la administración Trump, entre ellos Kellyanne Conway y Anthony Scaramucci, habían aludido a esa cuestión hablando con gente de Disney, por lo que sospechaba que Rupert quería averiguar por sí mismo si esto era cierto.

A mí siempre me ha interesado la política y las políticas, y con frecuencia he pensado en servir al país cuando dejara Disney. A lo largo de los años, muchas personas me han sugerido que me presentara a algún cargo, incluida la presidencia, algo que me atraía, pero que a la vez me sonaba un tanto descabellado. Antes de las elecciones de 2016 yo estaba convencido de que Estados Unidos iba a elegir a alguien que no perteneciera al sistema político, que había un descontento creciente con la política tradicional, incluidos nuestros partidos, y que, al igual que las empresas, el gobierno y la política estaban sufriendo profundas disrupciones. (La victoria de Donald Trump demostró que, al menos en parte, mi premonición era correcta.)

En la época en la que me reuní con Rupert es cierto que había estado explorando la posibilidad de presentarme a la presidencia, aunque era consciente de que las probabilidades eran extremadamente pequeñas. Hablé con una serie de personas influyentes del Partido Demócrata: antiguos miembros de la administración Obama, congresistas, encuestadores, recaudadores de fondos y colaboradores de campañas electorales anteriores. También me puse a estudiar como un loco, leyendo trabajos de investigación y artículos sobre infinidad de temas, desde la sanidad hasta la política fiscal, desde la leyes de inmigración hasta la política comercial internacional, desde las cuestiones medioambientales hasta la historia de Oriente Próximo y los tipos de interés federales. También leí algunos de los grandes discursos de la historia, como el de Ronald Reagan en el cuadragésimo aniversario del Día D; el improvisado por Robert Kennedy en Indianápolis tras el asesinato de Martin Luther King, Jr.; los discursos de investidura de Franklin Roosevelt y John F. Kennedy; el que realizó Obama tras la masacre en la iglesia afroamericana metodista episcopal en Charleston, Carolina del Sur, y numerosos discursos de Churchill. (No sé si esto es una señal de que debía presentarme o de lo contrario, pero me despertaba en medio de la noche con pesadillas en las que me encontraba en un debate público y me sentía por completo falto de preparación.) También intentaba no ser presuntuoso. El mero de hecho de dirigir una gran compañía multinacional no me cualificaba necesariamente para ser presidente de Estados Unidos ni me ofrecía una vía fácil o clara para ganar, así que no tenía ningún convencimiento de presentarme. (En realidad, me sentía escéptico sobre la voluntad y la capacidad del Partido Demócrata para apoyar a un hombre de negocios de éxito.)

Cuando llegué a casa de Rupert, en cuanto nos sentamos y uno de sus asistentes nos sirvió el vino, lo primero que dijo fue:

—¿Vas a presentarte para presidente?

«Bueno —pensé—, tenía razón», pero no quería explayarme con

total sinceridad con Rupert, porque me imaginaba que aquello podría acabar en Fox News. Así que le dije:

—No, no voy a presentarme. Mucha gente ha hablado conmigo sobre esta posibilidad, e incluso he pensado acerca de ella, pero es una idea absurda y del todo improbable que llegue a llevarla a cabo. Además, mi mujer no quiere ni oír hablar del tema.

Esto último era cierto. En cierta ocasión, Willow me había dicho en broma: «Puedes presentar tu candidatura a lo que quieras, pero no con esta esposa». Ella me conocía lo bastante bien para saber que el desafío me atraería, pero le preocupaba mucho qué implicaría eso para nuestra familia y nuestras vidas. (Algún tiempo después me dijo que se había casado conmigo «para lo bueno y para lo malo, así que, si estás convencido de que tienes que hacerlo, yo te apoyaré, pero con una enorme renuencia».)

Me preguntaba de qué íbamos a hablar Rupert y yo el resto de nuestro encuentro, pero él pasó la mayor parte de la hora siguiente hablando de las amenazas a nuestros respectivos negocios: la incursión de las grandes empresas tecnológicas, la velocidad a la que cambiaban las cosas, la importancia de las economías de escala. Sin duda, le preocupaba el futuro de 21st Century Fox.

—Nosotros no tenemos economías de escala —dijo en varias ocasiones—. La única compañía que las tiene es la tuya.

Cuando me despedí de él aquella tarde, no pude evitar pensar que estaba insinuando su interés en hacer algo impensable. De camino a casa llamé a Alan Braverman y le dije: «Acabo de estar con Rupert. Creo que podría estar interesado en vender».

Le pedí a Alan que empezara a hacer una lista de todos los activos de Fox que, desde una perspectiva regulatoria, podíamos o no podíamos comprar, y llamé a Kevin Mayer para hablarle sobre la reunión y ver cuál era su reacción inicial. También le solicité que elaborase una lista y empezase a pensar en la viabilidad de adquirir todos o una parte de los activos de Fox.

Al día siguiente llamé a Rupert.

—Si te estoy interpretando bien, si te dijera que estamos interesados en comprar tu empresa, o la mayor parte de ella, ¿estarías dispuesto a hablar del tema?

—Sí —me dijo—. ¿Te lo estás planteando de verdad?

Le respondí que la idea me atraía, pero que necesitaba algún tiempo para meditarlo.

—Solo lo haría —me dijo entonces— si estuvieras dispuesto a permanecer en la empresa después de tu fecha actual de jubilación.

Una fecha que en aquellos momentos era junio de 2019. Le respondí a Rupert que no creía que nuestro consejo llegase a considerar una adquisición de tal magnitud a no ser que yo estuviera de acuerdo en prolongar mi mandato y nos despedimos emplazándonos para volver a hablar en unas semanas. De repente tuve la sensación de que mi vida estaba a punto de cambiar y que la candidatura a la presidencia no sería el catalizador.

Durante las semanas siguientes, Alan, Kevin y yo empezamos a estudiar si era posible la adquisición de Fox y qué significaría para nosotros. Alan descartó de inmediato varios activos de Fox. Las normas dictan que no se puede ser propietario de dos cadenas generalistas en Estados Unidos (algo absurdo y anticuado en el mundo de hoy, pero es la norma), por lo que la red de televisión de Fox quedaba excluida de la mesa de negociación. Competíamos con sus dos principales cadenas deportivas, que, junto con los nuestras, supondrían una cuota de mercado excesiva, así que estas tampoco entrarían en la compra.

Luego estaba Fox News. Esta era una de las posesiones más preciadas de Rupert, por lo que yo no esperaba que nos la ofreciera. Además, tampoco pensaba que nosotros debiéramos comprarla. Si la dejábamos tal como estaba, la izquierda nos fustigaría, y si osábamos intentar llevarla hacia el centro, entonces nos atacaría la derecha. No obstante, mi opinión sobre Fox News daba lo mismo, porque Rupert nunca la iba a poner en venta.

Había otros activos más pequeños, pero los grandes estaban descartados de antemano. Eso nos dejaba una amplia cartera de activos: el estudio cinematográfico, incluida Fox Searchlight Pictures; su participación en Hulu, que nos convertiría en mayoritarios en esa plataforma; FX Networks; las cadenas deportivas regionales de Fox Sports Networks (a las que más tarde tendríamos que renunciar); una participación de control en National Geographic; una amplia variedad de operaciones internacionales, particularmente en la India, y el 39 por ciento de las acciones de Sky, la plataforma de televisión por satélite más grande y más extendida de Europa.

A Kevin se le encargó realizar un análisis financiero y estratégico de estos activos. En términos muy básicos, eso significa reunir un equipo para llevar a cabo un examen pormenorizado de todas las empresas que formaban la compañía, no solo fijándose en su comportamiento actual, sino también proyectando su actividad en el futuro para ver cómo funcionarían en el mundo disruptivo en el que estábamos inmersos. Asimismo, incorporamos a nuestra nueva directora financiera, Christine McCarthy, que no había intervenido en nuestras adquisiciones anteriores, pero estaba deseando participar en esta, algo que iba a suponer para ella un desafío extremo.

Una vez que nos hicimos una idea del valor presente y futuro de todas sus empresas, la siguiente pregunta era: ¿cuánto valen estas dos compañías juntas? ¿Cómo podríamos obtener más valor combinándolas? No cabía duda de que su gestión conjunta generaría una mayor eficiencia. Por ejemplo, ahora tendríamos dos estudios cinematográficos, pero bajo un solo paraguas sería posible gestionarlos de forma más eficiente. Y también estaba la posición ventajosa en el mercado. ¿Cómo mejoraría nuestro acceso a los mercados gracias a que tendríamos más activos locales? Por ejemplo, tenían una presencia importante en la India, donde nosotros solo habíamos comenzado a operar, y ya habían hecho avances importantes en la estrategia de negocios directos al consumidor. También tenían un gran estudio de televisión y habían realizado fuertes inversiones en talento creativo, mientras que nosotros nos quedábamos muy por detrás de ellos. Al igual que en otras adquisiciones, evaluamos su talento. ¿La incorporación de su gente aumentaría el éxito de nuestras empresas? La respuesta era un sí rotundo.

La conclusión fue que, de acuerdo con nuestros cálculos, la compañía combinada valdría miles de millones más que las dos por separado. (Esa cifra creció aún más cuando cambió la legislación fiscal corporativa.) Kevin me presentó el cuadro general de forma muy detallada y dijo:

—Ahí hay grandes activos, Bob.

—Sé que hay una tonelada de activos —respondí—. Pero ¿cuál es el relato?

—¡Es el tuyo! —dijo Kevin. Ni siquiera habíamos empezado a negociar, pero los engranajes de su mente ya estaban girando—. ¡Es tu relato! Contenido de alta calidad. Tecnología. Alcance global.

Todavía era mejor, explicó, cuando se consideraban todos esos activos a la luz de nuestra nueva estrategia. Podrían ser cruciales para nuestro futuro desarrollo. Kevin, Alan y Christine me dieron su apoyo para avanzar en la negociación con Rupert, aunque esta adquisición sería mucho mayor que las de Pixar, Marvel y Lucasfilm juntas. El potencial parecía casi ilimitado, al igual que el riesgo.

13

La integridad no tiene precio

La decisión de Rupert de vender era una respuesta directa a las mismas fuerzas que nos condujeron a diseñar una estrategia completamente nueva para nuestra compañía. Mientras reflexionaba sobre el futuro de su empresa en un mundo en disrupción, concluyó que lo más inteligente era vender y dar a sus accionistas y a su familia la oportunidad de convertir sus acciones de 21st Century Fox en acciones de Disney, con el convencimiento de que estábamos mejor situados para soportar el cambio y que, juntos, seríamos incluso más fuertes.

Es difícil exagerar el alcance de la disrupción que ha sufrido nuestro sector, pero su decisión —dividir una compañía que había levantado casi de la nada— era un buen indicio de su inevitabilidad. Mientras Rupert y yo estábamos entrando en la fase inicial de lo que se convertiría en un proceso de casi dos años para cerrar un acuerdo de enorme magnitud que transformaría el panorama de los medios de comunicación, también se estaba produciendo un cambio social transformador, más profundo que las transformaciones megatecnológicas que estábamos experimentando. Numerosas acusaciones graves de una conducta inapropiada grave, específicamente en nuestro sector, se convirtieron en catalizadores de unas medidas que tendrían que haberse tomado hace mucho tiempo sobre el comportamiento sexualmente depredador y sobre la igualdad de oportunidades y de sueldo para las mujeres en Hollywood y en todas partes. Las terribles acusaciones que se hicieron en concreto contra Harvey Weinstein abrieron las compuertas y alentaron a muchas otras personas a presentar sus propias denuncias de abuso. Casi todas las empresas del sector del entretenimiento tuvieron que enfrentarse a quejas en el seno de sus organizaciones y arbitrar al respecto.

En Disney siempre hemos pensado que era vital crear y mantener un entorno en el que las personas se sintieran seguras. Pero ahora estaba claro que teníamos que hacer más todavía para garantizar que quienes hubieran sufrido un abuso —o lo hubieran presenciado— pudieran denunciarlo sabiendo que se les escucharía y tomaría en serio, que sus alegaciones no caerían en el vacío y se les protegería de posibles venganzas. Nos parecía urgente averiguar si nuestros estándares y valores se estaban poniendo en práctica, por lo que encargué a nuestro equipo de recursos humanos que realizara un análisis exhaustivo que incluía iniciar un diálogo e instituir procesos a todos los niveles de la compañía que fomentaran la sinceridad y reforzaran nuestro compromiso de proteger a quienes hicieran alguna denuncia.

En el otoño de 2017 oímos quejas relativas a John Lasseter de mujeres y hombres de Pixar sobre lo que describían como contacto físico no deseado. Todo el mundo sabía que John era lo que podemos describir como un sobón y, mientras que mucha gente no daba importancia a esta conducta porque la consideraba inocua, pronto se hizo evidente que esto no era unánime. Hacía algunos años yo había hablado con John acerca de esta cuestión, pero las nuevas acusaciones eran más graves y estaba claro que había que afrontarlas.

Alan Horn y yo nos reunimos con John en noviembre de ese año y de común acuerdo decidimos que lo mejor era que se tomara un permiso de seis meses para reflexionar sobre su comportamiento y también para darnos tiempo con el fin de valorar la situación. John emitió un comunicado a sus equipos antes de marcharse. «Colectivamente, lo significáis todo para mí —escribió— y siento profundamente si os he decepcionado. En particular, quiero pedir disculpas a cualquier persona que en algún momento haya tenido que soportar un abrazo no deseado o cualquier otro gesto que le pareciera inapropiado en algún sentido o forma. Por buena que fuera mi intención, cada uno tiene derecho a establecer sus propios límites y a que se les respeten.»

En ausencia de John organizamos una estructura de dirección en Pixar y en Disney Animation, y realizamos decenas de entrevistas a personas de ambos estudios para determinar qué era lo mejor para la organización.

Los seis meses siguientes —que pasamos trabajando en nuestra estrategia de servicios directos al consumidor, enfrentándonos a problemas de personal de alto nivel y analizando y negociando un acuerdo con Fox— fueron una de las épocas más exigentes de mi carrera. Cada vez estaba más convencido de que todo lo que Fox tenía en términos de contenidos, alcance global, talento y tecnología resultaría transformador para nosotros. Si pudiéramos adquirirla e integrarla con fluidez y rapidez mientras llevábamos a cabo nuestra estrategia de servicios directos al consumidor —y esto era un enorme interrogante—, Disney afrontaría el futuro en una posición más fuerte que nunca.

En el curso de las conversaciones, Rupert tenía tres cosas en mente. La primera, que de todas las empresas que podrían estar interesadas en comprar Fox, Disney era la que facilitaba más el camino para conseguir la aprobación regulatoria. La segunda era el valor de las acciones de Disney. Él podría conservar el control de Fox y competir con peces mucho más grandes, o pasar a tener un trozo de una empresa que, combinada, se volvía mucho más robusta. La tercera era su confianza en que podríamos integrar las dos compañías de forma fluida y dar un rumbo dinámico a la empresa combinada resultante.

Entre los muchos escollos que Rupert tuvo que salvar mientras negociábamos en el otoño de 2017 estaba vincular a la decisión a sus hijos, Lachlan y James. Ellos habían visto a su padre levantar la compañía desde que eran niños y esperaban y daban por supuesto que algún día sería suya. Y ahora su padre iba a venderla. No era una situación fácil para ninguno, y mi postura desde el principio fue dejar a Rupert la dinámica de su familia y centrarme exclusivamente en los aspectos empresariales de las conversaciones.

A lo largo de aquel otoño, Kevin Mayer y yo nos reunimos varias veces con Rupert y su director financiero, Johan Nallen. Habíamos decidido que estábamos dispuestos a hacer una oferta de intercambio de acciones a razón de 28 dólares por acción —o 52.400 millones de dólares— para la adquisición. En los meses posteriores a nuestra primera conversación con Rupert se filtró que se estaba planteando la venta, lo que invitó a otros a empezar a considerar la adquisición. Comcast se presentó como nuestro competidor con una oferta de intercambio de acciones considerablemente más alta que la nuestra. Sin embargo, nosotros confiábamos en que si bien la oferta inicial de Comcast era superior, el consejo de Fox se mostraría favorable a nosotros en parte por las dificultades regulatorias a las que con toda probabilidad tendría que enfrentarse Comcast (ya eran propietarios de NBC-Universal, así como de una de las mayores empresas de distribución del país y seguramente se los sometería a un intenso escrutinio regulatorio).

Al término del fin de semana de Acción de Gracias, Kevin y yo nos reunimos con Rupert y John una vez más en los viñedos de Bel Air. Los cuatro dimos un largo paseo entre las hileras de viñas. Hacia el final, Rupert nos dijo que no bajaría de 29 dólares la acción, lo que se traducía en 5.000 millones de dólares más de lo que teníamos previsto gastar. Yo sospechaba que él pensaba que me preocupaba la oferta de Comcast y que eso me impulsaría a subir la nuestra. No obstante, por mucho que yo deseara el acuerdo, estaba dispuesto a retirarme. Me había enamorado de muchas cosas de su compañía y había empezado a imaginarme en detalle qué podrían aportar a nuestro nuevo negocio, pero la ejecución del plan conllevaba grandes riesgos. Hacer que todo aquello funcionara iba a exigir una enorme cantidad de tiempo y energía. Incluso si llegábamos a un acuerdo, obteníamos la aprobación de las instancias reguladoras y la fusión de las dos compañías se realizaba fluidamente, en el mercado quedaban muchas incógnitas que me preocupaban. Tampoco tenía claro que yo debiera permanecer en la compañía tres años más. ¿Sería positivo para mí o para Disney? Yo no estaba completamente seguro, pero no tenía mucho tiempo para pensarlo. Cuando terminó la reunión estaba convencido de que era vital que obtuviéramos todo el valor posible de aquel acuerdo, así que le dije a Rupert mientras nos marchábamos: «Veintiocho es nuestra mejor oferta».

No sé si a Rupert le sorprendió que no cediera, pero a Kevin le preocupaba que pudiéramos perder el acuerdo por no subir. No obstante, yo me sentía seguro —los riesgos de irse con Comcast eran demasiado grandes para ellos— y, cuando llegué al despacho el lunes por la mañana, pedí a Kevin que llamara a Nallen y le dijera que necesitábamos una respuesta al acabar la jornada. A última hora de aquel día, Rupert llamó y aceptó nuestra oferta. Volvió a invitarme a su viñedo —Lachlan también estaba allí y me pregunté cómo se estaría tomando todo aquello— para brindar por el acuerdo. Pasamos las dos semanas siguientes limando detalles y después volé a Londres para el estreno de «Star Wars»: *Los últimos jedi* el 12 de diciembre. Mientras me encontraba allí fui a la oficina de Rupert para hacernos la foto del apretón de manos en su balcón que se haría pública junto con el anuncio del acuerdo el día 14.

El día 13 por la tarde estaba de regreso en Los Ángeles y fui directamente a una reunión preparatoria para el anuncio a la mañana siguiente. Tenía programado aparecer en *Good Morning America* a las siete, hora del este, lo que implicaba estar en el estudio en la sede de Disney a las tres de la madrugada, hora del Pacífico, para el maquillaje y así estar listo para aparecer en directo a las cuatro. En plena reunión de preparación se presentó Jayne Parker, nuestra directora de recursos humanos, y me preguntó si se había puesto en contacto conmigo John Skipper, el presidente de ESPN.

—No —respondí—. ¿Qué ocurre?

La mirada de Jayne indicaba que había un problema y pregunté de inmediato si era algo que no podía esperar o si podíamos dejarlo para el día siguiente, después del anuncio.

—Es malo —respondió Jayne—. Pero puede esperar.

El 14 de diciembre es otro de los días más compartimentados de mi carrera. Busco en mi agenda las notas de aquel día y esto es lo que aparece: anuncio en *GMA* a las cuatro de la madrugada. Teleconferencia con inversores a las cinco. CNBC Live a las seis. Bloomberg a las seis y veinte. Webcast con inversores a las siete. Desde las ocho hasta medio día conversaciones telefónicas con los senadores Chuck Schumer y Mitch McConnell y, a continuación, con la congresista Nancy Pelosi y otros miembros del Congreso, en previsión del proceso regulatorio que iba a iniciarse. Por último, aquella tarde, Jayne vino a mi despacho para la conversación que habíamos pospuesto el día anterior. Me dijo que John Skipper había reconocido tener un problema de drogas, lo que le había llevado a otras complicaciones graves en su vida y podía poner en peligro la compañía. Programé una conversación telefónica con John para el día siguiente, me fui a casa y, como ya la había concertado mucho antes de tener conocimiento de todas las cosas que iban a converger ese día, mantuve una conversación por Skype con un grupo de estudiantes del Ithaca College, mi alma máter, sobre el futuro de los sectores del entretenimiento y los medios de comunicación.

A la mañana siguiente hablé con John. Reconoció que había tenido problemas personales terribles y le dije que, basándome en lo que Jayne me había contado y que él me había confirmado, tenía que pedirle que dimitiera al lunes siguiente. Yo tenía en alta estima a John; es inteligente y experimentado, y era un ejecutivo leal y con talento. Sin embargo, este era un ejemplo claro de que la integridad de una compañía depende de la integridad de sus empleados y, aunque le tenía un gran afecto y me preocupaba, había tomado decisiones que violaban la política de Disney. Dejarle marchar fue un decisión dolorosa pero correcta, incluso si eso significaba que entrábamos en el período más arduo para la compañía, y para mí desde que había asumido el cargo de CEO, sin presidentes en dos de las divisiones más importantes: ESPN y Animation.

El acuerdo con Rupert puso en marcha el complicado proceso de obtener la aprobación regulatoria. Esto implica presentar ante la Comisión de Bolsa y Valores una serie de documentos en los que se reseña pormenorizadamente el acuerdo, los aspectos financieros de ambas compañías y una «cronología» que narra de forma transparente cómo se ha producido el acuerdo (lo que, en nuestro caso, incluye una descripción de la reunión inicial con Rupert y de todas nuestras conversaciones posteriores). Una vez que la Comisión da su aprobación, cada compañía envía un voto por poderes a sus accionistas, lo que incluye todos los detalles de los documentos presentados y una recomendación del consejo de cada compañía para que sus accionistas aprueben el acuerdo. También estipula un período de votación, que finaliza con una junta de accionistas en la que se hace el recuento. Este proceso puede durar hasta seis meses y, entretanto, otras entidades pueden presentar sus propias ofertas.

Por complejo que fuera nuestro acuerdo, habíamos dado por supuesto que la aprobación regulatoria no presentaría problemas (lo que, de nuevo, había sido una de las razones por las que el consejo de Fox había preferido nuestra oferta a la de Comcast) y que los accionistas de Fox lo ratificarían en la junta que tenían prevista para junio de 2018. Solo había un posible obstáculo. Cuando el proceso se puso en marcha, un juez de distrito de Nueva York estaba estudiando la demanda presentada por el Departamento de Justicia contra AT&T para bloquear su adquisición de Time Warner. Comcast estaba muy atenta a esto. Si el juez dictaminaba a favor del Departamento de Justicia y se bloqueaba el acuerdo, Comcast concluiría que ellos también se enfrentaban a un impedimento parecido y se disiparían sus esperanzas de presentar otra oferta por Fox. Pero una victoria de AT&T los animaría a volver con una oferta más elevada, dando por sentado que los obstáculos regulatorios ya no serían un argumento disuasorio para el consejo y los accionistas de Fox.

Lo único que nosotros podíamos hacer era seguir adelante, dando por supuesto que íbamos a adquirir Fox, y prepararnos para esa realidad. Poco después del acuerdo con Rupert, empecé a centrarme en la cuestión de cómo fusionaríamos exactamente estas dos grandes compañías. No podíamos incorporarla sin más a lo que ya existía; teníamos que integrarla cuidadosamente para preservar y aumentar su valor. Así que me pregunté: ¿cómo debería o podría ser la nueva compañía? ¿Cómo queríamos que fuera? Si hoy pudiese borrar el pasado y crear algo totalmente nuevo con todos estos activos, ¿cómo la estructuraría? Regresé de las vacaciones de Navidad y llevé una pizarra blanca a la sala de reuniones que está junto a mi despacho y empecé a jugar con las ideas que se me iban ocurriendo. (¡Era la primera vez que me ponía ante una pizarra desde que estuve con Steve Jobs en 2005!)

Lo primero que hice fue separar «contenidos» de «tecnología».

Tendríamos tres grupos de contenidos: películas (Walt Disney Animation, Disney Studios, Pixar, Marvel, Lucasfilm, Twentieth Century Fox, Fox 2000, Fox Searchlight), televisión (ABC, ABC News, nuestros canales propios, los canales de Disney, Freeform, FX, National Geographic) y deportes (ESPN). Puse todo eso en el lado izquierdo de la pizarra. En el otro lado, la tecnología: aplicaciones, interfaces de usuario, adquisición y fidelización de clientes, gestión de datos, ventas, distribución, etc. La idea era simplemente que la gente de contenidos se centrara en la creatividad y dejara que los de tecnología se ocuparan de cómo distribuir cosas y, sobre todo, de las mejores formas de generar ingresos. Luego escribí en el centro de la pizarra «entretenimiento físico y mercancías», un paraguas para varios negocios grandes y con múltiples ramificaciones: productos de consumo, tiendas Disney, todos nuestros acuerdos globales de cesión y mercadotecnia, cruceros, complejos turísticos y nuestros seis parques temáticos.

Di unos pasos hacia atrás, miré la pizarra y pensé: «Ahí está. Así debe ser una compañía de medios de comunicación moderna». El mero hecho de mirar aquello ya me parecía estimulante y pasé los días siguientes puliendo la estructura en solitario. Al final de la semana invité a mi equipo a que la viera: Kevin Mayer, Jayne Parker, Alan Braverman, Christine McCarthy y Nancy Lee, mi jefa de gabinete.

—Os voy a mostrar una cosa nueva, a ver qué os parece —dije, y les enseñé la pizarra—. La nueva compañía debería ser algo así.

—¿Has hecho esto ahora? —preguntó Kevin.

—Sí. ¿Qué te parece?

Asintió. Sí, tenía sentido. Ahora había que poner los nombres adecuados en los sitios apropiados. En el momento en que anunciamos el acuerdo hubo una preocupación comprensible en las dos compañías sobre quién dirigiría qué, quién dependería de quién, y quiénes verían sus funciones ampliadas y quiénes reducidas, y cómo. A lo largo del invierno y la primavera siguiente, viajé a Los Ángeles, Nueva York, Londres, la India y Latinoamérica para reunirme con ejecutivos de Fox, conocerlos tanto a ellos como a sus negocios, responder a sus preguntas, calmar sus inquietudes y valorarlos en comparación con sus equivalentes de Disney. Una vez que votaran los accionistas —en el supuesto de que el fallo sobre AT&T no abriera el camino a Comcast—, tendría que tomar muchas decisiones difíciles de personal rápidamente y debía estar preparado para comenzar la reestructuración de inmediato.

A finales de mayo, cuando se acercaba la fecha de la decisión del juez, que iría seguida de la votación de los accionistas de Fox, un día llegué a mi despacho poco antes de las siete y abrí un correo electrónico de Ben Sherwood, presidente de ABC. Incluía el texto de un tuit que Roseanne Barr había escrito aquella misma mañana, en el que decía que Valerie Jarrett, la antigua asesora de la administración Obama, era fruto de un cruce entre «los Hermanos Musulmanes y *El planeta de los simios*». El mensaje de Ben decía: «Tenemos un problema grave aquí… Esto es del todo repugnante e inaceptable».

Inmediatamente le respondí: «Desde luego. Estoy en el despacho. No estoy seguro de que el programa vaya a sobrevivir a esto».

Un año antes, en mayo de 2017, anunciamos que *Roseanne* volvería a ABC en horario de máxima audiencia. La idea me había entusiasmado, en parte por lo mucho que me había gustado trabajar con Roseanne a finales de los ochenta y principios de los noventa cuando yo dirigía ABC Entertainment y en parte porque me atraía la concepción de la serie, que reflejaría distintas reacciones políticas a temas controvertidos del momento.

Yo no conocía ninguno de los polémicos tuits que Roseanne había escrito en el pasado, antes de que nos planteásemos volver a programar la serie, pero después de que empezara a emitirse, ella había vuelto a tuitear y a decir cosas irreflexivas, a veces ofensivas, sobre distintos temas. Si seguía así, íbamos a tener un problema. En abril, unas semanas antes del tuit sobre Valerie Jarrett, comí con ella. No podría haber sido más agradable. Roseanne apareció con unas galletas que había hecho para mí y pasó parte de nuestra conversación recordando que yo era una de las pocas personas que la apoyaron en su momento y que siempre había confiado en mí.

Hacia el final de la comida le dije:

—Tienes que dejar Twitter. —El programa estaba consiguiendo unos índices de audiencia increíbles y yo estaba muy contento de que le volvieran a ir bien las cosas—. Has conseguido algo fantástico. No te lo cargues.

—Sí, Bob —dijo, con su curiosa voz nasal, alargando las vocales.

Me prometió que se retiraría de Twitter y yo me marché de la comida con la seguridad de que ella comprendía que el éxito del que estaba disfrutando en esos momentos no era algo que ocurriera con frecuencia y podía acabar fácilmente.

Lo que yo había olvidado, o minimizado en mi mente, era lo impredecible y volátil que siempre había sido Roseanne. En mis primeros días como presidente de ABC Entertainment habíamos tenido una buena relación. Yo había heredado el programa, que estaba en su primera temporada cuando llegué, y pensaba que ella tenía un talento enorme, pero también me di cuenta de lo volátil y voluble que podía llegar a ser. Había veces en que estaba tan deprimida que no podía levantarse de la cama, y Ted Harbert y yo tuvimos que ir a su casa en alguna ocasión para hablar con ella hasta que se le pasaba. Quizá el hecho de que me cayera bien tenía algo que ver con mi padre y su depresión, pero me preocupaba por ella y Roseanne lo agradecía.

Después de leer el mensaje de Ben, hablé con Zenia, Alan, Ben y Channing Dungey, que entonces era presidenta de ABC Entertainment, y les pregunté qué opciones teníamos. Sus respuestas iban desde la suspensión y la pérdida del sueldo hasta una advertencia severa y el desmentido público. Me parecía que ninguna de ellas era suficiente y, aunque no mencionaron la posibilidad de despedirla, yo sabía que eso era en lo que estaban pensando. Finalmente les dije: «No tenemos elección. Debemos hacer lo correcto. No lo que es políticamente correcto ni lo que es comercialmente correcto. Solo lo que es correcto. Si alguno de nuestros empleados tuiteara lo mismo que ella, lo despediríamos de inmediato». Les aseguré que podían decirme con total libertad si no estaban de acuerdo o si pensaban que estaba loco, pero ninguno lo hizo.

Zenia redactó un comunicado que Channing hizo público más tarde. Llamé a Valerie Jarrett para ofrecerle nuestras disculpas y decirle que acabábamos de tomar la decisión de cancelar el programa y que íbamos a anunciarlo en quince minutos. Ella me dio las gracias y me llamó después para decirme que esa tarde iba a tomar parte en un panel sobre racismo en MSNBC en relación con la noticia de que Starbucks cerraba sus cafés para una jornada de entrenamiento de sensibilidad ante el tema. «¿Puedo mencionar su llamada?», me preguntó. Le dije que sí.

Luego envié un correo electrónico al consejo de Disney: «Esta mañana nos hemos encontrado al despertar con un tuit de Roseanne Barr en el que se refería a Valerie Jarrett como un producto del cruce de los Hermanos Musulmanes y *El planeta de los simios*. Sea cual sea el contexto, este comentario nos parece intolerable y deplorable, y hemos tomado la decisión de cancelar el programa de Roseanne. No es mi intención adoptar una actitud de superioridad pero, como compañía, siempre hemos intentado hacer lo que consideramos correcto, con independencia de la política o del negocio. En otras palabras, es primordial exigir calidad e integridad a todos nuestros empleados y en todos nuestros productos, y no hay lugar para segundas oportunidades ni para la tolerancia cuando se trata de una transgresión manifiesta que suponga un descrédito para la compañía en cualquier sentido. El tuit de Roseanne violaba ese principio y nuestra única opción era hacer lo moralmente correcto. A continuación se va a hacer público un comunicado».

En realidad fue una decisión sencilla. En ningún momento pregunté cuáles serían las repercusiones financieras y, de hecho, no me interesaban. En momentos como ese tienes que mirar más allá de las posibles pérdidas comerciales y guiarte, de nuevo, por la sencilla regla de que no hay nada más importante que la calidad y la integridad de tus empleados y tu producto. Todo depende de que mantengas ese principio.

Aquel día y durante el resto de la semana recibí bastantes elogios y algunas imprecaciones. Me animó el hecho de que los elogios procedieran de sitios muy diversos: directores de estudios, políticos, gente del mundo de los deportes como Robert Kraft, el propietario de los New England Patriots. Valerie Jarrett me escribió de inmediato para decirme cuánto agradecía nuestra reacción. El presidente Obama también envió su agradecimiento. El presidente Donald Trump me atacó en Twitter, preguntándome si me iba a disculpar con él y decía algo sobre las «horribles» afirmaciones que habíamos hecho sobre él en las noticias de ABC. Kellyanne Conway contactó con James Goldston, presidente de ABC News, y le preguntó si yo había visto los tuits de Trump y si tenía alguna respuesta. Mi respuesta fue: «Sí. Y no».

Por las mismas fechas de la debacle de Roseanne y mientras continuábamos con la operación de 21st Century Fox, el permiso sabático de seis meses de John Lasseter tocó a su fin. Después de varias conversaciones llegamos a la conclusión de que lo más conveniente sería su marcha de Disney y acordamos la máxima confidencialidad respecto a esta decisión.

Esta fue la decisión más difícil y compleja que he tenido que tomar respecto al personal de la compañía. Después de que John se marchara, nombramos a Pete Docter director creativo de Pixar y a Jennifer Lee, que escribió y dirigió *Frozen: El reino del hielo*, directora creativa de Walt Disney Animation. Los dos son personas brillantes, queridas e inspiradoras, y su liderazgo ha sido la cara positiva de una época dolorosa para la compañía.

14

Valores fundamentales

El 12 de junio de 2018, un juez de distrito del Bajo Manhattan dictaminó a favor de AT&T sobre la compra de Time Warner. Al día siguiente, Brian Roberts anunció la nueva oferta en efectivo de Comcast: 35 dólares por acción (64.000 millones de dólares) frente a nuestros 28 dólares por acción. La cifra no solo era significativamente más alta, sino que además resultaría atractiva para muchos accionistas que prefirieran el efectivo a valores. De repente nos encontrábamos en peligro de perder el acuerdo con el que habíamos estado soñando y por el que habíamos trabajado tan duro durante los últimos seis meses.

El consejo de Fox había programado una reunión para una semana después en Londres, durante la cual se votaría la oferta de Comcast. Nosotros podíamos presentar una contraoferta y teníamos que decidir rápidamente cuál sería nuestra postura. Podíamos mejorar nuestra oferta para que fuera ligeramente inferior a la de ellos y esperar que el consejo siguiera creyendo que, pese al fallo a favor de AT&T, la aprobación regulatoria sería más sencilla con nosotros. Podíamos igualar la oferta de Comcast y esperar que no rechazarían nuestro acuerdo por una cantidad equivalente, aunque muchos inversores prefirieran el efectivo a los valores. O podíamos superarla y esperar que a Comcast no le quedara mucho margen para subir.

En la discusión participaron varios ejecutivos y banqueros. Todos recomendaron que nuestra oferta fuera inferior a la de Comcast o, como mucho, que la igualáramos, con la esperanza de que las cuestiones regulatorias aún pesaran a nuestro favor. Yo decidí que quería sobrepujarlos y el consejo me dio su aprobación para elevar nuestra cifra y sacarlos de la subasta. Entretanto, Alan Braverman había mantenido conversaciones con el Departamento de Justicia para intentar despejar el camino a la aprobación regulatoria, en caso de que nos impusiéramos en la pugna por Fox.

Dos días antes de que el consejo de Fox votara la oferta de Comcast, volé a Londres con Alan, Kevin, Christine y Nancy Lee. Me aseguré de que solo un pequeño grupo de nuestro equipo supiera cuál iba a ser nuestra oferta y advertí a todo el mundo que la confidencialidad era crucial. No queríamos que Comcast tuviera ninguna sospecha de nuestro plan de pujar más alto. Usando nombres falsos, reservamos unas habitaciones en un hotel de Londres en el que nunca nos alojamos. No sé si es cierto, pero nos habían dicho que Comcast a veces sigue los movimientos de los aviones privados de la competencia, así que, en vez de ir directamente a la capital británica, volamos primero a Belfast, donde alquilamos un avión distinto para el último tramo a Londres.

Justo antes de subir a nuestro segundo vuelo, llamé a Rupert y le dije: «Quiero que nos veamos mañana». Al día siguiente por la tarde, Kevin y yo nos reunimos con Rupert y John Nallen en la oficina del primero. Los cuatro nos sentamos en torno a su pulida mesa de mármol, que da al balcón en el que él y yo habíamos posado para una foto en diciembre. Fui directo al grano: «Nos gustaría ofrecer 38 dólares. Mitad en efectivo y mitad en valores». Y añadí que esa era nuestra mejor oferta.

En cuanto a los 38 dólares, yo sospechaba que Comcast podría mejorar su oferta y que, si nosotros llegábamos a 35, ellos la superarían con 36 dólares. Si nosotros subíamos a 36, ellos llegarían a los 37 dólares, convencidos en cada fase de que solo era un poco más hasta que, al final, nos encontraríamos pagando 40 dólares por acción; mientras que, si empezábamos en 38 dólares, tendrían que pensárselo dos veces antes de subir al menos 3 dólares por acción. (Como ellos lo ofrecían todo en efectivo, eso significaba un préstamo aún mayor y un aumento significativo de su deuda.)

Comcast daba por sentado que el consejo de Fox iba a votar su oferta a la mañana siguiente. En lugar de eso, Rupert llevó nuestra nueva oferta al consejo y la aprobaron. Al término de su reunión, informaron a Comcast de que iban a aceptar nuestra oferta y lo anunciamos conjuntamente de inmediato. Teníamos que explicar nuestro último movimiento a los inversores, pero no reservamos una sala de conferencias en Londres porque no queríamos que se supiera que estábamos allí. Así que llevamos un teléfono con altavoz a mi habitación del hotel y mantuvimos la conferencia con los inversores desde allí. Era una escena surrealista: nuestro pequeño grupo reunido en una habitación de hotel, mientras Christine y yo hablábamos con los inversores, al tiempo que en el televisor que teníamos de fondo la CNBC estaba cubriendo la noticia que acabábamos de anunciar.

Poco después de nuestra oferta definitiva, pedí encarecidamente a Alan Braverman que intentara llegar a un acuerdo con el Departamento de Justicia respecto a nuestra adquisición. Él era consciente de que nuestra concentración en televisión deportiva, unida a los canales deportivos regionales de Fox, podría ser un problema importante. Decidimos que lo mejor sería aceptar desprendernos de ellos a fin de llegar a un acuerdo rápido con Justicia, que es lo que ocurrió. Esto nos daría una enorme ventaja sobre Comcast, que aún tendría que pasar por un complicado y prolongado proceso regulatorio en Estados Unidos, además de superar nuestra oferta de 38 dólares. En cuestión de dos semanas recibimos una garantía del Departamento de Justicia de que, si nos desprendíamos de los canales deportivos, no interpondrían ninguna demanda para bloquear el acuerdo. Esa garantía resultó ser crucial.

Después de la votación del consejo de Fox se envió a todos sus accionistas un nuevo voto por poderes, junto con la recomendación unánime del consejo de votar a favor del acuerdo. Esta votación tendría lugar a finales de julio, lo que aún daba a Comcast tiempo suficiente para presentar una contraoferta más alta. Fueron varias semanas angustiosas. Cada vez que conectaba el ordenador, miraba el correo electrónico o ponía la CNBC, esperaba ver que Comcast nos había superado. A finales de julio fui a Italia con Kevin para tres días de reuniones y luego volvimos a Londres.

Nos encontrábamos allí en un coche cuando recibí una llamada de David Faber, el presentador de *Squawk on the Street*, de la CNBC. Respondí y David me dijo:

—¿Tiene algún comentario que hacer sobre el comunicado?

—¿Qué comunicado?

—El de Comcast.

Mis nervios se dispararon.

—No sé nada de ese comunicado —respondí.

David me dijo que acababa de saltar la noticia.

—Brian Roberts ha anunciado que están fuera.

Estaba tan seguro de que iba a decirme que habían superado nuestra oferta que mi reacción instintiva fue decir:

—¡Maldita sea! —Hice una pausa durante un momento y después le dicté una declaración más formal—. Puede decirle a su audiencia que me ha informado —le dije.

Y así lo hizo, y también que mi primera respuesta había sido «¡Maldita sea!».

Antes de que pudiéramos cerrar el acuerdo, aún teníamos que superar el proceso regulatorio global y conseguir la aprobación en la mayoría de los lugares en los que operaríamos ahora, fuera de Estados Unidos: Rusia, China, Ucrania, la Unión Europea, la India, Corea del Sur, Brasil y México, entre ellos. A lo largo de varios meses fuimos obteniendo la aprobación de cada región una a una, hasta que, por fin, en marzo de 2019, diecinueve meses después de mis primeras conversaciones con Rupert, cerramos oficialmente el acuerdo y empezamos a avanzar como una sola compañía.

Todo ocurrió justo a tiempo. Al mes siguiente, el 11 de abril, celebramos un elaborado evento, minuciosamente ensayado, en la sede de Disney para presentar a los inversores nuestra nueva unidad de negocio directo al consumidor con todo lujo de detalles. Habría sido una reunión muy distinta si no hubiéramos cerrado la adquisición de Fox a tiempo. Sin embargo, allí estaban cientos de inversores y miembros de los medios de comunicación llenando las gradas de uno de nuestros estudios ante una pantalla y un escenario gigantes.

Habíamos prometido a Wall Street que, cuando estuviéramos preparados, compartiríamos cierta información sobre nuestros nuevos servicios de streaming. Eso condujo a un debate interno sobre lo detallada que debía ser esa información. Yo quería mostrarles todo. Habíamos sido francos en el pasado sobre los desafíos que afrontábamos —en aquella fatídica conferencia de resultados de 2015 cuando hablé sobre la disrupción a la que estábamos asistiendo— y ahora quería ser igual de sincero sobre lo que habíamos hecho para afrontar la disrupción, integrarla y convertirnos nosotros mismos en disruptores. Quería mostrarles los contenidos que habíamos creado y la tecnología que habíamos desarrollado para transmitirlos al consumidor. Era crucial asimismo demostrar que Fox encajaba perfectamente en esta nueva estrategia y la impulsaba con fuerza. También resultaba vital la transparencia en cuanto al coste de todo esto, su efecto a corto plazo sobre el balance de resultados y los beneficios que proyectábamos a largo plazo.

Me presenté en el escenario y hablé solamente durante un minuto y medio tras una película maravillosamente producida que habíamos hecho para contar la historia de las dos compañías recién unidas, Disney y 21st Century Fox. Era nuestra forma de decir: «Nos movemos en una nueva dirección, pero la creatividad es la esencia de todo lo que hacemos». Durante muchos años, estas dos compañías habían creado obras de entretenimiento extraordinarias e imborrables, y ahora, unidas, esto sería incluso más cierto.

Esta reunión ponía un colofón a mi primera entrevista con el consejo de Disney en 2004. Todo había girado en torno al futuro y en nuestro caso dependía de tres cosas: crear contenidos de marca de alta calidad, invertir en tecnología y crecer globalmente. No podía haber previsto entonces que todo lo que haríamos tendría su origen en esa plantilla y nunca podría haber imaginado un día como ese, en el que los tres pilares serían tan evidentes mientras exponíamos los planes de la compañía para el futuro.

Uno tras otro, subieron al escenario los presidentes de muchas de nuestras divisiones y presentaron el contenido original y curado al que se podría acceder en nuestro nuevo servicio de streaming. Disney. Pixar. Marvel. «Star Wars». National Geographic. Lanzaríamos tres programas nuevos originales de Marvel y dos nuevas series de Lucasfilm, incluida *El Mandaloriano*, la primera de imagen real del universo «Star Wars». Habría series de Pixar, nuevos programas televisivos de Disney y películas originales de imagen real, incluida *La dama y el vagabundo*. En conjunto, estaba programado el estreno de más de veinticinco series nuevas y diez películas originales o programas especiales solo en el primer año del servicio, y todos ellos producidos con el mismo grado de atención a la calidad y la ambición que las demás películas o programas de televisión que producían nuestros estudios. También estaría disponible prácticamente toda la biblioteca Disney, cada película animada hecha desde *Blancanieves y los Siete Enanitos* en 1937, así como varios títulos de Marvel, entre ellos *Capitana Marvel* y *Vengadores: Endgame*. La incorporación de Fox significaba que también ofreceríamos los aproximadamente seiscientos episodios de *Los Simpson*.

En el curso de la presentación subió al escenario Uday Shankar, el nuevo presidente de la compañía en Asia, para hablar sobre Hotstar, el mayor servicio de streaming de la India. Habíamos tomado la decisión de adoptar una estrategia de servicio directo al consumidor y ahora, como resultado de la adquisición de Fox, poseíamos la mayor plataforma de uno de los mercados más vitales y en expansión del mundo. Eso era crecimiento global.

Cuando Kevin Mayer salió al escenario para demostrar cómo funcionaría la aplicación en un televisor inteligente, en una tablet o en un teléfono, no pude evitar recordar a Steve en mi despacho en 2005, mostrándome el prototipo del nuevo iPod con reproductor de vídeo. Entonces habíamos asumido el cambio, con gran preocupación del resto del sector, y ahora volvíamos a hacerlo. Estábamos dando respuesta a algunas de las mismas preguntas que nos habíamos hecho casi quince años antes: ¿van a ganar valor los productos de marca de alta calidad en un mercado transformado? ¿Cómo hacemos llegar nuestros productos al consumidor de formas más innovadoras y relevantes? ¿Qué nuevos hábitos de consumo se están formando y cómo nos adaptamos a ellos? ¿De qué forma desplegamos la tecnología como una nueva y potente herramienta de crecimiento, en vez de ser víctimas de su disrupción y destrucción?

El coste de diseñar la aplicación y crear los contenidos, junto con las pérdidas sufridas por el debilitamiento de nuestros negocios tradicionales, significaba que íbamos a reducir anualmente nuestros beneficios en unos miles de millones de dólares durante los primeros años. El éxito aún tardaría algún tiempo en poder medirse en forma de beneficios. Primero, se mediría en suscriptores. Queríamos que el servicio fuera accesible a tanta gente como fuera posible en todo el mundo y habíamos acordado un precio que, según nuestros cálculos, nos aportaría entre sesenta y noventa millones de suscriptores durante los cinco primeros años. Cuando Kevin anunció que lo ofreceríamos por 6,99 dólares al mes, el asombro fue perceptible en la sala.

La respuesta de Wall Street superó todas las expectativas. En 2015 nuestras acciones habían caído en picado cuando hablé de disrupción. Ahora se dispararon. Al día siguiente de nuestra conferencia de inversores, crecieron un 11 por ciento, hasta valores récord. Al acabar el mes habían subido casi un 30 por ciento. Ese período, hasta la primavera de 2019, fue de los mejores en mi mandato como CEO. Estrenamos *Vengadores: Endgame*, que se convertiría en la película más taquillera de todos los tiempos. Fue seguida de la inauguración de nuestro nuevo territorio «Star Wars»: Galaxy's Edge, en Disneyland, que a su vez fue seguida de la compra de las acciones que Comcast tenía en Hulu, que será nuestro servicio de streaming por suscripción para los contenidos que no ofrezcamos en Disney+, una medida que los inversores volvieron a recompensar. Si el pasado me había enseñado algo era que, en una compañía de este tamaño, con una influencia tan grande en el mundo y tantos empleados, siempre ocurre algo impredecible; las malas noticias son inevitables. Pero ahora todo parecía marchar bien, muy bien, como si los quince años de trabajo duro hubieran dado sus frutos.

Antes de iniciar las negociaciones de Fox, se suponía que me jubilaría de Walt Disney Company en junio de 2019. (Había hecho algunos planes para retirarme que no se habían materializado como esperaba, pero estaba decidido a marcharme cuarenta y cinco años después de empezar en ABC.) Sin embargo, no solo no me iba a jubilar, sino que estaba trabajando más duro y sentía una responsabilidad mayor de la que había tenido en mis catorce años en el puesto. Eso no significa que el trabajo no fuera satisfactorio o que no me entregara a él plenamente, sino que no era como había imaginado mi vida a los sesenta y ocho años. De todas formas, la intensidad del trabajo no me inmunizó contra una suerte de nostalgia que a veces me invade. El futuro que planeábamos y por el que estábamos trabajando tan febrilmente ocurriría sin mí. Mi nueva fecha de jubilación es diciembre de 2021, pero ya la veo por el rabillo del ojo. Surge en momentos inesperados. No basta para distraerme, pero sí para recordarme que este viaje está tocando a su fin. Hace algunos años, unos queridos amigos me regalaron en broma una placa de matrícula que yo inmediatamente coloqué en mi coche y en la que pone: «¿Hay vida después de Disney?». La respuesta es sí, por supuesto, pero esa pregunta ha cobrado un matiz más existencial del que solía tener.

Me anima algo de lo que me he ido convenciendo en los últimos años: que no es bueno que una persona ostente demasiado poder durante demasiado tiempo. Incluso cuando un CEO es productivo y eficaz en su trabajo, es importante que una compañía haga cambios en la cúspide. No sé si otros CEO están de acuerdo con esto, pero me he dado cuenta de que si acumulas tanto poder en un trabajo cada vez es más difícil controlar cómo lo usas. Pueden empezar a cambiar pequeñas cosas. Tu confianza puede crecer demasiado y convertirse en algo negativo, en un exceso de ella. Puedes empezar a pensar que ya has oído todas las ideas, así que te muestras impaciente y desdeñoso con las opiniones ajenas. No es algo intencionado, simplemente es un gaje del oficio. Tienes que hacer un esfuerzo consciente para escuchar y prestar atención a multitud de opiniones. He planteado esta cuestión a los ejecutivos con los que trabajo más estrechamente como una especie de salvaguarda: «Si os parece que estoy siendo demasiado desdeñoso o impaciente, tenéis que decírmelo». Alguna vez lo han hecho, pero espero que no demasiado a menudo.

En un libro como este sería fácil reflejar que todo el éxito de Disney durante mi mandato hubiera sido el resultado de una visión perfectamente ejecutada que tuve desde el principio; que sabía, por ejemplo, que centrarse en tres estrategias determinadas, y no en otras, nos conduciría a donde nos encontramos hoy. Pero esa historia solo puedes trazarla retrospectivamente. Lo cierto es que para dirigir la compañía yo tenía que presentar un plan de cara al futuro. Creía que la calidad sería lo más importante. Creía que teníamos que incorporar la tecnología y la disrupción en vez de temerlas. Creía que sería vital la expansión a nuevos mercados. Pero no tenía una idea concreta, especialmente entonces, de a dónde me llevaría este viaje.

Es imposible determinar los principios del liderazgo sin experiencia, pero he tenido grandes mentores. Michael, por supuesto, y Tom y Dan antes que él, y Roone antes que ellos. Cada uno fue un maestro a su manera y yo aprendí todo lo que pude de ellos. Aparte de eso, confié en mi instinto y he animado a la gente que me rodea a hacer lo mismo con el suyo. Solo mucho después ese instinto empezó a tomar forma en cualidades concretas de liderazgo que podía articular.

Hace poco volví a leer el correo electrónico que envié a todos los empleados de Disney en mi primer día como CEO. Hablé sobre los tres pilares de nuestra estrategia para avanzar, pero también compartí recuerdos de mi infancia, cuando veía *The Wonderful World of Disney* y *The Mickey Mouse Club*, y me imaginaba cómo sería visitar Disneyland algún día. También recordaba mis comienzos en ABC, lo nervioso que estaba cuando empecé allí en el verano de 1974. «Nunca soñé que un día dirigiría la compañía responsable de tantos de mis mejores recuerdos infantiles —escribí— o que mi trayectoria profesional acabaría trayéndome aquí.»

En cierta manera, todavía no me lo creo. Es extraño pensar que el relato de tu vida tiene perfecto sentido. Un día se conecta con otro, un trabajo con otro, una decisión vital, con otra. El argumento de la historia es coherente e ininterrumpido. Sin embargo, en el camino hay muchas cosas que podrían haber sido distintas y si no hubiera sido por un golpe de suerte, por el mentor adecuado o por algún instinto que decía haz esto en vez de aquello, ahora no estaría contando esta historia. Es imposible exagerar hasta qué punto el éxito también depende de la suerte, y yo he tenido mucha a lo largo de todo el camino. Al mirar atrás, todo tiene algo de ensueño.

¿Cómo pudo aquel niño, que veía a Annette Funicello y el *Mickey Mouse Club* sentado en una salita de estar en Brooklyn, que había ido con sus abuelos a ver su primera película, *Cenicienta*, o que, más adelante, representaba escenas de *Davy Crockett* en su cabeza, encontrarse muchos años después gestionando el legado de Walt Disney?

Quizá esto nos ocurra a muchos de nosotros: con independencia de lo que logremos o en qué nos convirtamos, aún sentimos que somos esencialmente el niño que fuimos en una época pasada mucho más simple. Me parece que, de alguna manera, ese es también el truco del liderazgo: aferrarse a esa conciencia de uno mismo, aunque el mundo te diga lo poderoso e importante que eres. En el momento en que empieces a creértelo demasiado; en el momento en que te mires al espejo y veas un título inscrito en tu frente, habrás perdido el camino. Puede que esa sea la lección más difícil, pero también la más necesaria, que debes tener en mente: allá donde te encuentres a lo largo del camino, eres la misma persona de siempre.

Apéndice
Lecciones para líderes

Al término de este libro sobre el liderazgo, creo que podría ser de utilidad reunir todas estas variaciones sobre el tema en un solo lugar. Algunas son concretas y prescriptivas; otras, un poco más filosóficas. Cuando leo estos fragmentos de sabiduría que he reunido, me parece que son como una especie de mapa de los últimos cuarenta y cinco años: «Esto es lo que me enseñó cada día esta persona, y esto es lo que aprendí de aquella otra. Esto es lo que no comprendí en su momento, pero ahora sí; solo era posible entenderlo con la experiencia». Tengo la esperanza de que en estas ideas, y en las historias que he ido contando a lo largo del libro para darles contexto y significado, puedas reconocer y ubicar tu propia experiencia. Son las lecciones que configuraron mi vida profesional y espero que te resulten útiles en la tuya.

- Para contar grandes historias hace falta un gran talento.

- Ahora más que nunca: innovar o morir. No puede haber innovación si lo que te mueve es el temor a lo nuevo.

- Muchas veces hablo del «constante afán de perfección». En la práctica esto puede significar muchas cosas y no tiene una definición. Es una mentalidad, más que una serie concreta de reglas. No significa perfeccionismo a cualquier precio. Más bien se trata de crear un entorno en el que las personas se nieguen a aceptar a mediocridad. Se trata de no caer en la tentación de que con decir «así ya está bien» es suficiente.

- Asume la responsabilidad cuando metas la pata. En el trabajo y en la vida, las personas que te rodean te respetarán más y confiarán más en ti si admites tus errores. Es imposible evitarlos; pero sí que se pueden reconocer, aprender de ellos y demostrar que no pasa nada por equivocarse a veces.

- Sé educado con la gente. Trata a todo el mundo con equidad y comprensión. Esto no significa que rebajes tus expectativas o transmitas el mensaje de que los errores no importan. Significa que creas un clima en el que los demás saben que los escucharás, que eres una persona coherente y justa y que tendrán una segunda oportunidad si han cometido un fallo inocente.

- La excelencia y la equidad no tienen por qué excluirse mutuamente. Aspira a lograr la perfección, pero ten siempre presentes los peligros que encierra preocuparse solo por el producto y nunca por las personas.

- La verdadera integridad —saber quién eres y guiarte por tu propio y claro sentido del bien y del mal— es una suerte de arma secreta del liderazgo. Si confías en tu instinto y tratas a la gente con respeto, la compañía llegará a representar los valores que te sirven como guía.

- Valora más la capacidad que la experiencia y pon a las personas en roles que les exijan más de lo que ellas mismas creen que pueden alcanzar.

- Haz las preguntas necesarias, reconoce lo que no entiendes, pero sin disculparte, y esfuérzate por aprender lo que haga falta tan rápido como puedas.

- Gestionar la creatividad es un arte, no una ciencia. Cuando valores algo, ten presente cuánto ha puesto de sí misma en el proyecto la persona con la que estás hablando y cuánto está en juego para ella.

- No empieces en tono negativo ni tampoco con nimiedades. La gente suele centrarse en los pequeños detalles para disimular la ausencia de visión clara, coherente y de conjunto. Si empiezas con tonterías, pareces tonto.

- De todas las lecciones que aprendí en el primer año que llevé la franja de máxima audiencia de ABC, la más profunda fue aceptar que la creatividad no es una ciencia. Aprendí a admitir el fracaso, no la falta de esfuerzo, sino el hecho de que si quieres innovación, tienes que permitir a las personas que se equivoquen.

- No apuestes sobre seguro. Intenta hacer posible algo grande.

- No permitas que la ambición se anteponga a la oportunidad. Si te concentras en un trabajo o proyecto futuro, te volverás impaciente con lo que estés haciendo ahora. No te ocuparás lo suficiente de tus responsabilidades presentes y la ambición puede llegar a ser contraproducente. Es importante saber hallar el equilibrio: cumplir bien el cometido que tienes en cada momento, ser paciente, buscar oportunidades para cooperar, expandirte y crecer. Que tu actitud, tu energía y tu atención hagan de ti una de esas personas a las que sus jefes acuden cuando surge la oportunidad.

- En una ocasión, mi exjefe Dan Burke me entregó una nota que decía: «No te metas en el negocio de la fabricación de aceite para trombones. Puede que te conviertas en el mayor fabricante de aceite para trombones del mundo pero, al fin y al cabo, ¡el mundo apenas consume unos litros al año». Con ella quería decirme que no invirtiera en pequeños proyectos que consumieran mis recursos y los de mi empresa sin producir a cambio grandes beneficios. Sigo guardando ese pedazo de papel en mi escritorio y, de vez en cuando, lo saco cuando hablo con los ejecutivos de Disney sobre qué proyectos seguir y dónde destinar nuestras energías.

- Cuando las personas que ocupan la cúspide de una empresa tienen una relación disfuncional, es imposible que el resto de la compañía sea funcional. Es como tener dos padres que se pelean todo el rato. Los niños notan la tensión, les devuelven la animosidad y dan rienda suelta a esta entre los propios hermanos.

- Si no haces los deberes como líder, la gente que te rodea lo detecta de inmediato y te pierde el respeto. Hay que estar atento. Muchas veces te ves obligado a asistir a reuniones a las que, si tuvieras la opción, no acudirías. Has de escuchar los problemas de los demás y ayudar a encontrar soluciones. Todo eso es parte de tu trabajo.

- A todos nos gusta creer que somos indispensables. Tienes que ser lo bastante realista para no aferrarte a la idea de que tú eres la única persona que puede hacer este trabajo. En esencia, un buen liderazgo no consiste en ser indispensable, sino en ayudar a los demás a estar preparados para ocupar tu lugar: haciéndolos participar en la toma de decisiones, identificando las habilidades que necesitan desarrollar y ayudándolos a mejorar, y a veces también explicándoles con franqueza por qué no están preparados para dar el siguiente paso.

- La reputación de una compañía es la suma total de los actos de su personal y la calidad de sus productos. Siempre tienes que exigir integridad tanto de tu gente como en tus productos.

- Michael Eisner solía decir: «La microgestión está infravalorada». Estoy de acuerdo con él… hasta cierto punto. Preocuparte de los pormenores puede mostrar que te preocupas mucho. Al fin y al cabo, «grande» muchas veces no es más que un conjunto de cosas muy pequeñas. El lado negativo de la microgestión es que puede embotar y reforzar la sensación de que no confías en las personas que trabajan para ti.

- Con demasiada frecuencia dirigimos desde una posición de miedo en lugar de valor, empecinándonos en construir un baluarte para proteger los viejos modelos que no pueden sobrevivir al cambio radical que se está produciendo. Es difícil contemplar tus modelos actuales, a veces incluso los que están siendo rentables, y tomar la decisión de empezar a debilitarlos para poder hacer frente al cambio que está llegando.

- Si vas de un sitio a otro diciendo a la gente que «el cielo se derrumba sobre nuestras cabezas», con el tiempo se apoderará de la compañía la negatividad y la falta de ilusión. No puedes transmitir pesimismo a las personas que te rodean. Es catastrófico para la moral. Nadie quiere seguir a un pesimista.

- El pesimismo provoca paranoia, que produce una actitud defensiva y, a su vez, aversión al riesgo.

- El optimismo surge de la fe en ti mismo y en la gente que trabaja para ti. No se trata de decir que las cosas van bien cuando no es así, ni tampoco de mantener una fe ciega en que «las cosas van a ir bien». Se trata de creer en tus capacidades y en las de los demás.

- A veces la gente evita los grandes cambios porque solo considera los argumentos en contra de intentar algo incluso antes de dar un paso al frente. Pero las acciones arriesgadas frecuentemente tienen más probabilidad de éxito de lo que parece. Las ideas más audaces pueden ejecutarse con la energía, la reflexión y el compromiso suficientes.

- Hay que transmitir las prioridades de forma clara y reiterada. Si no las articulas con precisión, las personas que te rodean no sabrán cuáles deben ser las suyas propias. Se despilfarran tiempo, energía y dinero.

- Puedes elevar mucho la moral de las personas que te rodean (y, a su vez, de las que las rodean a ellas) simplemente eliminando las conjeturas de su vida diaria. Buena parte del trabajo es complejo y exige cantidades ingentes de concentración y energía, pero esta clase de mensajes son algo muy sencillo: «Aquí es adonde queremos llegar y así es como vamos a conseguirlo».

- Los avances tecnológicos acabarán haciendo obsoletos los antiguos modelos de negocio. Puedes lamentarte y dedicar todos tus esfuerzos a proteger el statu quo o trabajar duro para comprender e incorporar el cambio con más entusiasmo y creatividad que tus competidores.

- Se trata del futuro, no del pasado.

- Es fácil ser optimista cuando todo el mundo te dice que eres genial. Es mucho más difícil, y mucho más necesario, cuando te discuten la opinión que tienes sobre ti mismo.

- No se da el suficiente valor a tratar a los demás con respeto cuando estás en una negociación. Un poco de respeto puede llevarte muy lejos, mientras que la falta de él puede costarte muy cara.

- Hay que hacer los deberes. Hay estar preparado. Desde luego, es imposible plantearse una adquisición importante, por ejemplo, sin elaborar los modelos necesarios para ayudarte a decidir si el acuerdo es ventajoso, pero también hay que reconocer que nunca se puede estar seguro al cien por cien. Por muchos datos de los que dispongas, sigue siendo un riesgo en último término, y la decisión de correrlo o no depende del instinto de una persona.

- Si algo no te parece apropiado, entonces probablemente no es adecuado para ti.

- Muchas compañías adquieren otras empresas sin demasiada sensibilidad hacia lo que realmente están comprando. Piensan que están obteniendo activos físicos o industriales o propiedad intelectual (y, en algunos sectores, esto es más cierto que en otros). En la mayoría de los casos, de hecho, están adquiriendo personas. Y en un negocio creativo ahí es donde reside el valor.

- Como líder, eres la personificación de tu compañía. Esto significa lo siguiente: tus valores —tu concepto de la integridad, la decencia y la honestidad, la forma en que te comportas en el mundo— representan los valores de la compañía. Esto es igualmente cierto tanto si diriges una organización de siete personas como de un cuarto de millón. Lo que la gente piense de ti es lo que pensará de tu compañía.

- A lo largo de los años ha habido muchos momentos en que me he visto obligado a comunicar noticias difíciles a personas válidas, algunas de las cuales eran amigas mías y algunas de las cuales no habían podido demostrar su talento en el puesto en el que yo las había colocado. Intento ser tan directo como sea posible hablando del problema, explicando qué es lo que no está funcionando y por qué no creo que las cosas vayan a cambiar. Hay un lenguaje corporativo lleno de eufemismos que se emplea con frecuencia en esas situaciones y que a mí siempre me ha parecido ofensivo. Si respetas a esa persona, le debes una explicación clara de la decisión que estás tomando. No hay forma de evitar que la conversación sea dolorosa, pero al menos puede ser honesta.

- A la hora de contratar a gente, intenta rodearte de personas que sean buenas, además de ser buenas en lo que hacen. La auténtica decencia —el instinto para la equidad, la sinceridad y el respeto mutuo— es una mercancía más escasa en las empresas de lo que debería y es conveniente buscarla en las personas que contratas y fomentarla en quienes trabajan para ti.

- En cualquier negociación sé claro sobre tu posición desde el principio. No hay ventaja a corto plazo que merezca la pérdida de confianza que se produce a largo plazo, cuando te desdices de las expectativas que habías creado inicialmente.

- Es contraproducente proyectar tu ansiedad en tu equipo. Hay una diferencia, sutil pero importante, entre comunicar que compartes su estrés —que estás en esto con ellos— y comunicar que necesitas que hagan bien su trabajo para aliviar tu estrés.

- La mayoría de los acuerdos son personales. Esto es incluso más cierto si negocias con alguien sobre algo que esa persona ha creado. Tienes que saber lo que quieres conseguir en cualquier acuerdo, pero para llegar allí también necesitas saber lo que es importante para la otra persona.

- Si te dedicas a hacer algo, que sea genial.

- La decisión de disrumpir un modelo de negocio que funciona exige mucho valor. Significa aceptar de forma intencionada pérdidas a corto plazo con la esperanza de que el riesgo merezca la pena a largo plazo. Las rutinas y las prioridades se trastocan. Las formas tradicionales del negocio poco a poco se van marginando y agotando —y se empieza a perder dinero— a medida que se impone el nuevo modelo. Exige mucho de una compañía en términos de cultura y mentalidad. Cuando lo haces, estás diciendo a personas que durante toda su carrera han sido compensadas según el concepto de éxito de su negocio tradicional: «Deja de prestar tanta atención a eso. Lo que tiene que interesarte ahora es esto». Pero esto aún no es rentable ni lo será durante un tiempo. Para afrontar esta incertidumbre vuelve a las reglas básicas: establece tus prioridades estratégicas con claridad. Conserva el optimismo ante lo desconocido. Y sé accesible y ecuánime con las personas cuya vida profesional se está viendo afectada negativamente.

- No es bueno estar en una posición de poder durante demasiado tiempo. No te das cuenta de que tu voz parece proyectarse con más fuerza que las demás en la sala. Te acostumbras a que la gente se guarde su opinión hasta escuchar la tuya. Las personas tienen miedo de presentarte ideas, de contradecirte, de discutir. Esto le puede ocurrir incluso al líder que tiene la mejor intención. Tienes que trabajar de forma consciente y activa para evitar sus efectos corrosivos.

- Tienes que enfocar tu trabajo y tu vida con humildad auténtica. El éxito que he tenido se ha debido en parte a mi propio esfuerzo, pero también a muchas otras cosas aparte de mí: al esfuerzo, al apoyo y al ejemplo de tanta gente, y a las vueltas del destino que escapaban a mi control.

- Aférrate a la consciencia de ti mismo, aunque el mundo te diga lo importante y poderoso que eres. En el momento en que empieces a creértelo demasiado, en el momento en que te mires al espejo y veas un título inscrito en tu frente, habrás perdido el camino.

Agradecimientos

Hay un viejo adagio que dice que el éxito tiene muchos padres, pero el fracaso es huérfano. En mi caso, el éxito tiene muchos padres y madres. Todo lo que he logrado en Disney durante los últimos quince años ha sido resultado de los esfuerzos colaborativos de innumerables personas: nuestro equipo de altos ejecutivos, decenas de miles de empleados de Disney («los miembros del elenco», como solemos llamarlos) y miles más de la esfera creativa de nuestro negocio: directores, guionistas, actores y muchas otras personas de talento que han dedicado mucho tiempo y esfuerzo a contar las historias a las que me he referido con tanta frecuencia en este libro.

Necesitaría muchas páginas para citar los nombres de las personas con las que tengo una deuda de agradecimiento, pero limitaré la lista a las que menciono a continuación, sin cuyos esfuerzos ni Disney ni yo habríamos alcanzado el éxito:

Stephanie Voltz, por compartir conmigo esta aventura de principio a fin, por hacer mucho más que asegurarse de la puntualidad de los trenes y por años de sonrisas perennes y enorme apoyo.

Alan Braverman y Zenia Mucha también han estado conmigo desde el principio, y los dos han sido inestimables para mí y para la compañía.

Kevin Mayer es un maestro de la estrategia y de la negociación. Un CEO no podría pedir mejor socio estratégico.

Jayne Parker ha sido nuestra jefa de recursos humanos durante una década. No se puede dirigir una compañía sin una estrella en el departamento de recursos humanos, y Jayne ha sido eso y más.

También he tenido la suerte de contar con tres excelentes directores financieros: Tom Staggs, Jay Rasulo y Christine McCarthy. Muchas de las cosas que hemos hecho han sido posibles gracias a su sabiduría, perspectiva y perspicacia estratégica y financiera.

Bob Chapek también ha realizado una labor excelente dirigiendo nuestras divisiones de productos de consumo y parques temáticos, y su trabajo fue inestimable en los preparativos de apertura de Shanghai Disneyland.

George Bodenheimer y Jimmy Pitaro han guiado ESPN de forma intachable y competente.

Alan Horn es la mejor contratación que he hecho nunca. Su liderazgo en nuestro estudio cinematográfico nos ha permitido brillar comercial y artísticamente.

John Lasseter y Ed Catmull, con su gran equipo de directores y animadores, mantuvieron la gran creatividad y el dinamismo de Pixar y revitalizaron Walt Disney Animation.

Bob Weis y más de mil imagenieros diseñaron y construyeron Shanghai Disneyland. Es un triunfo de la imaginación, la pasión, la creatividad y la paciencia, además del trabajo extraordinariamente duro y el sacrificio.

En los casi quince años durante los cuales he ocupado este puesto, he tenido varios grandes «jefes de cosas varias», como solía llamarlos (hasta que cambié oficialmente el título a «jefe de gabinete»): Leslie Stern, Kate McLean, Agnes Chu y Nancy Lee han sido inestimables para mí. Y gracias, también, a Heather Kiriakou por toda su ayuda a lo largo de los años.

También tengo una gran deuda de gratitud con los numerosos miembros del consejo directivo de Walt Disney Company, en especial con George Mitchell, John Pepper, Orin Smith y Susan Arnold. Gracias por apoyar nuestro proyecto y por todos sus consejos y ánimos. Las compañías que triunfan tienen una cosa en común: una estrecha colaboración entre la dirección y sus consejos, y la nuestra ha sido crucial para el éxito de Walt Disney Company.

En los cuarenta y cinco años que he estado en esta compañía he tenido muchos jefes. A algunos ya los he mencionado en el libro, pero quiero dar las gracias a todos ellos por guiarme y por creer en mí:

Harvey Kalfin
Deet Jonker
Pat Shearer
Bob Apter
Irwin Weiner
Charlie Lavery
John Martin
Jim Spence
Roone Arledge
John Sias
Dan Burke
Tom Murphy
Michael Eisner

Y un agradecimiento final al equipo del libro:

Joel Lovell, con una profunda gratitud por tu colaboración y tu amistad. Ha sido fantástico compartir estos recuerdos, lecciones y experiencias contigo.

Esther Newberg, por tu orientación y por convencerme de que escribiera este libro. Dijiste que sería fácil ¡y no sabes lo equivocada que estabas!

Andy Ward, por su liderazgo, consejos y ánimos, que admiro y aprecio.

Índice alfabético

Queremos compartir más momentos contigo.

Únete a la comunidad de PenguinLibros
y encuentra tu siguiente lectura.

¡Únete hoy!

Penguin
Random House
Grupo Editorial